幸せをよぶ法則

――楽観性のポジティブ心理学――

著

スーザン・C・セガストローム

監訳

島井哲志

訳

荒井まゆみ

星　和　書　店

Seiwa Shoten Publishers

2-5 Kamitakaido 1-Chome
Suginamiku Tokyo 168-0074, Japan

Breaking Murphy's Law

How Optimists Get What They Want
from Life—and Pessimists Can Too

by
Suzanne C. Segerstrom, Ph.D.

Translated from English
by
Satoshi Shimai, Ph.D.
&
Mayumi Arai

目　次

序章
もっと幸せになろうとするのはやめなさい

あなたが人生において欲しいものは何でしょうか？　そのリストを作るとしたら、そこには何が書かれているでしょう？　もっと大きな車が欲しいですか？　家族を増やしたいですか？　もっと自由な時間が欲しいですか？　もっと幸せになりたいでしょうか？

もしもあなたのリストの項目のひとつに「もっと幸せになる」（とか、似たようなこと）があるとしたら、取り除いてください。勘違いしないでください。幸せであるのは何も悪いことではありません。ひとつには、幸せは気分の良いものです。それはとても気分の良いものなので多くの人々が望み――あなたのリストに挙がったかもしれないような、友人、権力、美しさ、お金、などといったもの——を持とうとするのは、彼らがそれらのものを持つことで幸せになれると信じているからです。それだけではなく、幸せであることは願いを叶えてくれるのにも役立ちます。幸せな人々はより人気があり（元気で、生き生きとした、熱心な人々はより多くの社交関係を持ちます）、より成功していて（幸せな大学生は卒業後により高収入を得ます）、そして長生きさえするかもしれません（幸せな修道女たちは最高齢の修道女になっていました）。だとしたら、どうしてもっと幸せになろうとしてはいけないのでしょう？

あなたは仕事でひどい一日を送り、とても不幸せな気持ちでいると想像してみてください。帰宅途中の車の中で、ラジオでたまたまあなたのお気に入りの作曲家であるイーゴリ・ストラヴィンスキーの曲の特別コンサートについて話しているのを耳にします。「そうだ！　そのコンサートに行けば、イーゴリがすっかり元気づけてくれてハッピーになるだろう」とあなたは考えます。それであなたはチケットを買い、席に着き、演奏が始まり、そして幸せになるのを待ちます。長く待つことになるかもしれません。

意外にも、もしあなたが元気づけられようとしてコンサートに行ったのでなければ、幸せになったということも十分ありえました。しかし、幸せになろうとする目的がそれを妨害したのです。

幸せになろうとすることの影響についての実験から、幸せになろうとすることと、自分の幸せの状態を監視していることは実際には幸せを妨げることがわかっています。この実験では、参加者らはストラヴィンスキーの「春の祭典」を聴きました。そのなかには、ただその音楽を聴いた人々もいれば、それを聴いて自分自身を元気づけるように言われた人々、そしてそれを聴きながら自分がどれだけ幸せかに気を配っているように言われた人々もいました。驚いたことには、「春の祭典」を聴いて幸せが促進されたのは聴き手が唯一①自分を元気づけようとしていない、②どれだけ幸せかに気を配っていない、場合に限ってのことだったのです。あなたがコンサートホールでイーゴリ・ストラヴィンスキーが元気づけてくれるのを待つとき、あなたは実際には元気づけられないことが保証されているのです。常に幸せになろうとしたり、幸せかどうかを監視したりすることによって、あなたは自分が幸せになることを妨げてしまっているのです。

楽しみも同じように作用します。１９９９年に、21世紀到来に際して盛り上がったのを憶えているでしょうか？　その大晦日はあなたにとってどれだけ楽しいものだったでしょうか？　私たちの一生のうちで最大の大晦日だったのですから、最も楽しかったはずですよね？　ところが、その準備と計画はより入念にされていたかもしれないのに、ほとんどの人にとっては、通常の新年以上に面白いものでもなく、それ以下であったかもしれないことが思い起こされるでしょう。[*1] 絶対に素晴らしい新世紀の大晦日にしようとより多くのお金と時間を使った人々は、その夜のために全く力を注がなかった人々と比較して、それほど楽しんでいなかったことが研究によって明らかにされています。楽しもうとして一生懸命になりすぎると、盛り上がりを醒ましてしまうことになるのは確かなようです。

あなたのリストから幸せの目標を削除すべき別の理由は、本当に幸せな人々は目標のリストに「もっと幸せになる」ということをあまり挙げたりはしないからです。「ポジティブでいる」、「幸せになる」、「良い考え方をする」、などといったことが目標のリストに含まれるということは、その人がすでにあまり幸せでない、あるいはポジティブでないことを意味するかもしれません。たぶんこれはわかりやすいでしょう。つまり、幸せな人々はすでに幸せなので幸せになるという目標を設定したりしないのです。それでは幸せを健康に置き換えたらどうなるか考えてみてください。健康な人々はすでに健康ですが、彼らが走ったり、あるいは1週間に何回か運動したりすることによって健康を維持するという目標を持つことは極めて多いのです。ところがほとんどの人は幸せの維持に特に関連した目標は持たないという点で幸せは健康とは異なります。健康的な人が朝起きて、その日の分のジョギングをどのように日程に組み込もうかと考えるようには、人々は朝起きてその日一日いかに幸せを維持させようかと考えたりはしません。幸せな人々が幸せを計画しないのが良いことなのは、それをするとそれほど幸せでなくなってしまうかもしれないからであることを、ストラヴィンスキーと大晦日の調査が示しています。心からもっと幸せになるためには、そうなろうと一生懸命になってはいけないのです。

テレビを消しなさい

幸せの追求を止めたら、その次は自由な時間を作ろうとするのを止めるべきです。もっと時間があればもっと幸せになると考えがちですが、自由時間は過大評価されています。この1世紀の間にアメリカ人の生活がいかに変化したかに注目してみましょう。私たちは前世代の見果てぬ想像を超えた富と余暇を手にしています。洗濯機！　自動車！　航空機！　コンピュータ！　テレ

＊1　飲んだシャンパンの量によっては、その夜のことを思い出せないこともあるかもしれませんが、とりあえずここは一緒に考えてください。

ビ！　そして私たちには余暇を楽しむためのより長い人生とより良い健康もあります。アメリカ国内で生まれる子どもたちの予測寿命は年々延びています。新薬は感染を防ぎ、性生活を改善し、コレステロールを下げるスタチンなど、豊富な食べ物と増大した余暇時間による健康への影響を相殺しさえするものもあります。それでも、これらのあらゆる改善にもかかわらず、皿洗いは常に手でしなければならず、パーマネントプレスなどといったものはなかった50年前と比べて、今日アメリカ人は平均してより幸せになってはいないのです。

実を言えば、自由時間はそれ自体に問題があるわけではありません。問題は、人々がそれをどうするかということなのですが、その大部分はテレビを観ることに使われているのです。平均的なアメリカ人は、毎日数時間テレビを観ている可能性があり、多くの人々の生活においてはテレビが現実に起きていることよりも大きな部分を占めてしまっています。例えば、２０００年の大統領選では18歳から44歳までの約5千万人のアメリカ人が投票しましたが、およそ同じ年齢のグループの約2億4千万人のアメリカ人が、最近のアメリカンアイドルのテレビを観ることを選択したのです。国民のテレビ番組への関心が国民の自国の政府への関心より大きなものになってくるとき、テレビはアメリカ人の生活を少しばかり占領しすぎではないかと考えずにはいられません。

もし私が実際にテレビを消したら、おそらく夫に離婚されるでしょう。[*2] でも、テレビが日常の活動にとって魅力的な砂糖であるという事実は無視することはできず、アメリカ人はそのどちらも大量消費しすぎています。砂糖の問題はこうです。甘いお菓子を食べると、大量の砂糖が血流に勢いよく流れ込みます。少し経つと、大量のインシュリンがその砂糖を処理するために血流に流し込まれます。残念ながら、インシュリンが来たのが遅すぎて、砂糖のほとんどは先に行ってしまっています。インシュリンはそこに残っている砂糖は何であろうと漁らなくてはならないことになり、その結果として低血糖を招き、あなたは不快感と空腹を感じます。それにより、血糖

＊2　テレビに関して説教じみているように思われるといけないので、私の家には少なくとも3台のテレビがあるのを進んで認めておきます（地下室に夫が4台目をつないでいるかもしれませんが、地下室といえば、たとえ夫が子馬をつないでいても――少なくともしばらくは――私にはわからないような状態ではあります）。またうちにはパラボラアンテナもあり、本来の目的は９４１２のチャンネルすべての大学のフットボールと、エンジンのついた車（ほとんどは自動車ですが、スクールバスや乗車式芝刈り機もあります）のレース観戦でした。私が大学研究のチャンネルを発見して以来、その目的はいくらか阻止されてしまっています。世界を動かすにはあらゆる種類のオタクたちが必要なのです。

値を上げるためにさらに甘いものを食べたくなり、その全体の繰り返しがまた始まることになるのです。

砂糖の影響とは皮肉なものです。つまり、それらは意図したものとは正反対のものなのです。あなたは空腹感と不快感をやわらげたかったのに、さらなる空腹感と不快感を招くことになってしまうのです。テレビも似たような影響を及ぼしますが、空腹の代わりに幸せが関わってきます。あなたがテレビを観るのは、楽しませられ、リラックスし、関わりを持ちたいからです――幸せを感じたいのです。残念ながら、テレビはリラックスさせてくれることもありますが、楽しませてくれるといっても断続的でしかなく、関わりを持たせてくれることはめったにありません。ですから、あなたはつまらなくなってしまい、そのためもっとテレビを観るべきであると思ってしまい……その結果は考えつくでしょう。ちょうど誰もが時には砂糖を必要とするように、テレビを観たり、あるいは何もしなかったりというちょっとした時間は誰にとっても必要です。問題が生じてくるのは、少しが良いというときに、多ければもっと良いと思い込んでしまうときです。それは間違いです。ずっとテレビの前に座っていたり、砂糖だらけのおやつを食べたりしても、最終的に幸せにはなれないことは私が保証します。

不幸せな大富豪

多くの人々はお金持ちは幸せであると信じていますが、お金は人を幸せにはしないもののリストに加えられなければなりません。過去50年間で、アメリカの財産は3倍になりましたが、アメリカ人の人生への満足感は変化しておらず、特に若い世代ではうつ病の有病率が驚くべき上昇を見せています。1人当たりの国内総生産額が1万ドル以上の国々においては、財産は人生の満足感にはほぼ全くといっていいほど影響がありません。最低生活水準以上では、お金で幸せが買えることは全くなくなります。雑誌フォーブスの最も裕福なアメリカ人のリストに挙がっている人々が平均して、ジェット機、ブランド物の靴、美容整形、あるいは（ついでに言えば）テレビさえも持たずに暮らすペンシルバニア州のアーミッシュの人たち以上に幸せということはありません。最も人生に満足している場合を7としたときに、1から7の尺度上でどちらの場合も平均値が5・8なのです。留学生サンプル（平均値4・9）とカルカッタのスラム街の住人ら（平均値4・6）は、その極端に大きな富の差にもかかわらず、ほぼ同じくらいに幸せでした。

それほど大きく異なった状況にある人々がどうして同じように幸せでありうるのでしょうか？人は自身の状況に適応する絶大な能力を持っており、これが「心理的免疫システム」、あるいは「快楽のトレッドミル（ランニングマシーン）」と呼ばれる現象です。２日前に私は、全国中でたった１つしか残っていない私のサイズの（私が知る限りでは）あるドレスを見つけ、有頂天になっていました。しかし今日の私はといえば、それほど有頂天ではありません。そのドレスを着ることを楽しみにし、それを手に入れたことを嬉しく思ってもいますが、私の気分は特別高まってはいないのです。

さらにより劇的な「心理的免疫システム」を実証するため、どんな人をも極めて幸せにするはずであること――宝くじに当たる――を経験した人々を、事故によって身体が麻痺するという、どんな人をも極めて不幸せにするはずであることを経験した人々と比較しました。彼らの全般的な幸せに関する報告には説得力があります。11ページのグラフは、彼らが過去、現在、そして未来の幸せをどう評価したか、そして友達と話したり、褒められたり、あるいは服を買ったりするなどの毎日の活動からどれだけの喜びを得ていたかを表しています。尺度の最低は、「全く」幸せではないで、そして最高は「非常に」幸せである、です。当然ながら、事故の被害者らは、彼

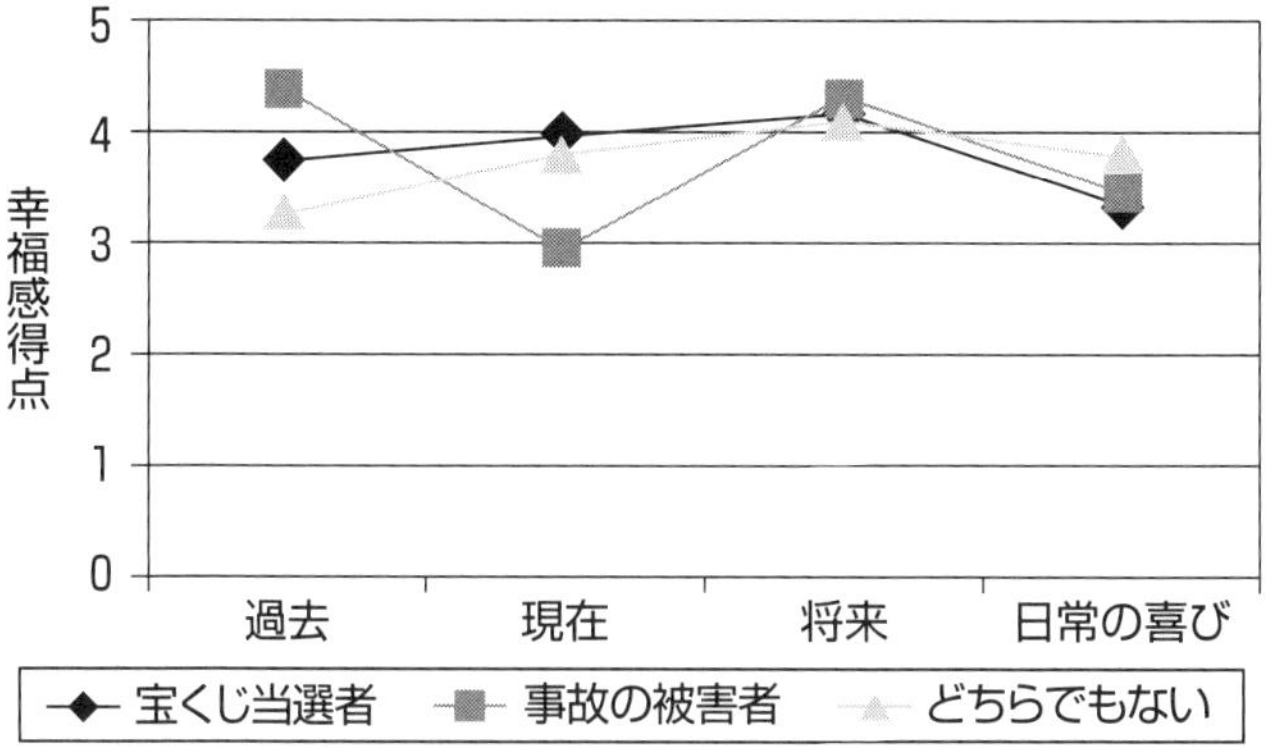

宝くじの当選者、身体麻痺になった事故の被害者、そして、そのいずれの出来事も経験していないグループの幸福感

らの現在は過去に比べいくらか幸せに欠けるものであると捉えており（彼らは、自分の過去がおそらく現実以上に幸せであったというノスタルジックな見解を持っているようですが）、当選者たちは、彼らの現在は過去に比べいくらか幸せであると捉えていました。しかしながら、どちらのグループも、宝くじに当たらず、事故によって麻痺することがなかった人々とそれほどには異なってはいないのです。尺度の最も低いところにいる事故の被害者らでさえどちらかと言えば幸せでした。そして、3つのグループはとても似通ってはいるものの、毎日の活動から最も喜びを得ていないのは、宝くじの当選者たちであることが明らかになっています。宝くじに当たることとの恍惚は、彼らに日常生活の喜びを失わせてしまったようです。

ということであれば、物を買うことによる影響が我々の幸せを促進させなくても不思議ではありません。新しいセーターはあなたをより幸せにしても、それはしばらくの間のことであって、そう長くは続きません。新しいセーターが2着になっても1着以上にあなたを幸せにしてくれるわけではありません。そして、長い目で見れば１００万ドル分のセーターであっても効き目はないでしょう。

私が幸せだからって憎まないで

幸せであることが良いことであっても、努力によって直接的に幸せになろうとか、あるいは自由時間や収入によって間接的に幸せになろうとすることのいずれもが答えではないのなら、どうするべきなのでしょうか？　良い気分でいることの答えを見つけた――と私が思う――人の例をここに紹介します。私が彼と話をしたのはたった数分間のことでしたが、彼のこと、そして彼が教えてくれた知恵を私ははっきりと覚えています。数年前、私はニューオリンズでの会議に出席しており、友人との夕食の待ち合わせのためホテルのバーにいました。私の隣に座っていたのは年配の紳士で、彼は私にニューオリンズで何をしているのか（健康についての会議）、そして私の仕事はどんなものか（楽観性と健康）と尋ねました。そして彼は、彼の幸せの処方箋を教えてくれました。さて、楽観主義と幸せは同じものではありませんが、この紳士は、まさに私が楽観性を理解するための手がかりであると確信し始めていたことを指摘しました。彼の秘訣とは、何かをすることでした。それが何だったのかは忘れてしまいましたが、彼は仕事から帰ると、大好きな趣味に夢中になったそうです。率直に言ってその趣味が何であるかはそれほど問題ではありません。重要なのは、寝るまでずっとテレビを観ていると退屈でイライラしてくるのでテレビを避けることは大切なことだと彼が言ったことでした。この男性は、ある事に従事していたのです。彼はただテレビを観るということはしたくありませんでした。彼は、行動していたかったのであり、行動することが彼を幸せにしたのです。

さて、別の可能性としては、この男性が生まれつき幸せな人であるために、彼が何をしたかはあまり問題ではなかったのかもしれません。私たち誰もが、ほとんどいつも元気で幸せな人々と、駐車違反のチケットを切られて（あるいは、駐車違反のチケットを切られなくても）一日中よどんだ気持ちになってしまうことがある人々との両方を知っています。彼らの幸せ、あるいは不幸せは彼らの内側から生じているように見え、幸せな人は一時的に悲しんだり、気分を害したりすることはあってもすぐに回復し、不幸せな人に関してはその逆になります。この現象から幸せを研究する科学者らは、すべての人には幸せの「セットポイント（設定値）」があるという提案をしました。セットポイントが意味するのは、ほとんどの人々の幸せのレベルはかなり安定したものであるということです。セットポイントを車のクルーズコントロールのように考えてみてください。クルーズコントロールは、負のフィードバックループであり、セットポイントから逸脱すればセットポイントに引き戻されます。車の進行が遅すぎると、クルーズコントロールがアクセルを入れ、進行が速すぎれば、アクセルを緩めます。このシステムは車のスピードを常にセットポイントに引き戻そうとします。同様に、あなたの気分があなたの「セットポイント」からかけ離れすぎてしまうと、ある一定の仕組みがそれを通常のレベルに戻そうとするのです。

セットポイントのための仕組みのひとつには遺伝子が考えられます。あなたがどの程度幸せかということのはっきりと分からない部分が遺伝によるものであることは極めて明白です。もしあなたが遺伝的に幸せな人であれば、その幸せのいくらかは遺伝子のおかげであり、遺伝的に不幸せな人にも同じことが言えます。遺伝子は幸せの「変動する範囲」――すなわち、生物学的に生産しうる幸せの量――を設定し、それは遺伝子が身長の変動する範囲を設定するのと同じです。そして、「遺伝」が一旦境界を定めてしまうと、最終的にどうなるかは「環境」によって決定されます。子どもが牛乳と炭酸飲料のどちらを飲むかということが遺伝子が許す範囲で背を高くする、あるいは低くするのと同じで（少なくとも母によれば）、経験は遺伝子の許容範囲内であなたを幸せに、あるいは悲しくさせるのです。

しかし、幸せな人たちが他の人には羨むことしかできない状態――幸せ――になる特権を握っているからと、憎んでしまうのは早合点です。セットポイントからの脱出がありうるかもしれないのです。セットポイントから逃れるには、何らかの正のフィードバックループ、つまり、速い車をより速く走行させる何らかの仕組みがなくてはなりません。

楽観性はそのような仕組みのひとつです。多くの人々は楽観性を幸福感と同等視しますが、楽観性は実際には感情ではありません。楽観性は、将来についての信念です。極めて楽観的な人々は、悪いことよりも良いことが多く自分たちに起こり、物事が彼らの思うように行き、将来はポジティブであり、不確実性は最悪より最高のことが起こるためのチャンスであると信じています。楽観的な信念は正のフィードバックループを起動させます。それはこの本の残りの部分で明らかにされるように、その人が楽観的であればあるほど、その人の思い描く将来がポジティブであると経験されるためです。楽観的な人々は毎日の生活からより多くの喜びを得ており、人生の紆余曲折のストレスに強く、より良い人間関係を持ち、そして身体的にもより健康でありさえするかもしれません。それによって、これらのポジティブな結果が、それ以上でないとしても同じ程度のポジティブな将来への期待――つまり、楽観性――を自然に強めることになるのです。楽観的な運動選手は目標を実現する傾向にあり（第2章で説明される過程で）、それによって、自分が成功しうることをより強く信じることにもなります。楽観的な教師は、（第4章で説明される過程で）教育の力に対する自分の信念をさらに強く確信させてくれる生徒を持つ傾向にあります。幸せが目標の現実化と長所を生かすことの結果（第2章と第3章で詳述の仮説）とする限りでは、楽観的な人々の幸せは徐々に増幅していくものなのかもしれません。

楽観的な人々を幸せな人々であると考えるのは全くの間違いではありません。なぜならほとんどの楽観的な人々は、ほとんどの悲観的な人々に比べてより幸せだからです。しかしながら、楽観的な人々が幸せなのは単に彼らがポジティブであるからだとしてしまうのは完全な間違いです。長いあいだ私は、楽観的な人々について最も重要視すべきは、彼らのポジティブな見通しと、特に、彼らのポジティブな態度が、現状のストレスから彼らを守ると考えていました。なぜなら、ポジティブな来たる将来を考えることで、現状に対してそれほどひどく感じなくなるだろうと思ったからです。皮肉にも、この見地は自分が楽観的であるかどうかについて私自身を懐疑的にさせました。私が楽観性と免疫システムの関係（私の主要な研究領域）についての研究を発表したとき、テレビ局、ラジオ番組、そしてニューヨークタイムズから小さな地元の新聞社、私の大学の同窓会誌[*3]までがその結果について彼らの心理的幸福と健康に関する記事のために私にインタビューしてきました。私はコスモクイズに書く機会を却下しさえしました（彼らが私が提供できる以上によりセンセーショナルな意見を求めていたことはほぼ確かでした）。私が応じた多くのマスコミのインタビューで、楽観性と健康、あるいは免疫システムとの関係の様々な側面について訊かれましたが、ある質問については常に尋ねられることになりました。それは「あなたは楽観的な人間ですか？」です。

私はこの質問に答えるのにとても苦労しました。私は楽観性の測定に使われる尺度に慣れすぎ

＊3　オレゴン州ポートランドのルイス・アンド・クラーク大学。

てしまっていたので率直には答えられない気がしました。私には自分がそれらの項目のひとつについて「私は4だと思う。4にマルをすべき？　ほとんどの人たちは4にする……3でもいい――そうしたら私のスコアは悲観的になりすぎる？　ここまでいくつの4にマルをしたっけ？5は？　私のここまでのスコアはいくつになる？」[*4]と考えているのが想像できました。私は自分の答えについて自意識過剰になっていたためその質問紙に答えるのは不可能でした。体重計がどの数字を示すかを自分で決定できることを想像してみてください。それはどれだけ正確でしょうか？

また、私は必ずしも楽天的で、のんきなタイプではないため[*5]自分が非常に楽観的なタイプであるとは言い難かったのです。それにどう考えても自分自身を常に陽気でにこやかであると言うことはできませんでした。私はしばしば陽気でにこやかではありますが、気難しく、イライラした、心配性な面も持っています。ですから自分が楽観的な人間かどうか聞かれたときには戸惑ってしまい、質問紙に正確に答えるのは不可能であると述べ、概してその質問を避けていました。

それが数年前から変化し始めました。私は楽観性についての別の意味――陽気で、にこやかで、楽天的なのんきさ、を意味しない――について考え始めました。これはある予想外の発見によって起きたことでした。私の研究のひとつにおける楽観的な人々の中には、もう一方の悲観的な人々よりも低い免疫パラメータを持つ人たちがいたのです（調査結果については第5章に詳述）。彼らが不幸せでもあるのかどうかを見てみましたが、通常はそうではありませんでした。私はその違いについて他の説明をしなければなりませんでした。それは、楽観的な人が他の人と異なる部分――彼らの目標へのアプローチ――に重点を置いた一連の研究につながっていきました。楽観的な人は彼らの目標は達成可能であると信じています。彼らは目標により専念していきます。彼らは簡単には諦めません。彼らは、自分の体に負担をかけてまで目標を追求します。楽観性についてこのように考え始めると、私は自分が楽観的な人であると容易に同定することができたのです。

楽観性とは確かにあなたが持っているものです。楽観的な信念を持っている人もいれば、持っていない人もいます。楽観性、あるいは悲観性は、長期にわたり一貫していて、いくらか変動可能であるとしてもゆっくりとしか変化しない心理的構造の一部である性格のひとつです。さらに、

＊4　私が他に研究対象として関心があるのは、くりかえし思い起こす反芻思考です。信じられますか。
＊5　少し前、反芻思考について書いたことをご覧ください。

楽観性は、幸せや健康（成功している、きれい好き、そして多くの他の望ましい状態）の程度と関連している多くの性格のうちのひとつでしかありません。外向的な人々はより幸せで、敵対的な人々はそれほど幸せではありません。これは興味深いことではありますが、セットポイントから逃れたいのであれば、それを実行に移すのはいくらか大変になってきます。多くの性格要因はほとんどが遺伝的で、その他のもの（安定した人間関係の様式など）は成人してからは再び経験することのない初期の経験（幼児と保護者の関係など）に端を発しています。成人期になれば、性格の多くの側面はそれを備えているだけであなたにとって有益であったり、有害であったりするのです。

楽観性も遺伝子と性格のその法則において例外ではなく、その25％が遺伝性です。しかしながら、楽観性を研究すればするほど、楽観的であるということが楽観性の利益のほんの一部分でしかないことをより確信するようになりました。すなわち、楽観的な信念を持つことの有用性は、その程度でしかないということです。残りの部分は、「実行」によって得なければならないのです。それらの楽観的な信念が楽観的な人の人生をより良いものにするのは、それらが楽観的な人々に特定の行動の仕方をするように促すからです。

楽観性による正のフィードバックループへのエントリーは、楽観的に行動することによって起こります。あなたがもしセットポイントを逃れ、あなたの遺伝子が許容する範囲内における最高基準の心理的、身体的健康に到達する道を探しているのであれば、楽観性を実行することがどういうことかを知っておくのが賢明でしょう。

極めて楽観的な人々が、セットポイントを克服し、心理的免疫システムを打破し、そして快楽のトレッドミルを降りる方法を私たちにどのように教えてくれるかについて詳しく掘り下げる前に、この本についていくつか述べておきたいことがあります。長年にわたり、楽観的な思考については多くの主張がされてきました。これらの主張の最も極端なものとしては、楽観的であれば不幸せな日はありえず、永遠に生き続けられる、というようなことが考えられます。皮肉屋さん、元気を出してください。そんなことは真実ではありませんから。[*6] 楽観性から生じると考えられる脆弱性と実際に生じる脆弱性との区別に関しての第6章はあなたのためにあります。

楽観性について何を信じるべきかはどうしたらわかるのでしょうか？　この本は、科学の理論

＊6　そうでなければ、人口の3分の1かそれぐらいが永久に幸せで、永遠の生命を満喫することが予期されうるということで、それは明らかに真実ではありません。

や哲学を追究したり、研究計画を論じるものではありません。それらの論題についてはそれぞれの本が執筆される必要があるでしょう。私がここで提示する証拠は査読のある学術誌に掲載された科学的研究に基づくものであることだけは述べておきます。あなたも極端な主張に比べ科学がより興味深いものであることがわかることでしょう——より複雑なのは確かです。研究は、料理のアイデアレシピの試作のようなものです。干しあんずの入ったズッキーニブレッドは確かにおいしそうには聞こえますが、実際に作ったらどうでしょうか？　そして卵はいくつ入れるとよいでしょうか？　ベティ・クロッカーのレシピ本は、様々な家庭の台所で成功し、いくらかの誤りに対応可能でなければケーキレシピとして載せていません。ですのでベティのケーキのレシピは信用できます。今回提示した楽観性についての考え方は、現実世界でうまくいくことを受け合うことができます。きっとあなたにもうまく働くはずです。

第1章 まだ半分、もう半分、それとも、洗われる必要のあるコップ？

——楽観的な性格

もし記者からあなたは楽観的ですかと尋ねられたら、あなたは何と答えるでしょう？　体重についてのことはさておき、人はそれぞれ楽観主義を違う意味で定義するため、これは答えるには難しい質問かもしれません。私のニューオリンズの友人のように、人々は時々楽観主義を幸せと同等視したり、あるいは人生についての全般的な肯定性、また将来についての有望性を意味して使います。その一方で心理学者たちは、感情ではなく信念のみを対象とするより限られた楽観主義の定義を用います。リスク評価（あなたが平均よりも車の事故に遭いやすいか、遭いにくいか？）を研究する場合は評価の楽観的バイアスを指し、因果的信念（何が事故を引き起こしたのか?）を研究する場合は楽観的および悲観的な原因帰属を指し、そして最後になりますが、性格を研究する場合には気質的な楽観性のことを指しています。この最後の定義――性格特性としての楽観性――が本書の焦点です。

当然誰もが性格を持っていますが、楽観的な人間であるなどというように、ある種類の性格であるかどうかはどうしたらわかるのでしょう? もし先週の金曜日の夜、あなたがパーティーに出かけたとしたら、あなたは社交的な性格でしょうか? もし先週の金曜日の夜、戸棚の掃除をしたとしたら、あなたは強迫的な性格でしょうか? もし先週の金曜日の夜、飲み屋で喧嘩になったとしたら、あなたは攻撃的な性格でしょうか? ほとんどの人がそうではないと答えると思いますが、それは性格という概念が一晩のある特定の過ごし方以上のものを意味するからです。まず第一に、性格はその人の内側から生じていなければなりません。もしあなたが普段パーティーを嫌っているのに、誰かに無理強いされ先週の金曜日のパーティーに行ったとしたら、その行動は性格ではありません。第二に、性格は特定の例というだけでなく、行動のパターンを意味します。ことによると、あなたはいつもはだらしがないのに、土曜日に母親が訪ねてくるからという理由で戸棚の掃除をしたのかもしれません。この行動も、私たちは性格とは呼ばないでしょう。

一方、もしあなたが戸棚の掃除を１日３回しているのであれば、強迫的な性格の疑いが浮上してきます。第三に、性格は多くの状況にわたる影響を意味します。もしあなたに、バーで喧嘩を売ったり、他の運転手に向かって挑発的な仕草をしたり、罵ったり、むしゃくしゃして猫を蹴飛ばしたり、上司と言い争ったり、というような経歴があれば、ほとんどの人はあなたが攻撃的な性格であるということに同意するでしょう。

楽観的な性格になるには何が必要なのでしょう？　まず、将来起こることについてのポジティブな信念が必要です――心理学者が「ポジティブな結果予期」と呼ぶものです。しかし次の金曜日の夜に飲み屋の喧嘩で起こりうる結果についてポジティブな信念（「こてんぱんにしてやる！」）を持つだけでは、楽観的な性格になれないのは、性格がパターンという意味合いを持つためです。数種類の状況についての楽観的な信念がなくてはなりません。つまり、それらの「ポジティブな結果予期」は、人生のいくつかの領域にかけての「全体的な」ものでなくてはならないのです。最後に、性格特性と見なされるには、楽観的な信念が長期にわたる安定したものでなくてはなりません。もしあなたが性格的に楽観的であるならば、月曜日に持っていたのと同じ全体的な楽観的信念を金曜日も持っているのはほぼ確かですし、あなたの信念は、数週間、数カ月、それどころか数年経っても、ほとんど変わりないでしょう。

実際私は、私の楽観主義の最初の大規模な調査研究の10周年記念に、当時の研究の参加者に連絡をとり、彼らの楽観性に変化があったかどうか、またそれがどれだけ変化したかを調べることで、安定した「気質的な」楽観性の実態を調べることにしました。現在までの対象者の半数の回答を見ると、安定性の度合ははっきりしています。この研究で使用されている楽観性の尺度は信頼性の高いもので、その人に変化がなかった場合、2度の測定の結果の重複を示す統計値で表されます。この場合、その楽観性の尺度で2度測定し、もともと持っていた楽観性に全く変化がなければ約72％の重複が予期されえます。私の研究の参加者の1994年度と2005年度の楽観性の測定値の実際の重複は36％です。ということは、可能とされる重複の割合の半分が実に10年にわたり維持されたことになります。これらのデータを別の角度から見て、楽観性の尺度上で10％か、それ以下の変化を安定性として定義すると、対象者のおよそ3分の2が安定した楽観性を持っていたことになります。もしあなたの大学のルームメイトが功績と成功に満ちた将来を思い描くタイプのひとりなら、その人は10年後の同窓会でも同じことをしている可能性があります。もしあなたが、将来は灰色の空以外何も見えないイーヨー（訳注：くまのプーさんに登場する陰気なロバの名前）と同室になる不運に見舞われたら（なぜこれがあなたにとって不運な組み合わせになるのかについては第4章を参照）、10年後にまだその人が陰々滅々とした予測をしていても驚かないでください。

ポリアンナか、イーヨーか（それとも両方）？

気質的な楽観性の永続性を考えれば、あなたがおそらくは楽観的であるということを知ることは励みになるかもしれません。私は人々に気質的な楽観性のレベルを測定する質問紙を渡すと、そのうちの約80％を楽観的な性格として分類することができます。実際に悲観的だという人はほとんど見られず、私はこれまでたった1件しか——1700以上の質問紙の中で——絶対的悲観性に相当する得点は見ていません。これは、その人がすべての悲観的な文章に強く同意（良いことは何一つ私には起こらない？　もちろん）し、すべての楽観的な文章を強く否定した（私はいつも最善を期待する？　全くしない）ということです。それとは対照的に、すべての悲観的文章を強く否定し、すべての楽観的文章には強く同意するという、絶対的楽観性に相当する得点はしばしば見受けられます。ほとんどの人は楽観的な人であり、ただその度合がさまざまだということです。次ページのグラフを見ると、楽観的な人の占める割合が最も大きいのがわかるでしょう。あなた自身の性質的な楽観性の度合は、2つの信念から生じています。

1. 将来良いことが起こるとどのくらい強く信じていますか?
2. 将来悪いことが起こるとどのくらい強く信じていますか?

もし自分には良いことが起こると強く信じていて、かつ自分には悪いことは起こらないと強く信じているなら、あなたは非常に楽観的です。もし自分には悪いことが起こると強く信じていて、かつ自分には良いことは起こらないと強く信じているなら、あなたは非常に悲観的です。あなたの性格はどこに位置しますか? よろしければ、それを割り出すためにそれぞれの質問に数字を当てはめてみてください。1番目の質問については、「全く信じていない」なら1、「多少信じている」なら3、そして「強く信じている」なら5にしてください。必要なら偶数(例えば、「全く信じていない」と「多少信じている」の中間の場合は2)を使ってください。2番目の質問に

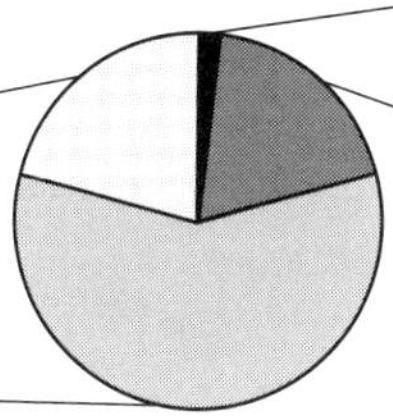

著者の研究における楽観性の典型的な割合。ほとんどの人――80%――は、いくらか〜非常に楽観的です。

ついては、「強く信じている」なら1、「多少信じている」なら3、そして「全く信じていない」なら5にしてください。これも必要であれば偶数を使ってください。さてここで、2つの数字の平均値を出してください。平均値が1と2の間なら、あなたはおそらく非常に悲観的でしょう。平均値が2と3の間なら、あなたはおそらくいくらか悲観的でしょう。平均値が3と4の間なら、あなたはおそらくいくらか楽観的でしょう。平均値が4と5の間なら、おめでとうございます。あなたは非常に楽観的で、そして、おそらく周囲の悲観的な人々をひどくいらつかせていることでしょう。

具体的には、非常に楽観的であるということは、あなたの生涯をかけた仕事、人間関係、趣味、そして目標（より健康的になる、あるいはより寛容になるなど）について考えるとき、自分の望む事柄を達成している自分自身が容易に思い描けるということであり、必ずしもすべてがうまくはいかない可能性を認識していても、自分に有利になる見込みがあると思っているということです。気質的な楽観性の得点が非常に高かったある女性が新しい町に引っ越した後、私にくれた次のような手紙には彼女の性格が完璧に表現されていました。「私はここが大好きになるわ。友達は恋しいけど、ここで新しい人たちに出会うことはわかっている。それには時間がかかるというだけ。新しい仕事についても本当に楽しみにしているの」

逆に、非常に悲観的であるということは、それらの重要な事柄について考えるときに、自分の望む事柄を達成している自分自身を想像するのが難しいということです。自分にとっていかに物事がうまくいくのかが見えないのです。先ほどの女性と、「万事問題がないように見えても、それが崩れ去るという漠然とした感じを振り払うことができないの。きっと物事を台無しにしてしまう何かが起きると思うわ」と言う女性とを比べてみてください。この女性は、現状においてさえ物事がうまくいっていると信じられなかったのですから、将来それらが改善されると信じるなど余計にありえないことだったのです。

あなたについて何も知りませんが、ほとんどの人がそうだからという理由から、私はあなたが「いくらか楽観的」のグループに属すると予測しています。「いくらか楽観的」な性格は、より多くの楽観性（良いことが起こる）とそれほどではない悲観性（悪いことが起こる）から成っています。ほとんどの人は、未来が良いことと悪いことの両方を握っていることを認識してはいます。しかしながら、将来についてのこれら2種類の確信の関係は、良いことを予期する度合が悪いことを予期する度合と背中合わせのものである必要はないという事実によって複雑になっています。1番目の質問の答えが必ずしも2番目の質問の答えを決定づけないことから、必然的に無関係なレベルの楽観性と悲観性を持つことが可能なのです。実際少数の人たちは、非常に楽観的であり非常に悲観的でもあります。これらの人たちは、当たりの宝くじを宝くじ売り場で買って、帰りにトレーラートラックに轢かれる、ということの両方を信じています。1番目と2番目両方の質問に「非常に」あるいは「極度に」のように強く答えるとすれば、あなたはそのタイプの人ということです。

他の少数の人たちは、それほど楽観的でもなく、同時にそれほど悲観的でもありません。これらの人々はどうやら、ポジティブであれネガティブであれ、自分たちにそれほど面白いことが起こることはないだろうと信じています。彼らは、トレーラートラックに轢かれることはないだろうと信じる一方、宝くじに当たることもないだろうと信じてもいます。1番目と2番目両方の質問に「あまり」あるいは「全く」と強く答えたあなたはそのタイプの人です。

ほとんどの人は、当たりくじの予期が優勢な性格（悲観性よりも楽観性が高い）か、あるいは、トレーラートラック事故の予期が優勢な性格（楽観性よりも悲観性が高い）のため、このような例外には好奇心をそそられます。宝くじに当たることとトレーラートラックにぺちゃんこにされることの両方を予期する人が、はたして奥底の肝心な部分で、楽観的な人間なのか、それとも悲観的な人間なのかと熟考してみるのはとりわけ興味深いものです。私たちは、楽観性の利益をポジティブな出来事を予期することと結びつけて考えるため、「宝くじかつトレーラートラック」タイプの人は、ポジティブな出来事も期待することで、それによる利益のいくらかを得ることを期待しているのかもしれません。あなたの子どもたちが優等生名簿に載ることを考えているときには、彼らが車をぶつけてめちゃくちゃにしてしまうかもしれないと考えるのはそれほど重要ではないと思えるでしょう。おそらくポジティブな予期は、ネガティブな予期よりも重要でしょう。ポジティブな出来事の予期がネガティブな出来事の予期を圧倒してしまうとしたら、あなたの悲観性の程度にかかわらず楽観的であることは大切になります。

同様に、「別にどうでもいい」タイプの人は、ネガティブな出来事を予期しないことによる利

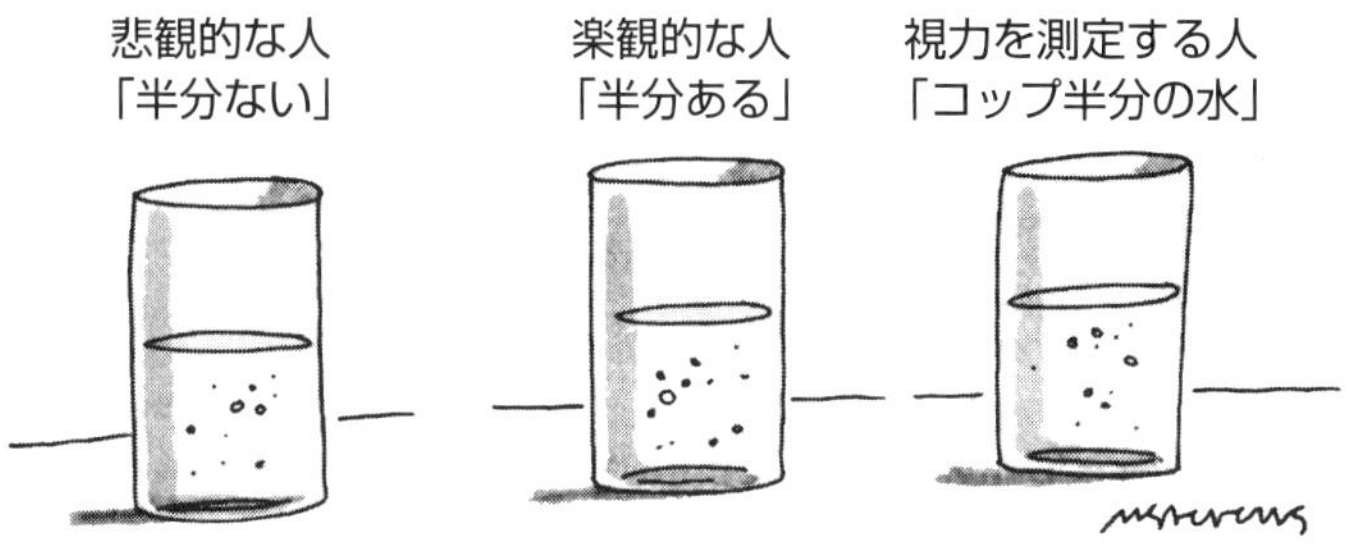

あなたは楽観的な人、悲観的な人、それとも視力を測定する人？
© The New Yorker Collection 2005 Mick Stevens from cartoonbank.com.

益を期待するのかもしれません。もしあなたの子どもたちが車をぶつけてめちゃくちゃにすることを予期しないなら、彼らが優等生名簿に載ることを予期しなくてもそれほど問題ではないでしょう。ネガティブな出来事を予期することの損失を避けられるのであれば、ポジティブな出来事を予期することの利益など必要でしょうか？　ネガティブな出来事の予期がポジティブな出来事の予期を圧倒してしまうとしたら、あなたの楽観性の程度にかかわらず悲観性を避けることはより大切になります。

数年前に出版された研究論文の副題がこの問題の難しさを要約しています。「楽観的であることと、悲観的でないこととは、どちらがより重要か？」。この研究では、アルツハイマー病患者らの介助者グループのひとつを調査しました。アルツハイマー病を患う人の多くは、病状が深刻になると最後には専門的な看護施設に入りますが、病気中の多くの非公式のケアは家族や他の専門家でない介護者らによって提供されます。これらの介護者らは、公式の医療体制にとっては膨大な金額の節約にはなりますが、その分個人には負担がかかります。特に徘徊や迷子、あるいは敵意や焦燥などの問題行動を伴う進行性の認知症の人の介護に関連するストレスは、介護者にとってうつ病などの深刻な問題につながることがあります。その研究では、悲観性が欠けていることが、不安、ストレス、落ち込みを最小限にしか経験しなかった介護者らを特徴づけていました。楽観性が豊富であっても悲観性が低くない限り役に立ちません。意外に思った通りでないこともあるのです。「宝くじ、かつ、トレーラートラック」タイプよりも、「全く、何も、特に面白くない」タイプであるほうが良かったのです。

このことがこの研究の介護者たちにもまさしくぴったりと当てはまるのです。結局のところ、彼らの愛する人たちの病気は進行性のものですから、彼らの主な関心は病気が悪くなっていく可能性についてでしょう。アルツハイマー病は、進行性——時が経つにつれてひどくなる——のため、回復のような良いことが起きる可能性はそれほどないのです。治療は病気の進行を遅らせることしかできません。その一方で、これらの研究者らは、アルツハイマー病の患者を介護していない、したがっておそらく愛する人は衰弱しこの先元には戻らないのだということに直面していない人々のグループも調査しました。その結果、同様の結果が当てはまりました。介護者でない人々でもより多大な不安、落ち込み、そしてストレスが悲観性から予測されました。そしてより高い楽観性も、より低い悲観性を伴わない限り何にもならなかったのです。

ということであれば、1番目の質問をすることにどんな意味があるのでしょうか？　私たちはなぜそれを楽観性と呼ぶのでしょう？　2番目の質問だけをして、悲観性と呼び、それで終わりにしてしまわないのはなぜなのでしょうか？

不安、ストレス、落ち込みは、感情生活の片方だけの側面でしかありません。楽観性と悲観性のように、ポジティブな気分とネガティブな気分は、お互いに独立していることが可能です。あなたがある1週間に経験する、喜び、幸せ、高揚の量は、必ずしも同じ期間中に経験する、落胆、不安、怒りの量とは関係ないのです。喜ばしい1週間はまた、不安のない1週間であるべきと考えられますが、実際には喜ばしい1週間は、不安にも、あるいは不安なしにも、どちらにもなりえます。それは、不安と喜びが異なる種類の出来事から生じているためです。ポジティブな功績や思いがけない出来事（例、当たりくじを買う）は喜びをもたらしますが、それらはストレスや不安をもたらす心配やおそれ（例、トレーラートラックに轢かれる）とは何の関係もないかもしれません。1週間の間の複雑な感情は、私たちが遭遇する複雑な一連の出来事や状況から生じるものです[*1]。たとえあなたが父親のアルツハイマー病との苦闘に意気消沈していても、家族で夕食のテーブルを囲むことや、あるいはあなたが手がけてきた企画が会社で褒められたことなどについて、喜び、満足、幸せを感じることは可能なのです。

私たちが単に不安、ストレス、落ち込みを検討するだけでは相対的な楽観性の効力を判定することができないのは、それが感情生活の不完全な描写になってしまうためです。これらのネガティブな気分は、悲観性や、悲観性に最も近い性格のひとつである神経症的傾向などの、他のネガティブな性格傾向の影響を明らかにするだけです。神経症的傾向が強い人たちは、感情が傷つきやすく、フラストレーションに対しての忍耐力が低く、困難な状況に対応不可能であると感じています。彼らの脆さを考えれば驚くにはあたりませんが、彼らは不安、落ち込み、そして敵意を含めたずっと多くのネガティブな気分を経験してもいます。もしあなたの知っている人の中に、感情的にとても脆そうで悪いニュースは告げたくないような人がいたら、その人は神経症的傾向が強いと言えるでしょう。ネガティブな気分を経験しやすい傾向は神経症的傾向の特徴であるため、神経症的傾向は事実上「不幸な性格」と呼ぶことができるかもしれません。悲観性と神経症的傾向がお互いに近い存在なのは、彼らの共通の友人であるネガティブな気分のためです。悲観性は、うつや不安のようなネガティブな感情の指標として、より適していると考えられます。なぜなら悲観性は神経症的傾向の人々の特徴でもあり、ネガティブな気分を生じさせるようなネガティブな出来事を予期するからです。

もしあなたが不安、落ち込み、ストレスに対する誰かの脆弱性について知りたいなら、その人がいかに悲観的で神経症的であるかを知ることで多くがわかります。ある人の、喜び、満足、幸せなど、感情生活のもう一方の側面を経験する確率について知りたいなら、むしろその人がいかに楽観的であるかを知ることになるでしょう。楽観性は悲観性や神経症的傾向とは違う、外向性と呼ばれる異なる性格変数の近くに存在します。外向性の人は、温かく、愛情深く、エネルギッシュで、社交的で、また彼らは通常やる気満々で、元気がよくて、そして、そう、楽観的なのです。

＊1　感情を専門とする心理学者のなかには、ポジティブな感情とネガティブな感情を同時に感じることも可能であると論じる人たちもいます。彼らは、癪に障るあなたの上司が……あなたの新しいジャガーで崖から飛び降りる、というふざけた例も挙げています。どちらの感情が優勢かは、あなたのその上司への感情の強さと、ジャガーにかけられた保険の程度によるのでしょうが、理論上は、その特定の瞬間にそれらの感情が同等に釣り合うこともありえます。

す。あなたの知っている、あのいつも笑ってばかりいて、どこかへ出かけて行って楽しむ準備万端な人は外向性でいっぱいです。神経症的傾向が「不幸な性格」なら、外向性は「幸せな性格」です。楽観的な人たちは、外向的な人の特徴であるポジティブな感情と結びついているポジティブな出来事を期待します。

楽観性が幸せ側半分の私たちの感情生活を予測するにもかかわらず、感情面の健康ということになると、悲観性は楽観性よりも重要であることを研究が示唆するかのように見えるのはなぜでしょうか? それは心理学がネガティブな気分をポジティブな気分よりも重要視してきたというだけのことかもしれません。心理学は、世界大戦中にトラウマに対する反応を専門にし始めたため、この領域では機能障害、苦悩、そして病気に強く重点が置かれてきました。現在は返り咲いてきてはいるものの、幸せなどといった人生のポジティブな側面は幾分無視されてきました。精神衛生を脅かすもの——例えば、不安やストレスなど——だけを見ると、悲観性は楽観性よりも有力であるかのように見えます。精神の健康のポジティブな側面については前述した研究に含まれておらず、人々がなぜそのようにひどい気分にあるのかを解明することを狙いとするほとんどの心理学研究にも含まれていません。しかし、アルツハイマーの介護者研究の著者らは「ポジテ

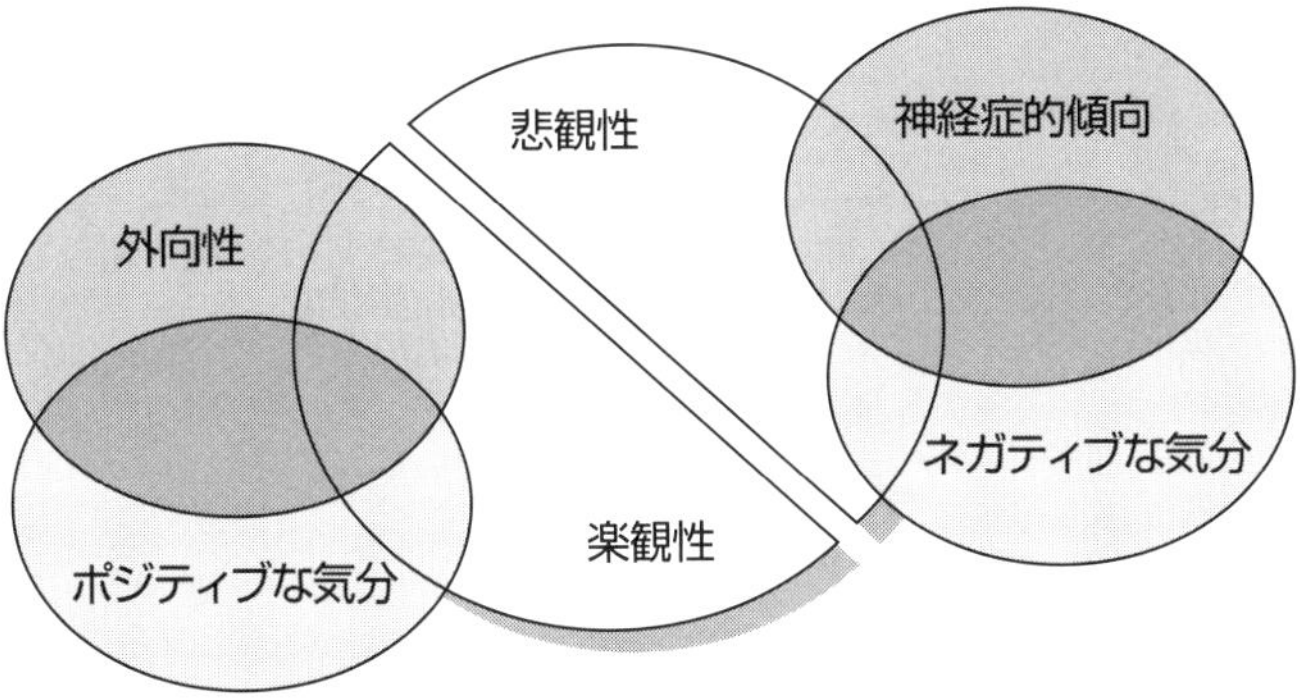

楽観性は外向性やポジティブな気分と重複するのに対し、悲観性は神経症的傾向やネガティブな気分と重複します。

ィブな結果について検討されていたなら、楽観性が精神の健康のより重要な指標であったかもしれない」と推測しました。

喜び、満足、わくわく感のようなポジティブな気分を体験することが、落ち込み、不安、敵意などのネガティブな気分を回避するのと同じくらい人々にとって重要ならば、楽観性は悲観性と同じくらい重要で、1番目と2番目の質問に対する答えはどちらも感情生活には重要であることになります。すなわち、より高い楽観性を持つことは、幸せなどの主によりポジティブな感情に関連しているはずで、より低い悲観性を持つことは、不安などの主にネガティブな感情を避けることに関連しているはずです。ある海軍新兵らを対象とした研究がちょうどそれを証明しています。若い新兵が将来に悪いことを予期したときにはよりネガティブな気分になり、良いことを期待したときにはよりポジティブな気分になりました。場合によっては「別にどうでもいい」タイプであるほうが、悲観性と結びついている不安を避けることになるため有利であるかのようですが、それは同時に「宝くじかつトレーラートラック」タイプの人に生じる楽観性のうれしい利益を逃してしまうことでもあります。[*2] 子どもが優等生名簿に載るのを予期することは、ポジティブな感情（例えば、希望、自尊心）を促進し、彼らが車をぶつけてめちゃくちゃにしてしまうことを予期することは、ネガティブな感情（例えば、恐れ、怒り）を促進します。ひとつがもう一方を相殺することはありません――それぞれがあなたの感情に対して異なる影響力を持っているのです。

1千万ドルの質問

ネガティブな感情よりもポジティブな感情で特徴づけられた感情生活を持ちたいなら、宝くじで1千万ドル当たることが良い出発になるのではないかと思うかもしれません。実際には、楽観的な性格であることは宝くじに当たるよりもはるかに良い選択です。心理的な免疫システム――

快楽のトレッドミル――には、セットポイントの問題があり、1千万ドルはしばらくの間は楽しいでしょうが、それに起因する幸せは徐々に薄れていくでしょう。その一方で、気質的な楽観性のように性格の特徴から生じる幸せは、ずっと、ずっと、そしてずっと続きます。

それはなぜか？　というのが、1千万ドルにも値する難問です。まあまあそこそこの気分の盛り上がり（新しいワンピースを買うことや、あるいはチョコレートを食べることも――いつだって最初の一口が一番美味しい）から極度の高揚（幸せ促進に最適な人生の一大イベントである結婚は、平均して2年間ほどは人をより幸せにする）まで、人々は多くの事柄に慣れるという強力な能力を見せてきました。人生で起こりうる最高に良いことでさえ長い目で見て人を幸せにしないのに、将来についてある一定の信念を持つこと――つまり、楽観的であること――に人が慣れてしまわないのはどういうわけでしょう？　楽観的な性格が何年経っても人々を幸せにするのは

＊2　楽観性と悲観性の両方が重要であると立証したところで、私は通常通り「楽観性」と「悲観性」の組み合わせを指して、楽観性、気質的楽観性、そして楽観的性格という用語を使用していくことにします。さらに後の章で次第に楽観性と悲観性の区別がそれほど重要でなくなっていくのは、それら両方が、楽観性と幸福の関係に大きく関与する仕組みに、同等に貢献しているらしいためです。

なぜでしょうか？　言い換えるなら、なぜ楽観性は1千万ドルよりも長続きする幸せと結びついているのでしょうか？　人々が自身の性格には順応しないということが快楽のトレッドミルを降りることを可能にする鍵を握るかもしれないという事実にもかかわらず、驚くべきことに心理学ではこの疑問に解答するようなことがほとんどなされてきていません。もし楽観的な性格でいることに人が慣れて鈍感にならない理由を解明できれば、それと同様の仕組みが、人々のより好ましい気分を長続きさせることに利用されうるのです。

幸せにおける永続的な変化は可能か否かということに関しての最も宿命論的なものはセットポイント説であり、そのセットポイントの議論が主として遺伝的要因に基づいているときには特にそうなります。ほとんどの性格の特徴はかなりの遺伝的要素――約50％にものぼる――を持っており、そのためセットポイントの議論とは次のようになります。幸せの遺伝子を持っていれば、幸せな性格になり、幸せになる、そして、幸せの遺伝子を持っていなければ、幸せな性格にはならず、幸せにはならない。この議論は、遺伝子が心理面の健康に強く影響するというますます多くの証拠を集めている行動遺伝学の研究によって立証されています。まさに好例となるのが、覚えやすい名称のＳＬＣ６Ａ４を運搬する遺伝子です。この遺伝子は、プロザックなどの抗うつ剤が同様に標的とするセロトニン系に影響します。わかりやすく言えば、SLC6A4は、セロトニンを細胞から搬出したり、細胞へ搬入したりするたんぱく質を作る遺伝子システムへの滑走路です。結果として、人によってそれは短かったり、長かったりし、ちょうど空港の滑走路は短いよりも長いほうが有益なようにこの遺伝子も短いより長いほうが有益です。もし運がよくて（というより、正確には、両親が良くて）2本の長い滑走路を持てれば、恋愛関係の解消、もしくは仕事上のストレスのような出来事は、2本の短い滑走路を持つ人に比べて約半分の感情的苦悩で済み、自殺を考えたり、もしくは試みたりする可能性は3分の1になるでしょう（短い滑走路と長い滑走路を両方1本ずつ持つ人は、その中間のどこかに位置します）。

他の神経伝達物質もまた幸福感に影響します。例えば、GABAは落ち着きをもたらし、ドーパミンは快楽的な感情に関わっています。性格は、神経伝達物質の機能やレベルの長期にわたる違いに影響する遺伝子によるものでもありえます。例えば、セロトニンが快活な人に、あるいはドーパミンがスリルを求めるタイプの人にするといったようにです。それゆえセットポイント説では、遺伝子が神経伝達物質システムの機能の仕方を決定し、その機能の本質が性格と幸福を位置づけると提唱するのです。人生における出来事は、セットポイントを一時的に混乱させるかもしれませんが、やがて本来備わった脳に戻ることになります。遺伝子に変化がなければ、幸福における永続的な変化もないということです。

それでも人は、ある神経伝達物質のレベルをより高くすることで長続きする幸福の代わりを手に入れられないだろうかと考えます。結局はこれらの神経伝達物質が薬剤というかたちで投与されると、脳はしばしばそれらに慣れてしまいます。すなわち、ある一定量の神経伝達物質の投薬効果は日を追うごとに減少していくため、同じ効果を得るためにはますます大量の投薬が必要になることがあるのです。アンフェタミン(「アッパーズ」興奮剤)を使用している人のことを考えてみてください。アンフェタミンが感情への非常にはっきりとした、ポジティブな効果をもたらすのは、それが快楽に帰着するドーパミンの放出を促進するからです。ドーパミンが「アッパーズ」に「アップ(興奮)」を加えていると言うこともできるでしょう。しかしながら、時が経つにつれ、同じ効果を得るのにますます大量のアンフェタミンを要するようになります。これが耐性と呼ばれる現象です。神経伝達物質システムを刺激する薬剤も耐性を作り出しますが、それが時には残念なことにもなり(パーキンソン病の治療に使われるドーパミン薬であるL－Dopaによる有益な筋肉運動への効果も徐々に弱くなっていく)、しかし時には幸いでもあります

（セロトニンに作用する抗うつ剤の性的副作用も時間とともに消えてゆく傾向にある）[*3]。

脳内で生産される神経伝達物質は、薬剤として投与される神経伝達物質に似ており、それは天候のシステムがスプリンクラーに似ているのとほぼ同じです。脳内の神経伝達物質は複雑で自己調整されているため、その組織がその人自身の神経伝達物質への耐性の発生を防いでおり、自分自身の性格に鈍感にならないのはそのためであることも考えられます。それでもなお、耐性現象が示唆するのは、楽観性が一生を通じ苦悩から人を保護するという理由のすべてが、より多くのセロトニンを持つことにあるわけではないということです。

いずれにしろ、楽観性のすべてが遺伝的というわけではありません。実際、その遺伝的な部分――約25％――は、「幸せ」な性格や「不幸」な性格を含めた、ほとんどの性格の側面の遺伝的な部分よりも小さいのです。「幸せな性格」である外向性は、約54％受け継がれ、「不幸な性格」

＊3　耐性は、実際の抗うつ的な効果に対しては成立しません。そのため通常はうつ病の治療や悪化を防ぐためにこれらの薬剤の増量が必要となることはありません。脳内の何かが、抗うつ剤が入ってきたことに反応し変化しているのです。その証拠に、突然服用を停止することで、めまい、皮膚のぴりぴりした感じ、いらいら、震え、下痢の不快な症状などの離脱症状に陥ることがあります。幸い、耐性を成立させ離脱症状を引き起こすその何かは、うつ病の程度に影響している何かとは異なるようです。

である神経症的傾向は、約48%が受け継がれます。どういうわけか楽観的な人たちというのは、必ずしも幸せの遺伝子を受け継いでいなくても幸せで、そのうえ長期にわたってその幸せを維持しているのです。

極めて短い楽観性の歴史

必ずしも幸せの遺伝子を持たない人たちに楽観性がどのように幸せを創造するのかを理解するには、気質的楽観性の到来によって始まったのではない期待の研究の歴史を見てみることが有益です。20世紀初期から心理学者らは期待の効果を研究していました。それは、期待による気分への効果ではなく、動機への効果です。ある人の期待が、結果に向けてポジティブであればあるほど、その人はその結果に到達しようとより動機づけられます。例えば、誰よりも速く走れると信じることは、そのレースに全力を尽くそうとする動機を促進します。昇進できると信じることは、一生懸命に働こうとする動機を促進します。時には、何かをより良くこなすためだけではなく、単に何かをするというだけのためにもポジティブな期待が必要とされます。エキスポージャー

（暴露）療法があなたの蛇恐怖症を治癒すると信じればこそ、[*4] あなたは治療中に蛇に近づいたり、あるいは蛇を手で扱ったりすることへの、そうでなければ持つことのない動機を持つのです。もし蛇に晒されることが役に立つと信じなければ、一体なぜそんなことをするのか想像し難いでしょう。

さらに、この研究では、期待は結果に対して常に特異的であったのです。人々の運動しようとする動機づけはどのようにして生じてくるのかを知りたかったら、彼らが運動した場合に何が起こると期待しているのかを知らなければなりませんでした。例えば、ある人は、行動と結果を結びつける特定の期待のタイプすなわち結果の有効性が高かったのでしょうか？　その人は、運動が減量あるいは長生きにつながると期待していたのでしょうか？　もしそうなら、結果の有効性が低い人よりも運動する傾向は高くなるでしょう。概してこのような研究は、将来についての信念（昇進したり、恐怖症を治したり、体重を減らしたり）が、その将来をもたらすために何かをする（一生懸命に働いたり、蛇を触ったり、運動したり）動機に対してどう影響するかということ

＊4　ほとんどの場合は治癒が可能です。恐怖症のためのエキスポージャー（暴露）療法は、適用可能な最も効果的な心理療法のひとつです。

とに焦点を当てていました。

この研究の本筋では、ポジティブ、あるいはネガティブな人間であることが大きく取り上げられることはありませんでした。

楽観性の真相に迫る

ある意味で、幸せや不幸、あるいはポジティブやネガティブ、あるいは楽観的な人々や悲観的な人々についてのこのような議論すべてが肝心なところをはずしてしまっています。コップに水がもう半分しかなくても、まだ半分あっても、コップは洗って、乾かして、そして食器棚に片付けられる必要があり、楽観性はあなたがそれをやりこなすように動機づけられるか否かに影響を及ぼしているのです。

私が楽観性の根底にあると考えるものについて理解していただくために、楽観性の心理面の健康と免疫系への作用の仕方に関する私の長期研究から、ロースクール1年目の学生2人を紹介します。どうぞ傍注の必修弁護士ジョークをご覧ください。[*5] ロースクールの1年目は非常にストレスが多いものです――多くの学生が、その1年を彼らのかつての経験のなかで最もストレスが多いと評価しています――そして、その1年に多くのことがかかっています。最初の学期の成績は、誰が弁護士評論雑誌に載るか、また、誰が次の夏に良い仕事を獲得するか、という2つの重要なりゆきに大きく関わってきます。楽観的な学生は、この経験に対し悲観的な学生とは異なって反応します。以下が2人のロースクール1年目の学生たちのインタビュー欄です。[*6]

問　これまでのところ、ロースクールはどうですか？

＊5　なぜ心理学者は、実験ねずみの代わりに弁護士で研究すべきなのか？　(a)弁護士のほうがたくさんいるから。(b)実験ねずみでは、もの足りないことがあるから。(c)実験ねずみだと心理学者が愛着を感じてしまう危険があるから。弁護士の方々すみません。あなたの嫌いな職業を代わりに当てはめてください。心理学者でもかまいません。

＊6　本書全般を通して、実在の楽観的な人と悲観的な人の例を紹介していきます。個人情報については変更されており、例によっては合成されたもの、長さが編集されているものもありますが、これらは実社会の実在の人物からの実際の報告をもとにしています。名前はすべて架空のものです。

答 最初のうちは良かったんです。学校が始まって、勉強は調子のいいペースで進んでいたんですが、そのうち少し勉強から遠ざかり始めて、それから競争的な雰囲気に圧倒されてしまって、ちょっとすべてから離れて、期末試験の2週間前までほとんど勉強に戻りませんでした。だから期末試験の期間は、ロースクールにすべてを使い果たした感じでした。でも、そのほぼ2カ月前には、ロースクールが自分の人生で重要なものであるとさえ感じていませんでした。先ほど言ったように、学期の初めのころはよく勉強していたんですが、そのうちやらなくなり始め、すると今度はやらなくてはならない勉強がもっと多くなって、より多くのストレスを作り始めました。勉強をしていなかった期間は、ロースクールがいかにストレスが多いところであるかと考えたり、これが自分のやりたいことかどうかと問いかける時間が多くありました。でも、今になってそう感じて後悔し始めているのは、自分で思っていたほどうまくいかなかったからです。ロースクールの最大のストレスは、自分自身が学校自体に飲み込まれないようにすることにあると思います。

問 **これまでのところ、ロースクールはどうですか?**

答　いくらかストレスになってはいるけど、勉強全般において私はいつも自分自身をせきたてるようなタイプですから。毎晩家に帰ってきて、寝るまで読んで、そして、もっとやれるんじゃないかという気持ちが常にあって――もっと勉強したほうが、とか、そうですね、勉強の計画をちゃんとたててみたりとか、そんなことです。授業は全部楽しいです。学ぶことが大好きですから、後悔の気持ちとかそんなのは全然持ったことはありません。ただ、常に休みなく続いているというか。刺激的ではあるけれど、疲れ切ってしまいがちですね。もし自分が後れをとっていると感じ始めたら、自分自身の目標を決めて言うんです、「よし、それじゃ今週の終わりまでには試験の準備のためにこのくらい終わらせよう。この授業はやったところまでをすべて要約してしまう」というふうに。12月に試験を受けに行ったときは、実際に過去3カ月で学んだ概念を適用できて、それが意味を成していたので満足した気持ちで出てきました。自分が何をやっていたのかがわかり、世に出て実際に仕事にしたときにどのくらいそれを適用できるかがある程度わかったんです。ですから、やった甲斐は大いにありました。

最初の学生は、楽観性の得点の下位10％の中に位置し、2番目の学生は上位10％の中に位置します。どちらの学生も、ロースクールを特に楽しんでいたわけではありませんでした。最初の悲観的な学生はひどく落ちこんでいるようには見えず、2番目の楽観的な学生は、なりゆき任せのようには見えませんでした。それでも、遭遇する困難にどのように取り組むかという彼らのロースクールへのアプローチには劇的な違いがありました。悲観的な学生は、逃げたり、思い悩んだり、関わらなくなったりして困難に対処し、後に思ったような成果は得られませんでした。楽観的な学生は、目標を決め、計画し、それに従事することで困難に対処し、やがてやりがいを得ました。本質的な違いは、ポジティブさとネガティブさということにあるのではなく、懸命に努力するか、それほど努力しないかにあったのです。

だからといって懸命に努力することやそれほど努力しないことが幸福に影響しないというのではありません。実際、本書全般を通して私が論じていこうとしているのは、楽観性から幸福までの道のりの大部分が、何かをすること、一生懸命に努力すること、関与すること、そしてその他の関連する思考と行動の状態を通っていくものであるということです。これら2人の学生のロースクールのストレスへの対処法が、ひとりをストレスから守ることができず、もうひとりをストレスに晒すことがなかったことに着目してみてください。どちらの学生も、自分たちが経験したストレスについて語っていくと、先日、私が研究室に入っていくと、黒板に次の引用が書かれていました。「失敗には、成功とちょうど同じだけのストレスを要する」。その引用は、ロークールの学生たち2人がストレスを経験した事実を完璧に表現してはいますが、明確に述べられていないのは、2種類のストレスの違いです。ひとつのストレスの種類――悲観的な種類――は、反芻思考やドロップアウトから生じていて、後悔に帰着していました。もう一方の種類――楽観的な種類――は、懸命な長期の努力から生じていて、満足と報酬に帰着していました。

失敗するのに、成功するのとちょうど同じだけのストレスを要するのであれば、「楽観的」なストレスのほうが好ましくはないでしょうか？　人々は一体どうして「悲観的」なストレスなどを経験するのでしょうか？　その答えは、あたりまえなのですが、彼らが悲観的な人間だからです。楽観性の動機の歴史を振り返ってみると、予期とはまさしく、どれだけの努力をつぎ込むことにするか、を決定するものです。ポジティブな予期――楽観性――は、動機と努力を促進し、一方ネガティブな予期――悲観性――は、動機と努力を減退させます。次のように言えばすっかり意味が通じます。どうせうまくいかない将来に向けて多くの努力をつぎ込むことに何の意味があるというのでしょう？　おそらく、あなたは最終的に報われると思うものに対しては、より多くの努力をつぎ込むでしょう。うまくいく信念を持つロースクールの学生は、うまくいく信念を持たない学生よりも、勉強により進んで時間を費やし、激しいライバル争いに直面しようとします。うまくいかない信念を持つ学生にとっては、最後に後悔することになるだけだとしても、努力を差し控えることがより「道理」にかなっているように見えるのです。子どもたちがその車をぶつけてめちゃくちゃにしてしまうだろうと思ったら、あなたは多額のお金を新しい車につぎ込みますか？　あるいは、決して強くなったり、やせたりしないと思ったら、あなたは多くの時間を運動に費やしますか？　決して出版されるとは思わない小説を書くのにエネルギーを費やす、というのはどうでしょう？　もちろん、あなたはそんなことはしないでしょうし、そういう信念を持つ悲観的な人たちもしないでしょう。彼らにとっては、暗く見える将来に、時間、お金、エネルギー、あるいは努力を費やすのが理にかなっているようには見えないだけなのです。

幸せになること以上に善くなること

私の研究の楽観的なロースクールの学生は、無責任な元気さにあふれているようには見えませんが、だからといってその学生の人生はネガティブでしょうか？　何か他に楽観的であることの利益を測定する方法はないのでしょうか？　楽観性に関連しているポジティブさとネガティブさ、特に感情的なポジティブさとネガティブさに集中すると範囲が限られすぎてしまいます。幸福とは、元気であること以上の深い意味があり、ほとんどの人は常に元気でいることが人生において努力して獲得しようとするものとは何か違うということに気づいていると思います――「幸せ」な気分が捉えていない幸福の全く別のレベルというのが存在するのです。

幸せ、元気さ、そしてその他のポジティブな感情は、しばしば感情的な、あるいは快楽的な幸福としてまとめられており、ふだん良い気分でいることが精神衛生に貢献していることは明白です。それはネガティブな感情を持つよりも気分の良いもの（例、快楽的により満足させるもの）です。しかしながら、心理学者のなかには（心理学者でない人のなかにも）、善くあることは幸せであること以上のものであると論じる人たちがいます。アリストテレスも、真の幸せは気分の良いものではなく、「エウダイモニア（eudaimonia）」――eu が「善い」を意味し、daimon が「精神」を意味する――であると論じたひとりでした。すなわち、健全な精神への道は、楽しみを通してではなく、自分自身に忠実であることを通してであるということでした。人には明らかに幸せ以上のものが必要です——人は、人生や他の人と関わりを持ち、成長し、自身の運命の主人公になる必要があります。[*7] エウダイモニア的（あるいは時には、「心理的」）幸福とは、いかに幸せであるかに反映されるのではなく、あなたの人生がいかに、十分な行い、自己の可能性の実現、良い人間関係、個人的成長によって特徴づけられるかに反映されます。エウダイモニアとは、文字通り、最善の自己であるという意味なのです。

私がテレビを観ても幸せにはなれないと言ったときに少しだけ裏の意味を含めていたことが「幸せ」と「エウダイモニア」を識別することによって見えてきます。それは、あなたの幸せの定義によるものだということです。もしあなたが何か面白いものを観ていれば、泣くまで笑い、それで俄然気分を良くして、感情的あるいは快楽的な幸福が増大するかもしれません。その一方で、そうすることでは、最善の自己であったり、あるいはエウダイモニア的な幸福を築いたりする機会はそれほど与えられません。あなたの最善の自己の一部は、笑い上戸なのかもしれませんが、できればそれだけではないことを期待します。願わくは、あなたの最善の自己は、創造的、あるいは共感的、また賢明でもあってほしく、そしてそういった最善の自己をテレビを観ているときに生かすのは難しいのです。

エウダイモニアを提唱する理論家のなかに、エウダイモニアが快楽的な感覚の快感ではないと主張することで、快楽的な幸福との違いを強調する人もいます。アリストテレスは、幸せは「低俗」だと考え、心理学者のエーリッヒ・フロムは、悦《よろこ》びには有害性が潜んでいると考えました。これらの人たちからは、最善の自己である間は、楽しむことは許されないと言われているような感じを受けるでしょう。幸い、その考えはほとんどが理論上のもののようです。なぜなら、現実において最善の自己であることは、断然楽しいからです。快楽的な幸福とエウダイモニア的な幸福は切り離すこともできますが、他者と仲良くしたり、日常生活での要求をこなしたり、自分自身について学んだりといった、エウダイモニア的な幸福の側面をより多く持っている人たちというのは同時に最も幸せな人たちでもあります。またそういった人たちは偶然にも、最も神経症的

＊7　人々が単独行動する、あるいは、人生のすべての側面を支配する必要があると言っているのではなく、コントロールしたり、放棄したりを自発的にすることを言っているのです。支配や自立といった言葉は、時々「独立」という意味に解釈されますが、その解釈は不適当です。なぜなら、あなたが独立して行動するか、あるいは他の人と一緒に行動するかどうかは、あなたがあなた自身の主であるかどうかとは別だからです。あなたは、自分の意志を持ち価値観に従い、支配や自立性を獲得しうるのです。逆に、あなたの価値観に反しあなたの支配や自立を害して、無理やり単独で行動させられることもありえます。

でなく、そして最も外向的な人たちでもあります。そしてそれは、神経症的な人たちが日常生活の要求をこなしたり、人間関係の感情面での交渉に苦労し（エウダイモニア的な幸福を減少させる傾向にある）、ネガティブな気分に悩まされ（快楽的な幸福を減少させる傾向にある）、一方、外向的な人たちが、より社交的で、困難によってさらにやる気を起こし（エウダイモニア的な幸福を増大させる傾向にある）、より幸せ（快楽的な幸福を増大させる傾向にある）であることがわかればつじつまが合うでしょう。

エウダイモニア的で快楽的な幸福度が高いものの、「幸せ」や「悲しい」性格のタイプとはなんの関係もない人々を特徴づける別の性格傾向というものがあります。誠実さというのがそれです。有名なアリとキリギリスの話では、誠実な人々はアリです。有能で自信があり、効率的で、意欲的で、勤勉で、根気強いのです。誠実でない（ときどき、無目的と呼ばれる）人々はキリギリスです。軽率で、注意散漫で、怠惰で、短気です。誠実さは、神経症と外向性のように直接的に幸福に組み込まれることはありません。その代わり、勤勉と根気を通して人間がより高い幸福に到達する方法を示すのです。期待と楽観性の研究のはじまりを振り返り、動機の根源に返ってみたとき、誠実さもまた楽観性に関連していたとしても驚くにはあたらないでしょう。楽観的な人々は、悲観的、無目的なタイプに比べより動機が高く目標指向であるという点が誠実な人たちに似ています。さらに、ポジティブな予期は、動機、勤勉、努力を促進し、ネガティブな予期はそれらを減退させるため、どちらの種類の予期も誠実さに関連しています。楽観的な人々は、キリギリスよりもアリであることが多く、ウサギよりもカメであることが多いのです。

もし楽観的な人々の幸福のレベルが高い理由について問われたら、その明白なほうの理由は外向性にあるように思います。外向的な人々はよりポジティブな人たちです。それほど明白でない理由は、誠実さにあるように見えます。誠実な人々はより根気強い人たちです。幸福を高めることに関して言えば、楽観的な人々が何をするのかということは、彼らがどんな人間なのかということと同じくらい重要である可能性が高いようです。

快楽のトレッドミルから降りる

楽観性とはあなたが何であるかに加えて、何をするかにあるという認識は、楽観的な人間が、そして他の幸せなタイプもそうかもしれませんが、自分自身の性格に慣れてしまわない理由を説明するのに役立ちます。概して、私たちは変化に乏しいものには慣れていきます。新しいセーター、ハンドバッグ、テレビ、あるいはモーターボートが長続きする気分の高揚をくれないのは、いつも同じままだからです。一日一日少しずつ、私たちは、自分の所有するものに慣れていきます。その一方で、目標、動機、そして努力は常に変化しています。

目標に従事することがいかに幸せに帰着するかということの例は、いわゆる「究極の幸福」、フローの感覚、と呼ばれる研究からのものです。フローは、それが塔を建てることであろうと、楽器の演奏であろうと、スポーツであろうと、データ分析であろうと、もしくは手術を行うことであろうと、個人の技能がある課題への挑戦に完全に従事しているときに起こります。意識が消えて、人々は行っている事柄に完全に没頭していきます。人はフローの間に究極の幸福を経験してはいても、その課題に取り組んでいる間は行っていることに没頭しているため、それについて考えてはいません。[*8] フローを経験するのは、あなたの技能が目標や課題への挑戦にぴったり合ったときです。それは、自分の最高の技能レベル以下でもなく、かといって難しすぎてどうしてよいか分からない状態でもありません。パンやお菓子作りを始めたばかりの人がベイクドアラスカを作ろうと思っても、その人の技能がチョコレートチップクッキーのレベルまでしかなければ、フローの代わりに不安を感じるでしょう。熟達したピアニストが、「きらきら星」を弾いているときは、フローの代わりに退屈を感じるでしょう。[*9]

おそらくあなたには、自分の技能を十分に円滑に使い、多大であっても圧倒的ではない程度の努力をし、自分のしていることに完全に没頭しているように感じた経験があるでしょう。もしあなたが音楽を嗜むなら、よく練習した曲を演奏している最中にそれを経験したかもしれませんし、あなたが競技者なら、最高潮にありミスをすることなど不可能と思えるような日があったかもしれません。フローは、チェスでも、料理でも、執筆でも――目標と技能を伴っていれば、ほとんどどんな状況においても起こりえます。あなたが自分の課題を滞りなくやり通し、自身の技能を十分に発揮していたとしたら、その間あなたはフローの状態にあったのです。素晴らしい感覚だったのではないでしょうか？

＊8　この自己意識の欠落がフローをとてもポジティブなものにすることに実は役立っています。序章にあるように、どれだけ自分が幸せかをチェックし続けることが実際には幸せになることを妨げていることもあるのです。

＊9　ドホナーニ「童謡による変奏曲」という立派な題名ではありますが。

何か変わったことをしていれば、テレビを観ている間にフローに到達することも可能かもしれません。

フローの現象は、従事することが幸福につながるという一般的な原理の、特定の例です。この一般原理にはそれに続く2つの補足的原理があります。その最初の原理は、目標と挑戦の領域は限定されていない、というものです。私たちには、追求可能な多数の様々な道があります。ひとつの目標に到達するたび、他の目標が待ち構えています。まるでクローゼットいっぱいの、毎日取り替えられるほどたくさんのハンドバッグを持っているかのように、ひとつに飽きてもあらゆるタイプの、サイズの、色の、何千という数のハンドバッグが選ばれるのを待っています。[*10]

第二の原理は、たとえ変化しない目標でも、それが伴う要求があなたの技能の上達に合わせて変化しうるのであれば長続きする幸福になりうる、というものです。多くの人が一生涯を通じて楽しむゴルフについて考えてみてください。1千万ドルが面白くなくなってしまうというのに、ゴルフをすることが面白くありつづけるのはどうしてでしょう?それはゴルフが、絶えず繰り返される挑戦だからです。あなたが、世界中のどのコースのどんなホールでも必ずホールインワンを出すようになるまで、ゴルフの要求はあなたの技能に合わせて常に高まっていくでしょう。このことを踏まえると、テレビが幸福に重要な貢献をすることができないというのは十分に理解できることであり、それはテレビが事実上何の技能も要求してこないという理由からなのです。通訳のスキルを向上させようと外国語のテレビ番組を観るなど何か普通でないことをしている場合を除けば、テレビを観ている間にフローの状態になることは決してないでしょう。

楽観性がより高い幸福へとつながるのは、それが人生の目標に従事することを促進するからであって、楽観的な人たちが飲んでいて他の人たちが飲んでいない奇跡のハッピージュースのせいではないのです。序章で紹介した私のニューオリンズのロールモデルが幸福を理解するうえで極

＊10　もしそのほうがぴったりくるのであれば、ハンドバッグをモーターボートに置き換えてください。

めて重要であるというのはこのような理由によるものです。彼がより幸せだったのは、何かをすることに忙しく、どんな状態にあるのかを心配する必要がなかったからなのです。

第2章 根気本能

——楽観的な人と目標

第1章の極めて短い楽観性の歴史で述べたように、まだ楽観性が性格特性のひとつとして研究されるより昔に、心理学者らはポジティブな、あるいはネガティブな予期が動機や根気強さにいかなる影響を及ぼすかということに関心を持っていました。彼らの研究は、人々の予期を操作し、楽観性、あるいは悲観性の度合を調節し、動機と根気強さの変化を観察することでした。もしあなたがそれらの研究のひとつに参加していたら、こんなふうだったでしょう。あなたは2つの課題を実行するように言われます。1つ目の課題では、いくつかの並べられた言葉のつづりを配置換えして、別の意味を成す言葉に（例えば、YRIGCNをCRYINGに）しなくてはなりません。

あなたはあまりよく出来ずに（アナグラムが非常に難しく）、自分はアナグラムには向いていないという結論に至ります（というよりも、それが実験者らの意図でした）。それからあなたは複雑な線引きをするという次の課題がアナグラムの技能と関係がある、もしくは関係がないということのいずれかを告げられます。ここが実験の決定的な部分で、というのは、もしあなたがその2つの課題が関係していると信じたら、ほら、どうでしょう。あなたは、再びうまくいかないと予期するでしょう。つまり、あなたは、来たるべき課題について悲観的になるでしょう。もしあなたがそれらの課題が無関係であると信じたなら、よりうまくいくことを期待し、来たるべき課題について楽観的になるでしょう。

あなたがこれらの実験の典型的な被験者であれば、アナグラムと線引きが、それぞれ異なる技能を要すると信じると（つまり、楽観的になると）、2つ目の課題に進んだとき、動機と根気が大きく促進されることが見られます。大失敗に終わった課題（アナグラム）が新しい課題（線引き）と同じ技能を要すると信じた人たちに比べると、あなたは平均して約20％も長く取り組むでしょう。さらに、実験者らがあなたに、アナグラムと線引きは正反対の技能を要する（「アナグラムの結果がひどい人は、線引きできわめて良い結果を出すようだ」）と信じさせると、その効果はまたさらに劇的です。あなたは、２つの課題が同じ技能を要すると思った人たちに比べ、約50％も長く取り組むことになるでしょう。この劇的な効果は、あなたが最初の課題でよい結果を出すように仕組まれたうえで、次の課題の成果が予想できると告げられた場合にも生じます――あなたは、最初の課題でひどい結果を出した人たちに比べ、約40％長く取り組むでしょう。

ひとつの課題に40～50％長く取り組むことによってさらにどれほど多くのことが成し遂げられるかと考えると、楽観的な期待が与えうる効果とは絶大なものとわかるでしょう。もしあなたが腹筋運動を50回ではなく75回行えば、あなたの腹筋は、ずっとはやく、より引き締まっていくでしょう。そして、ここが大切です。そうなっていくのは、あなたが自分の腹筋についてポジティブなイメージを持っているからではありません。そうなるのは、ポジティブな思考があなたの行動に変化を起こすからです。

楽観的な性格をテストする

私は、楽観性というものがポジティブな人間であることではなく、動機や根気強さに関わることかもしれないと気づき始めたときから、この類の実験に戻りたいと思っていました。人々の信念や技能を操作して楽観性や悲観性を生じさせる代わりに、私が今回知りたかったのは、「人々の気質的楽観性のレベルは信念の操作と同じように作用するのだろうか?」ということでした。

そのころ、私の研究室には楽観性の研究をしたがっていたリース・ソルバーグ・ネスという名前の大学生がいました。リースは私がUCLA（カリフォルニア大学ロサンゼルス校）の大学院生だったときに書いた楽観性についての論文を読み、この著者がUCLAで取り組んでいる楽観性についてどうすれば学べるかを知るために、論文を自分の学部の指導の先生に持っていきました。奇遇にも、リースの先生はまさに彼女を送るべき場所を知っていました。それは、まさにケンタッキー大学の、その廊下の角を曲がったところにある私の新しい研究室でした。そしてリースは、私の研究室の学部生の研究助手として参加することになりました。それに続いて、研究室での公式言語をめぐる交渉期間がありました。リースは、ノルウェー人で、スウェーデン語を含めた膨大な数の言語を話します。私のスウェーデン語は、代名詞（あなた、私）と、「別のもの」や「好き」などの一般的な言葉だけに限定すればなかなかのものです。動詞や名詞ということになると、私の語彙は非常に限られてきて科学的な会話はいうまでもなく、通常の会話が困難になります。私のスウェーデン語よりも彼女の英語のほうが格段に流暢だとわかるまでそう長くはかからず、私たちは科学的な話し合いに移行することができました。やがて、私たちは彼女の特別プログラム論文として、20年前の根気についての研究をとりあげ、気質的楽観性は特定の期待と同様に作用するかどうかを調べることにしました。

リースの研究では、最初の課題を与えて人々にポジティブ、あるいはネガティブな予期をさせる代わりに、アンケートを使って彼らの気質的な楽観性を測定しました。その後、彼らは一連の不可能な、あるいは困難なアナグラムの課題をしました。[*1] 私たちは真のサディスティックな傾向

＊1　「Unsolvable anagram（解答不可能なアナグラム）」とインターネットで検索すると出てくるのは、多くの心理学研究の結果です。心理学者たちが、アナグラムから離れないのはなぜなのでしょう？　一実験者の見解からすると、アナグラムパズルのひとつの良い側面は、それらが実際に解いてみるまでは見ただけでは解答不可能なのか、ただ難しいだけなのかどうかを見分けるのがほとんど不可能なため粘り強い人に解答不可能とばれてしまうことなく長い時間取り組んでもらえることにあります。その一方で、粘り強さを測定したい願望と、研究の参加者を過度にいらだたせるのを避ける必要性とのバランスをとる場合、問題のいくつかは参加者に解答させなければなりません。これらの研究で、リースと私は人々にいくつか解答させたうえで、アナグラムを解くことの根気への影響だけでなく、語学力のアナグラムの解答への影響を統計的に調整（例えば、標準テストの得点に見られるように）しました（結局は、問題を解いてしまえば、ねばるのをやめられるのです）。この技法により楽観性の粘り強さへの影響を、語学力の影響や解答数と区別しました。

には欠けるので、解答不可能なアナグラムは1つしか出しませんでした。残りの10問は、「単に」難しいものでした（誰ひとりとして全問は解答できず、ほとんどの人はたった5問しか解答できませんでした）。知りたかったのは、概してポジティブな期待を抱いている人、つまりより楽観的な人々は、概してそれほどポジティブな期待を抱いていない人、つまり悲観的な人々よりも、アナグラムにより長く取り組むのだろうか、ということでした。

結果はそのとおりでした。悲観的な性格を持つ人たちが約9分間半アナグラムに取り組んだのに対して、楽観的な性格を持つ人たちは約11分間取り組みました。その差異は最初の解答不可能なアナグラムで特に顕著でした。悲観的な人々では、それに取り組んでから諦めるまでが平均して約1分間で、中程度に楽観的な人々はそれより約50％以上長く取り組み、高度に楽観的な人々は、諦めるまでその2倍も長く、2分間以上取り組んだのです。

過去の実験研究と並んで、この研究は楽観的な人が根気本能と呼べるかもしれないものを持っていることを示唆しています。他のすべての条件が同等であるときに、楽観性はあなたを頑張らせ、悲観性は早く止めさせます。この本能――ねばるか諦めるか――が、楽観的な人と悲観的な人にとってあらゆる類の心理的、そして身体的な影響につながります。心理的、そして社会的な影響については本章のほかに第３章と第４章の焦点となっています。いくらかややこしい身体的な影響については、第５章の主題としています。

根気本能、成功、幸せ

快楽的な幸福——幸せか不幸せか——は、根気強さの研究の要点ではなかったものの、根気本能は幸せと大きな関わりを持っています。難しいアナグラムに取り組むことは、私の研究のほとんどの参加者にとって楽しい、あるいは良い気分になる体験ではありません。その課題はまさしく意図されたとおりの——難解な——ものです。それにもかかわらず、楽観的な人たちを難題により長く取り組ませ続けたのと同じ本能が、彼らのより高い幸福の理由かもしれないのです。楽観性と根気強さの関係をみれば、幸せをもたらすかどうかわかります。

根気強さが幸せにつながる理由を理解するには、なぜある人は仕事に行き、別の人はゴルフコースに行くのかを決定するメカニズムである自己調整についての基礎的理解を要します。人間の自己調整は、サーモスタット（恒温装置）による温度調整と多くが共通しています。サーモスタットには、目標（理想的な室温）と、状態（実際の室温）があります。サーモスタットに動機を与え、その類似性をいくらか引き伸ばしてみると、サーモスタットは理想的な室温と実際の室温の間のいかなる差異、あるいは相違をも縮小するために行動するよう動機づけられていると考えられます。つまり、部屋が寒すぎれば暖め、部屋が暖かすぎれば冷やします。その間サーモスタットは、室温計を通して自身の行いの影響を見逃さないようにしています。相違が小さいうちは、働きを弱め、そうでなければ、相違の縮小を達成するために働き続けます。

サーモスタットは、外見は人間には似ても似つきませんが、心理的な観点からすると著しい類似点を持っています。人には、現在の状態――その人が何であるか、何を持っているか、あるいは何を感じるか――があります。また人には、その他に、（健康で）ある状態、あるいは（バラの木を）持っている状態、あるいは（満足した）気持ちの状態など、今はそうでなりたい、あるいは今いくらかはそうであるが将来はもっとそうなりたい――という目標もあります。人にはまた、（病気で）ある状態、あるいは（シロアリを）持っている状態、あるいは（落胆した）気持ちの状態など、将来なりたくない状態を避けることに焦点を当てた目標もあるかもしれません。今現在の状態と目標の状態は度々異なることがありますが、そうなると相違

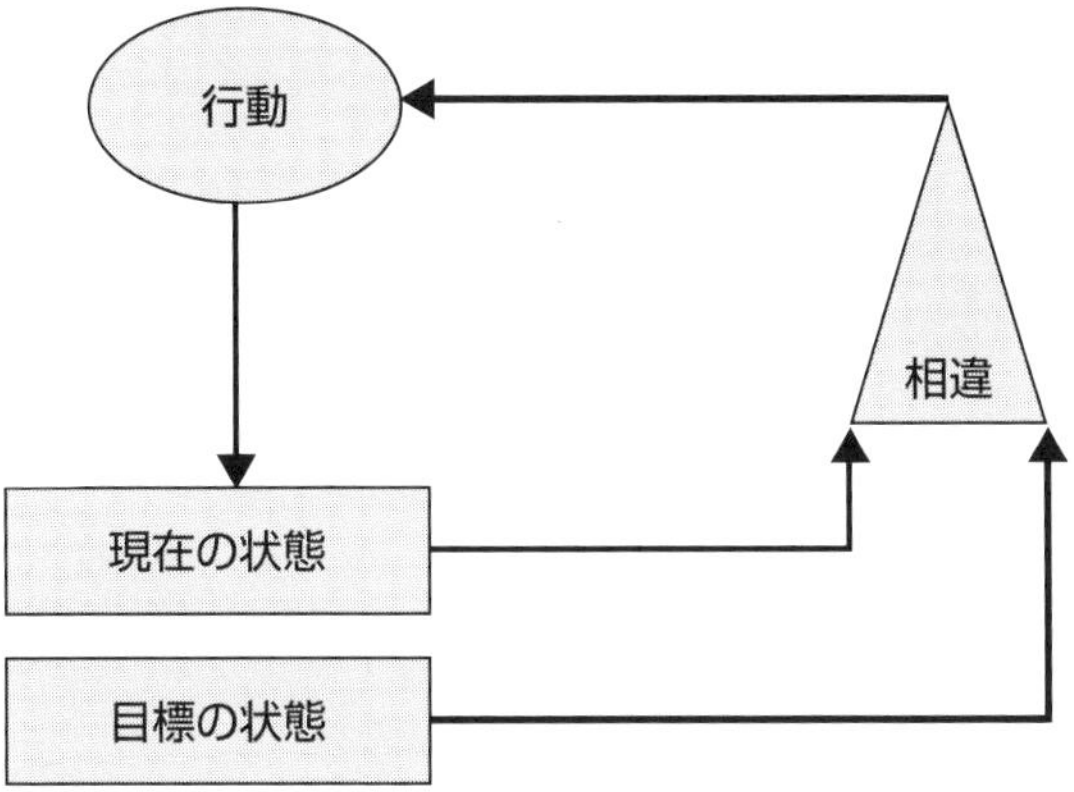

自己調整ループ。サーモスタットは室温（現在の状態）を設定値（目標の状態）と比較します。それらが同じでないとき、部屋を冷やすか暖めるかの行動を起こします。同じように、人間も、彼らの現在の状態（約40kgの弱虫、だとしましょう）が、目標（顔にサンドキックを受けるのを阻止する）に達しているかどうかの比較をし、もし達していなければ、目標に近づこうと行動を起こします（チャールズアトラスのジムのプログラムに参加申し込みをする）。

ができます。人は相違に気づくと、それを縮小するよう動機づけられ、目標に近づこうとする行動を起こします。あなたの目標が仕事で昇進することであれば、土曜日の朝は、ゴルフコースにいる代わりにオフィスで過ごすかもしれませんし、あなたの目標がゴルフの試合でよりよい結果を出すことであれば、水曜日の朝、オフィスにいる代わりにゴルフコースで過ごすかもしれません。あなたが時間をキャリアのために使うこと、あるいはゴルフの試合のために使うことは、寒い部屋で暖房をつけるのと同じです。現在の状態を目標の状態に近づけているのです。

目標があなたの行動を導くのであれば、あなたもサーモスタットのように状況における相違を知覚し、監視していなければなりません。あなたが注意を払っていないと、あなたの内部のサーモスタットを構成する様々な部分――目標の状態、現在の状態、そしてその間の相違（例、現在のゴルフのハンディキャップと、目標とするハンディキャップの間の差）――は目立つものではないので、相違を減らそうとあなたが動機づけられることもありません。自分に注意を払う自己意識が、あなたをフィードバックループに向かわせ、目標に沿わせ続けてくれます。アナグラムと線引きでの様々な研究では、人々が自己を意識しているとき（実験者が被験者を鏡の前に座らせて課題に取り組ませたか、あるいは彼らが元来高い自己意識を持っている場合）に限り、楽観性が根気強さを促進しました。自己意識なしに、楽観性が根気強さを促進させることはありません。事実、楽観的な人たちは自己を意識していなかったときには、しばしば悲観的な人々よりもはやく止めてしまったのです。この逆転劇を十分に説明した人はいませんが、ひとつの可能性としては、楽観的な人たちが自分たちの気分を保護していたということが考えられます。一般的に楽観性はよりポジティブな気分と結びついており、ポジティブな気分にある人々は概してその気分を維持するように行動することが研究結果によって示されています。困難な課題が気分を高めることはそれほどないため、ポジティブな気分にある人は、それを行うことの利益（例、相違を縮小し、目標に達する）を十分認識していなければ、そんな課題にはあまり取り組む気にならないのかもしれません。

行動に対する低い自己意識の影響が明白なのは実験室の中だけにとどまりません。あなたは何杯かお酒を飲んで、後になってどうしてそんなことをしたのかと不思議に思ったことはありませんか？　アルコールの影響のひとつは、自己意識を低下させることです。お酒を飲んでいると人は自己意識をある程度失い、それによって抑制が緩められ、他者とのやりとりにおける堅苦しさを軽減するため、お酒はうってつけの社交の潤滑油になります。またアルコールは人々を自らのフィードバックループと目標にあまり向かわせなくしてしまいます。あの、ダイエットする目標、勉強する目標、頭に電灯の笠をかぶったダンスはしない、などといった抱負は、なぜか何杯かのお酒の後では褪せていき、後の体重、成績、あるいは写真によって、羽目をはずしてしまったことを後悔させられてしまうのです。

人とサーモスタットをほぼ同等のものにするまで、あともう一歩です。今度は、人に測定器を与えなくてはなりません。サーモスタットは、温度計で相違と経過を追っており、人にもまた同じように測定器があります。それが感情です。感情の主な機能がいくつかあるとすれば、そのひとつはあなたがどんな調子であるかをあなたに警告することです。私の車は、どこかおかしい（ワイパー液、あるいはガソリンが少なくなる）と、ブザーを鳴らします。感情は、あなたの脳のブザーに相当し、恐れや怒りなどの基本的感情はおそらく何かが本質的におかしいときの信号として発達したのでしょう。例えば、恐れは、生存するという基本的な目標がサーベルタイガーによって脅かされている信号だったり、怒りは、自分のマンモスの獣皮の店が誰か他の先史時代の人間に強盗に入られている信号だったりした可能性があります。私たちの目標と生活は今ではより複雑で、感情も同様ではありますが、それでも感情には「信号価」と呼ばれる――私たちがどんな調子かを教えてくれる――ものがあります。サーモスタットの感覚で言えば、感情は目標と現在の状態のギャップの大きさを知らせてくれるものです。ギャップが埋まる――例えば、あなたが学校の理事に選ばれたいと思っていたところ、選ばれた――ときは、あなたの感情は、満足したり、喜んだり、あるいは大得意になったりさえするかもしれません。ギャップが埋まらない――選挙で惨敗した――ときは、がっかりしたり、落ち込み、不安、あるいは怒りさえ感じるかもしれません。

根気本能、実社会で作動中

根気強さは、目標を成功させ、現在の状態と希望する目標との間のギャップを埋めて、快楽的な報酬を獲得する傾向を強めます。楽観的な人たちがアナグラムや線引きの実験室での課題で見せた根気強さは、実際に彼らが目標を達成できる可能性を示しています。しかし、実験の課題は実社会の試練と全く同じではありません。ひとつ言えるのは、実験に参加しているときというのは、必ずしも多くを危険に晒しているわけではないということです。あなたは、実験者に自分が線引きが不得意だとは見られたくないかもしれませんが、それは、あなたの愛する人が夕食にやってくるというときに、料理下手に見られたくないのと同じくらいの意味があることでしょうか？　もうひとつは、アナグラムや線引きをすることは、あなたの選択ではありませんでした――それらの課題は、あなたに課せられたものでした。あなたの生活においても、なかには課せられたこと（税金申告などのように）もあるかもしれませんが、実験室の外でのほとんどの重要な課題はあなた自身が選択する事柄です。動機――そして楽観性の動機への影響――は、それらの状況下では随分異なるかもしれません。

幸い、リースと私はすぐに、私たちの実験結果を実社会の状況にあわせて拡張させる機会を得ました。リースがアナグラムの研究成果を私たちの心理学部の特別プログラムの日に発表したとき、出席者のひとりに学部長のフィル・クレイマーがいました。フィルは、動物学習を研究テーマとする心理学者ですが、ねずみを用いた実験研究からケンタッキー大学の学士課程の責任者に転じていました。[*2] 他の学部長と同じくフィルの心配のひとつは学生の定着であり、リースのプレゼンテーションを見た彼は、学生たちが大学生として1年目がうまくいき2年目に戻ってくるか、あるいは大学教育という夢に敗れるか、ということに楽観性が関連しているかどうかに強い関心を寄せました。フィルは、楽観性の調査質問紙を学校が始まる前の夏のオリエンテーションに参加した1年生になる全員に渡すことを申し出てくれました。リースと私はその機会に飛びつきました。これは私たちにとって、少ない人数での研究（非常に凝縮されたものではあっても）から、大きな目標に対する楽観性の影響の、極めて大人数による実験へと発展させるチャンスでした。折よくも、リースは心理学の博士課程の研究をするためケンタッキー大学に受け入れられ、彼女はその1年生たちを博士論文のテーマとして採用しました。

フィルはその言葉どおり、楽観性の調査質問紙を約1800人の入学予定の1年生に渡してくれました。その1年後、私たちは彼らの入学前の楽観性から、その年の成績と根気強さが予測可能かどうかを調べました。1年目の年というのは、学生たちにとって、おそらく他のどの年よりも挑戦に満ちたものでしょう。学生たちは、見ず知らずの人々だらけの、見ず知らずの町の大学に行くために、家族や慣れ親しんだ高校の社交環境から離れるのです。高校時代を遊んで過ごし、大学でも同じことを期待している学生は、大学の学業の要求に容赦なく驚かされることになります。すべての学生がこの過渡期をうまく通り抜けるわけではなく、学生によっては全く対応できずに、2年目には戻ってこなくなってしまいます。ケンタッキー大学は（他の多くの大学と並んで）、1年生の約25％がドロップアウトするというその割合を減少させようと努力し、この問題と常に格闘しています。[*3]

楽観性はさらなる根気強さにつながるため、私たちはより多くの楽観的な学生が、学校に留ま

＊2　また別の実験ねずみ対学生のジョークが本書のどこかにあるはずです。
＊3　これは異常に高い割合に聞こえるかもしれませんが、U.S. News and World Report の統計によると、アメリカの4年制大学における典型的なものです。

るために必要な目標とそのような関係を持っていることを期待していました。私たちの期待と一致して、たとえ1年生として十分な成績をとっていたとしても、中程度に悲観的な学生が1年後にドロップアウトする傾向は、高度に楽観的な学生の2倍でした。もし成功の99％が大学に出席することで――そして、ドロップアウトして学位を得た人はいないとすれば――楽観性は、学生にはるかに高い成功のチャンスを与えることになるのです。

私たちは入学してくる1年生の間における楽観性の異なるレベルと、それぞれのグループで何人がドロップアウトするかのおおよその割合を把握していたので、次ページのグラフにあるように、毎年秋にケンタッキー大学に入学する約4000人の1年生のなりゆきを予測することができました。ほとんどの人たちの集団同様、1年生でも悲観的な人間より楽観的な人間のほうがずっと多いのです。しかし、私たちが2年生にはさらに多くの楽観的な人間がいるだろうと予期したのは、悲観的な人間が2年目に戻ってくる可能性がずっと低いからです。例えば、ちょうど200人の悲観的な人間がドロップアウトし、ちょうど200人の高度に楽観的な人間がドロップアウトすると予測します。これは、すべての悲観的な人間の約3分の1を示しますが、高度に楽観的な人間全員のうちのたった6分の1でしかないことになります。別の言い方をすれば、両グ

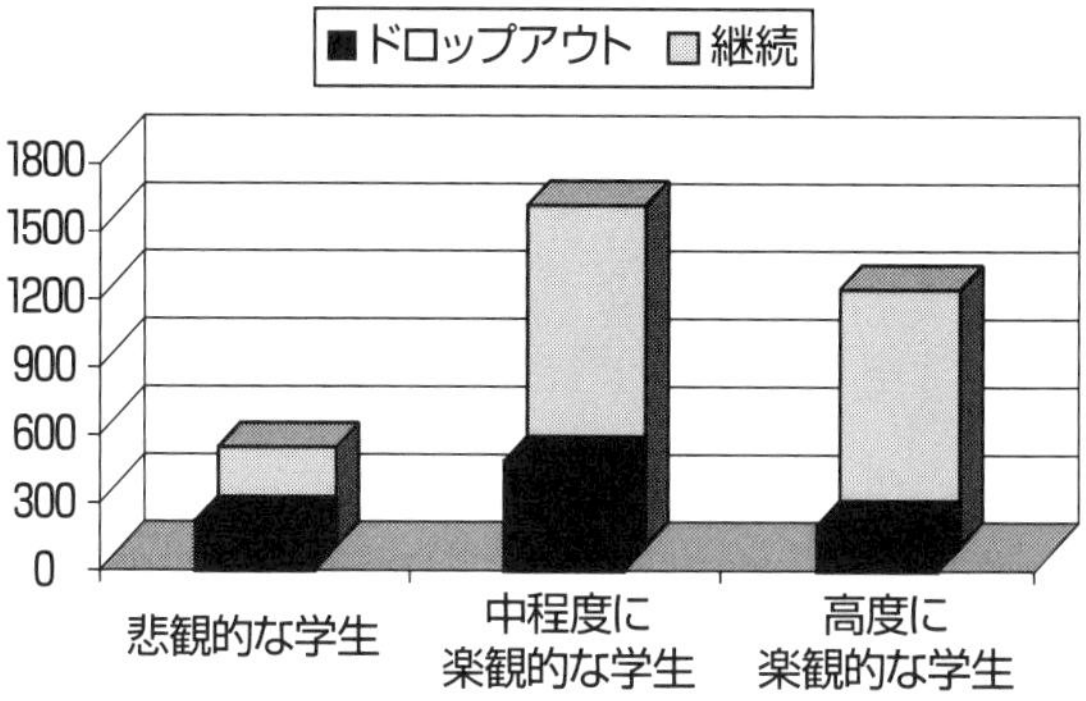

4,000人の1年生の予測結果。中程度に楽観的な人の4分の1と高度に楽観的な人の6分の1に比べて、悲観的な人の約3分の1がドロップアウトすると予測されます。

ループのちょうど２００人ずつがドロップアウトしたとしても、高度に楽観的な人間１０００人は残りますが、次の秋に戻ってくる悲観的な人間は５００人以下になるということです。

気質的に楽観的な人間はＧＰＡ（訳注：成績評価の得点）も高く、楽観的な学生が単により賢いためにドロップアウトしなかったということもありえます。しかし、高校のＧＰＡと標準化テストのスコアを統計的に一定にしてみると、気質的楽観性は、ＧＰＡの高さだけでなく生徒が学校に留まるかドロップアウトするかどうかも予測しました。学問的才能だけでは誰が大学で成功するかの見当はつかないものです。実際、この結果は学問的に才能が豊かとは何かという考え方を広げるものなので大学の管理職の人たちにとっても有益かもしれません。心理学者のロバート・スタンバーグは、知能とは「どのような環境の状況にも適応し、それを選び形成するために必要な精神能力」と定義されるべきだと提案しています。私たちが通常思いつく、よく考え、学ぶ能力という意味の知能は大学に適応するのに重要な資質ではありますが、1年目の挑戦を切り抜ける際には根気本能が確かに有用になってきます。実際、困難な状況というのはまさに根気本能が最も重要になってくる種類のものなのです。

それでは快楽性はどうでしょう？　楽観的であることは楽しかったのでしょうか？　楽観的な学生はより成功したことに加えて、より幸せでもありました。1年目の終わりに、その1年間にどのくらいの頻度で特定の感情を感じたかを尋ねられると、楽観的な学生たちは（予測されるように）もう一方の悲観的な学生たちに比べ、それほどストレスを感じても、悲しくも、落ち込んでも、疲れても、不安でも、神経質になってもいませんでした。この調査結果は、目標に到達することは気分のよいものである——あるいは、少なくとも、諦めることほど嫌な気分ではない——という考えと一致するものです。

到着するまでが楽しみの半分……そのわけ

快楽性は、大学の1年目における楽観性の話のほんの一部分です。楽観的な学生たちからは、高いレベルのエウダイモニアも報告されました。彼らは、より好ましい社会的調和をし、より高い動機を持ち、生活をより良く管理し、より深い価値の感覚を持っています。これらの感覚は、良い成績をとること、あるいはコンサートをすることなどの功績そのものから生じるというよりも、微分積分を学ぶこと、あるいはバスーン（木管楽器）の練習をすることなど、それらの功績にたどり着くまでの過程で生じる傾向にありました。自分が最高の状態になることには、目標を達成することでなく、目標を持ったり追求したりすることに有益な何かが存在しており、目標を達成することで実際この有益なものは終わりになってしまうかもしれないのです。

誤解しないでください。目標を遂げること自体の利益は明白です。大学を卒業する人たちは、経済力を上げます。減量する人たちは、健康を促進し、寿命を延ばします。地域活動に参加する人たちは、他の人を助け、友人を得ます。そして、そういった目標達成の利益が長期間持続することは大いにありえます。話の流れはこうです。快楽のトレッドミルと心理的免疫システムのせいでそれらの快楽的な幸福への効果はつかの間のものでありうるということです。大卒の学歴は経済力を上げはしますが、私たちはより多くのお金を稼ぐことやより大きな家に住むことには慣れていきます。輝きは徐々に薄れていきます。目標達成の効果は蓄積されません。輝きを保持するためには、目標を達成し続けなければならず、それは常に新しい目標を追い求めることを意味します。もし現在の栄誉に安んじて休んでいれば、すぐに枯れた芝生に横になっている自分に気づくことになってしまいます。

ですから目的地に到着するまでが楽しみの半分と言われているのは本当で、目標に着いてしまうと、それまでのほうが半分以上であるということにさえなります。到着した場所にいるのは一時的には楽しいのですが、そこに着くまでは、より持続して楽しいのです。自己調整の過程に話を戻すと、感情の主な機能とは必ずしもあなたが目標に対して明確に成功したのか、失敗したのかという合図を送ることではなく、その目標への進行状態を示すことなのです。感情は、あなたがどこにいるかを告げてくれるだけではありません。あなたがどのくらいの速度で進んでいるかも告げてくれます。あなたの行動があなたを目標にどんどん近づければ、あなたはたとえまだいくらか離れたところにいたとしても満足した気持ちになります。

満足できる速さで進行していれば、たとえ大きな相違があっても幸せを感じることが可能なのです。あなたがマラソンのトレーニングをしていることを想像してみてください。たとえ約24キロまで行ったときには疲れきっているかもしれないとしても、約16キロ走ったところで疲れを感じなくなったとき、あなたは自分の進行状態に満足することでしょう。もしあなたがある曲をピアノで弾けるように練習していたら、たとえ毎回はできなくても、初めてどの音も欠かさずに弾いたときには満足感を得ることでしょう。重要なのは、目標に向かって行動しているということです。その一方で、たとえ相違が小さくても落胆した気持ちになることはありえます。約16キロのところで進歩を遂げ疲労に打ち勝っているのに対し、何カ月ものトレーニングの末にまだ約40キロのところで疲労と格闘していればより落ち込むことになるでしょう。したがって、幸せとは目標を達成することというよりは、むしろそれに向かって進歩するということにあるのかもしれません。

さらに、目標を持つことは人生における課題と自己定義を達成するためのひとつの――唯一のと言う人もいる――メカニズムです。あなたの重要で、意義のある目標は「あなたらしくある」

こと、特に最善の自己であるということが意味するものの一部を形成します。子育てを考えてみてください。子育ての目標は、ちゃんとした大人の人間を育成することですが、最終的にちゃんとした大人の人間を手に入れたいからするのではありません。[*4]人々が子育てをするのは、それをすること自体に意義があり、目的とつながりの感覚を与えてくれるからです。実際に、目標を追求することはその目標の達成よりも好ましいことがあるのです。目標への到達は、子どもが巣立ったあとの家庭、または定年などに伴う困難な過渡期に時々みられるように、目標を遂げるということが、目標達成に付随していた目的の感覚、あるいは自己定義の喪失という意味を持つときには、ネガティブな影響を持ちうるのです。

さらに、最も重要で意義ある目標というのは、必ずしも楽しいものではありません。子育ては結婚の満足度を減少させるとも示唆されており、親であることは、必ずしも楽天的な役割ではないようです。それでも、子どもを手放そうなどとする馬鹿げた事態が起こっているわけでもありません。異なる目標は、それぞれ異なる目的を提供します。目標は楽しむ手段を提供することもありますが、目標に向けて取り組むことで人生の目的を持ったり、個人的な価値基準に沿ったり、あるいは人として成長したりする感覚が促進されるときには、誠実性ももたらします。また目標は、それに向かって取り組むことで挑戦や学ぶ機会が増えるときは実績にもつながりえます。

ということで、目標とよりつながりあっていることの最も明白な影響は、利益――目標に向かって取り組むことで得られる目標達成や状況改善など――ではありますが、問題はこの明白な影響が重要ではないことです。より多くのお金を稼ぐこと、細くて美しくなること、有名になることなど、利益を得ることをねらいとして目標に取り組む人たちは、幸せや、人生の目的感覚、あるいは活動から派生する意義を促進してはいないのです。より多くのお金を稼ぐ人たちが、より幸せにならないのはなぜでしょう？　まず、人はより多くのお金を持つことには慣れてしまいます。次に、より多くのお金を持つという目標はお金以外は何も与えてはくれません。あなたはより裕福かもしれませんが、幸せ、目的、あるいは意義を買ってはいません。だからといって、お金持ちは幸せにはなれないと言っているわけではありません。そうではなくて、あなたが持っている金額はたいていあなたの幸福とは無関係だということです。誠実性、功績、意義とつながりのある目標に取り組むことは、あなたがいかにお金持ちかということとは、いくらかの関連があ

＊4　親たちが子どものベッドのまわりに立って「育ってきてる？　待ちきれない！」なんて言い合っているのを想像できますか？　たまにはそんなこともあるかもしれませんが、おそらくいつもではないでしょう。

ったとしてもきわめて小さいものです。[*5] 実際に、ある目標がいかに「望ましい」かを見極めるのは、目標達成から生じると思われる利益がそれを追求する過程で生じているのかどうかを考えてみることで可能のようです。もしその目標に到達する前に――少なくとも、断続的に――その目標が心理的に何かしらあなたを豊かにするだろうと思えないのであれば、その目標は考え直したほうがいいかもしれません。

重要な目標というのは、子育てのように大きな目標である必要はありません。進行中の日常の（いくらかの快楽的な、そしておそらくすべてのエウダイモニア的な）幸福のほとんどは、日々目標に従事することから生じていることが多いのです。こういった日常の目標は、馬鹿げたもの（実験室でのアナグラムの課題）と、崇高なもの（大学で努力することや親になることなどの重大な決断）の間のどこかに位置します。楽観性は、馬鹿げた目標でも崇高な目標でも根気強さと関連していたため、それを調査することで研究の隙間を埋めたいと私が思っていた最も一般的で、したがっておそらく最も大切な種類の目標があります。それは平凡な日常生活の目標です。

日常生活における楽観性――自己成就的予言

私は――またもやリースの援助を得て――ある学期を通してある大学生のグループを調査しました。多くの調査研究が、通常は大学生などの、学生を対象として行われてきました。これは、楽観性の調査だけに言えることではなく、社会、認知、人格、健康などを含めた多くの心理学の領域についても言えることです。その結果、人々がいかに影響を受けやすいか（大学生はより影響を受けやすい）や、日常の決断や行動において人々がいかに感情よりも思考をあてにするか

＊5　同様に、やせている、人気がある、ブロンドであることなどもそうです。だからといって、ある人のこれらの面のひとつが極度に欠落しているときにネガティブな影響がないと言っているのではありません。ホームレス、病的肥満、社会的孤立など、また、お金持ち、スリム、人気の対極にあるすべてものは、明らかに人々に対してネガティブな影響があります（ブロンドの対極ブルネットはかなりうまく適応しているようなので、この場合ブロンドというのは例外のようです）。しかし、住居を失うかどうかを心配する必要のない多くの人たちが、お金を稼ぐことに余念がなく、普通の体重の人たちも、棒のように細くなることに余念がありません。人々が期待するほどには彼らを幸せにすることのない目標と関心事とは、これらのことです。

（大学生は認知のスキルに長けており、よりあてにしがちである）といった見解では、心理学的研究は微妙に歪曲されているかもしれません。心理学の調査が、ありうるこれらの偏向をなぜおおめに見ているかについて皮肉な見方をすれば、便利さが挙げられます。つまり、ほとんどの心理学者には、大学構内に従順で近づきやすい大多数の学生たちがいるのです。これはある程度真実です。私たちが学生で研究するのは、彼らが好都合だからです。しかし、若い学生で研究した過程は年上の大人たちなどの異なる人々にも該当する可能性があり、そのため多くの場合私たちは学生たちから得た知識が他の人々のグループにも同様に該当することを期待しているのです。しばしば、学生の経験が研究者らにとって興味深いものであるのは、学生の生活が「成長した大人たち」が「実際の生活」と呼んでいるものと等しいからです。ちょうど、新しいより難しい仕事を始めるように、学生たちは自分たちに期待されているのは何か、いかにその期待に沿えるか、そしていかに効果的に、効率的にそれをやり遂げるかを正確に見積もらなくてはなりません。学生たちはまた生涯にわたって重要とされる、友人関係や恋愛関係など社交関係の交渉もします。学生たちは「大人たち」同様、学校や仕事で成功したり、関係をスタートさせたり、対処したり、あるいは修正したり、外見を良くしたり、趣味またはスポーツに打ち込んだりと彼らの生活における重要な領域に関連した目標を持っています。楽観性が学生たちのこれらの目標との関係にいかに影響するかを研究するため、彼らが現在持っている目標のすべてを挙げてもらい、そしてそれらについての考えを述べてくれるように依頼しました。質問は、それぞれの目標に到達する可能性はどの程度か。それぞれの目標は彼らにとっていかに重要か。それぞれの目標の達成にいかに専念しているか。その目標が達成されたらいかに嬉しいか。その目標が達成しなかったらいかに悲しいか、などでした。その研究における学生の数（77）、彼らが自分たちの目標について私たちに話した回数（6）、それぞれの学生が通常持っていた目標の数（10）、そして彼らがそれぞれの目標に与えた評価の数を考えれば、私たちが分析した彼らの評価データの数になります。つまり約8万です（始める前にはそれほどよく考えなかった数字ですが……やみくもな計画は後で話題にします）。人々の目標についてのこの膨大な量の情報によって、私たちは人々の「典型的な」日々の目標に楽観性が関連しているか否かについてのある結論を導き出すことができました。

まず最初に、楽観的な人間と悲観的な人間が挙げた目標にそれほど違いがないとわかったのは興味深いことでした。あなたは、楽観的な人間と悲観的な人間からの2つの目標のリストを見てもすぐには見分けがつかないでしょう。以下にあるのが楽観的な人間と悲観的な人間による典型的な目標のリストです。

マリーの目標リスト

・よりポジティブな姿勢を持つ
・よりよい勉強習慣を身につける
・もっと魅力的になる
・運動する動機を持ち続ける
・整理整頓がうまくなる
・心配するのをやめる
・クリスチャンとして信仰を高める
・自分らしくいる
・新しい友人を作る

ジェニファーの目標リスト

・生物学をもっと勉強する
・故郷の友人たちとの連絡を保つ
・専攻を決定する
・より多くの人と知り合う
・身体的健康を保つ
・より役に立つ人になる
・違ったファッションを試す
・もっと聖書を読む
・彼氏とのゆるぎない関係を保つ

これらの目標の内容――この女性たちが日常生活において何をしたいか――は、楽観的な人間と悲観的な人間をそれほど区別していません。この2人の女性は、より勉強する、人間関係を維持する、信仰を高めることなどを含め、似通った目標を持っています。どちらが楽観的な人間でどちらが悲観的な人間であるかについて唯一ヒントがあるとすれば、マリーが自分の態度とイメージを改善したほうが良いのではないかと感じていて、ポジティブになり自分自身についてより好ましく感じたがっているということです。事実、マリーはそこそこの悲観的な人間で、かなりの楽観的な人間であるジェニファーの約半分程度に楽観的です。マリーの問題は、ジェニファーが感じているように感じたくてもその取り組み方が間違っていることにあります。マリーは、よりポジティブになり、より良い気分になろうと直接的に努力していますが、そういった努力は不利に働くことになります。マリーは、自分とジェニファーのリストには明白に表されていないこれらの違いに着目すべきです。それは、彼女たちそれぞれの目標に向けた姿勢です。

楽観的な学生と悲観的な学生の違いは、目標そのものにあったのではなく、目標への近づきかたにありました。まず、学生は楽観的であればあるほど、日常生活における個人目標の達成をより期待していました。基本的に、気質的な楽観性は個人目標に対して学生をより楽観的にさせました。気質的な楽観性は、これらの学生たちの抽象的な人格傾向以上のものでした――それは彼らの日常の目標のそれぞれに浸透していて、初期の実験研究で根気強さと結びつきのあった特定の種類の期待に帰着していました。そして次に、目標達成の期待に加えて、より多くの楽観的な学生たちが目標に向かってより打ち込んでもいました。これらの姿勢の組み合わせ――成功を期待することと、それを成し遂げることに打ち込むこと――はより好ましい目標追求と進歩のためのレシピであり、その有効性は長期的に証明済みです。

楽観的な学生と悲観的な学生が異なっていなかった点は、彼らの目標が彼らにとっていかに大事であるかに関してでした。すべての学生が自分の目標が重要であると言っており、それは５までのスケール上で４・１という平均値になりました。悲観的であるということは、重要な目標を持ってはいるが打ち込んではいない、あるいは達成できると信じていないということでした。結果として、悲観的な人は目標に向かってそれほど進歩しない傾向にあり、目標を一時的に後回しにしたり、あるいは永久に見切りをつけたりして、目標に取り組むことを止める可能性が高かったのです。それとは対照的に、学生が楽観的であればあるほど、目標を保持すること、特に達成することの可能性が高くなっていました。

成功を期待することは、自己成就の予言です。楽観的な信念を抱く人たちはまた、目標の価値を認めており、それに向かってより一生懸命であり、結果として自身を成功に向かわせます。これは、比較的大したことのない実験課題から、毎日の目標や、大学の学位の取得まで、すべてのレベルで言えることがわかっています。楽観性は、人々をより成功へと導き、さらに楽観的にさせ、それによってさらなる成功に導くという好循環の始まりかもしれません。これは差異を縮小させずに、拡大させる正のフィードバックループです。人々をスタート地点に戻しがちな通常の心理過程（例えば、快楽のトレッドミルや心理的免疫システム）とは異なり、楽観性はこれらの過程から脱出するのに役立つバネになります。そのうえ、目標を持つこと、それらに打ち込むこと、そしてそれらに向かって前進すること——すなわち、楽観的に行動すること——は、目標に対する進歩による快楽的な利益だけでなく、最善の自己であるというエウダイモニア的な機会をも与えてくれるのです。

困難な状況になると、楽観的な人間が前進する

ここでまた楽観性と期待の別の実験研究からの教訓です。楽観的な人間と悲観的な人間の最も大きな違いは、その課題が困難なときにわかります。それがなぜかを理解するために、目標が行動にいかに影響するかということを考慮しながらその課題について考えてみてください。目標は、

たくさんのアナグラムを解くことで、現在の状態というのは、ここまでにいくつのアナグラムが解けたかです。易しい課題ではその達成に向けて皆が順調に進み、この進歩の速度によってさらなる努力が促されます。障害はなく、諦めるかやり続けるかを決定する必要もなく、将来起こりうることについて考える必要もありません。あなたは最後の地点で待ち受けているものが素晴らしいものかどうかについてそれほど心配することもなく、その道をただ進み続けます――あなたのつぎ込んでいる少量の努力を正当化するのに多大な報酬はいらないのです。小さな花壇の草むしりに要する努力は、美しい庭のポジティブなビジョンなど必要としません。なぜなら、それはあっという間にやり終えてしまえるからです。

それでは、7つの花壇の草むしりをするときはどうでしょう？　そして、それらが厄介な雑草で、根っこが折れてしまって引き抜くことができないので、シャベルを持ってきて掘り出さなければならなくて、しかも暑くて、あなたは疲れていて、そのうえまだこれから5つの花壇をやらなくてはならないとしたら？　困難な課題は、異なる力関係を生み出します。困難や障害へのいくつかの自然な反応があります。まず感情が、苛立ち、落胆、または不安へと変わります。相違はまだ大きく、進行が停滞します。感情のブザーが、何かがおかしいことを合図して鳴ります。それに続いて、この問題に没頭したり、注意を払ったり、悩んだりすることが多くなります。障害が目標を脅かし、あらゆる種類の脅威によってネガティブな気持ちにさせられ、脅かされている状況にさらに注意が集中してしまいます。これは、実を言えば好ましいことです。脅威に対応することの利益の進化論的な例をここに紹介しましょう。ひとりの穴居人がその日、サーベルタイガーを見かけました。そのときから随分時間が経ったものの、彼はまだトラが茂みの中に潜んでいるかもしれないという可能性に脅えています。彼は根菜を集めながらも茂みを気にし続けます。2人目の穴居人は、視界から消えるなりトラのことはすべて忘れており、すると少ししてトラが近づいてきて、彼を昼ごはんにしてしまうのです。

それは、脅威をすぐに忘れないようにするための私たちの生存の仕組みの一部であり、また脅威に対応しそれについて考える傾向は、現代の目標追求にも役立ちうるのです。目標への前進が阻まれれば、目標に向けて前進していない事実を忘れたりはしません。一般に、私たちはネガティブな感情や問題に集中して考えすぎることを望ましくないとし避けようとしますが、まさにそう感じることが障害に対応する反応へとつながりえます。ネガティブな気分が、状況を解決し感情を軽減するための動機を与えるのです。増大し、長引く注意力は、あなたが決して問題を忘れることのないようにしています。もし小切手帳の収支が合わなくて不安に感じ、その問題についてしばしば考えるのであれば、あなたが小切手の記録を机の一番下の引き出しにしまい込み、小切手の不渡りによって思い出させられるまで忘れているなどということはあまりありえないでしょう。あなたがマラソンのトレーニングで約24キロを超えることに苦闘し、それについて落胆し悩んでいるとき、問題についてのそれらの考えは、現状と目標の間の相違を解消することにあなたを集中させ続けてくれます。

障害となるものに注意を集中しそれを解決しようと動機づけられたら、それをどう解決するかについて重要な決定を下す必要があります。ひとつには、振り返り逆方向に行くことが考えられます。自分はマラソン走者に向いていないのだ、自分が小切手帳の収支を合わせられるなどありえないだろう、自分が気難しい同僚と友達になるのはありえない、あるいは彼を笑わせることさえもありえないだろう、などと割り切ることも可能なのです。目標に見切りをつけるのは、様々な意味でより楽な道です。マラソンのトレーニングをやめたら、持久力は問題ではなくなります。目標を取り去ってしまえば、もはや諦めることは確かに現状と目標の相違を即座に解決します。

相違は存在しません。

といっても、目標は通常孤立して存在しないため、問題が無くなったわけではありません。私は人間の行動の原因を探求する心理学の授業をするとき、しばしば学生たちになぜその日授業に来たのかと質問し、彼らの動機について考えさせます。大学の先生たちは、学生たちが講義に来るのは彼らがしうる他のことに比べそれらの講義がとてもすばらしく、好ましく、楽しませてくれるからというだけではないことを自らのキャリアのある時点で受け入れなくてはなりません。[*6] 学生たちは良い成績をとりたいために授業に来ており（そして、その途中で何かを学ぶのが理想的ですが）、そうすることは将来の（知識の）ある状態、（学位を）持っている状態、（満足、誇りを）感じている状態に到達するのに役立つことになるのです。すなわち授業に来るということは、彼らが目標に近づくための行動なのです。

目標は、しばしば他の目標との関連があり、単純な目標がより高度で複雑な目標につながるように階層的に整えられる傾向にあります。授業に出るという単純な行動目標は、大学を卒業するというより高度な目標と結合しており、率直に言って単純な目標は、より高度な目標との結びつきがなければ何の意味もないかもしれません。それらのより高度な目標（大学卒業）はしばしばそれ自体が極めて重要で自己定義的な目標（有能で自信のある人になる）と結びついています。そのため、単純な目標（小切手の収支を合わせる）を諦めるのは、より高度な目標（経済的に自信のある、独立した大人になる）を脅かすことになりかねないのです。これらのより高度な目標は簡単には却下されないため、その下にある目標も却下されません。私たちの多くは、自分に全くふさわしくないとわかった人との恋愛関係に終止符を打ったことがあるでしょう。その人は、感情的に自分の気質にしっくりこなかったり、あるいは自分とは違うものに興味を持っていたり、またはクローゼットの中で誰か他の人といちゃついたりしていました。それではなぜ破局後の嫌な感じを忘れるのにそれほど苦労するのでしょうか？　終わってしまった関係にそれだけの感情と精神的なエネルギーを費やすのはなぜでしょうか？　それはおそらく多くの恋愛関係が、愛される人、配偶者、あるいは親であるといった広義で自己定義的な目標と結合しているためでしょう。その特定の人が、自分を愛するのに、あるいは結婚し一緒に親になるのにはふさわしくなかったとしても、彼あるいは彼女の喪失はそれらの目標を脅かしうるのです。

＊6　これは本当です。私が訊いたとき学生たちがそう言っていましたから。

したがって障害が現れたとき、最初の選択肢である、諦めるということは苦悩になりえます。人間関係に関連した目標を諦めることは、人生を諦めソファの上で犬と一緒にテレビを観ることを意味するかもしれません。誤解しないでください――犬はすばらしい伴侶ですが、人間のパートナーの代役としてはいまひとつ満足できない解決策です。幸い、諦めることは唯一の選択肢ではありません。ネガティブな気分は、障害を克服する方法を見つけ出すようにあなたを動機づけ、思い悩むことは、その克服を成し遂げる方法についてあなたを考えさせ続けることが可能です。ある意味これがより好ましい選択であるのは、障害に加えて、結果的にはネガティブな気分と思い悩みにも打ち勝つ可能性がより高くなるためです。しかし別の意味では、障害を克服することがたやすいことはめったにないため、より苦しい選択でもあります。あなたは、スタミナ増強のために個人的にトレーナーを雇わなくてはならないかもしれませんし、決められたトレーニング計画は容易なものでも、楽しいものでもないでしょう。あなたの家計簿の厄介な問題を解決するのに費やす1時間は、おそらくは最も満足した幸せな1時間などでは決してないでしょう。ハンサムな王子様と出会うまでは、退屈な人とたくさん付き合わなくてはならないかもしれません。障害の克服はそれほど心理的には苦痛でないことはあっても、単に諦めることに比べて困難になりえます。

障害について問題となるのは、短期間での良い解決法がないということです。目標を諦めることは、その目標と他の重要な自己定義的目標との関係があるため、その障害に伴って生じるネガティブな気分や心配事を除去しません。その代わり、その障害を克服しそれらの目標に向けた前進を再開しないことによって、落ち込みと心配事が維持されます。その一方で、目標に到達しようとし続けることは感情的にはそれほど困難ではありませんが、精神と身体の両方、特に身体的に負担となるかもしれません——この可能性については第5章で取り上げます。

しかしながら将来に目を向けたとき、費用便益比の変化に気づくかもしれません。目標に向かい続けることは、それに到達することを保証するものではありません。逆に、目標を却下することは、それに到達しないことをほぼ確実にします。ここで、楽観性が登場するのです。将来を展望することは、まさに人々が、単純だが苦悩の多い道（諦める）を行くか、あるいは困難だが報酬のある道（進み続ける）を行くかを決めるメカニズムです。悲観的な人々がより多くの障害や、問題や、そして失敗だけを見ているのに対して、楽観性は、目先の障害の先にあるポジティブな可能性のある未来が見えるように人々を後押しします。障害を乗り越えようとして犠牲を払うことも、楽観的な人々にとっては、最終的には報酬が期待されるため道理にかなっているのです。ポジティブな期待は、諦めるほうが楽なときに人々を実験室で困難な課題に取り組ませ続け、美しい庭のポジティブなイメージは、室内に入って昼寝をするほうが楽なときに草取りをする人に根っこ掘りをさせ続けます。悲観的な人々はそのような発想がないため、彼らが思い描くネガティブな将来に向けて努力することの意味が見出せないのです。

人生における重大で望ましい移行期は、克服しなければならない困難と手を携えてやって来ます。私の夫のジャイと私は、過去数年間にいくつかの重大な移行期を一緒に切り抜けてきました。私たちは結婚しました（30代半ばで）。私たちは廃虚状態の家を買い、輝きを蘇らせることに取り掛かりました。私の夫は、様々な適切な理由で仕事を辞め、信頼のおける共同経営者と新しいビジネスを始めました。これらがすべて良い決断だったことは間違いありませんが、だからといって障害がなかったということではありません。私たちは寝室の壁を何色で塗るかといったような小さな問題だけでなく、[*7]独立心が強く、少なくとも過去10年間自分の家では自分のやり方に慣れているふたりが協力的な家庭を築けるか、またビジネスが軌道に乗るまでひとりの月給でどうやって暮らすかなどの重大な問題に取り組んできました。

私たちはこれまで、ハッピーな人になることによってではなく（ひとつ、夫が今日までの結婚生活で学んだと主張するのは、私の機嫌が良くないときに彼が姿を消すことだそうです）、ポジティブな将来の可能性を信じる根気強い人間になることでこれらの同時に起きた困難をなんとか切り抜けてきたと思います。私は、根気強さによって多数の障害を克服できると信じるほうで、夫はと言えば、極めて根気強く、それはふたりの間でジョークにするほどです（どんな障害も、スポーツ競技のように描写しています。ジャイ対コンピューター、ジャイ対枝の山、ジャイ対地元の新聞配達。ジャイはほとんどいつも勝ちます）。

もちろん、このように障害を克服するのは私たちだけではありません。他の新しいビジネスオーナーたちは、目標達成のための楽観性の利益に注意を払うことに長けています。新しいビジネスオーナーには、特に収入の喪失など、最初の数年間は続く困難や停滞の連続が予期されえます。

＊7　私の編集者のひとりは、寝室の壁塗りの例を「夫婦の間ではおおごとになっても、部外者にとっては小さなことに聞こえるという類のつまらないこととして皆に馴染みがある」何か他のことに変えたほうがいいと提案しました。明らかに彼女は何色で寝室の壁を塗るかについての長期戦の交渉をしたことがないのです。それはたまたま私たちの「小さなこと」でした。個人差をご考慮ください。

起業家のためのひとつの指針は、そのビジネスが成功するか否かがはっきりするまで、困難な時期を少なくとも3年間は予想しておくということです。そして成功はいかなる場合にも保障されてはいません。新しいビジネスの50％が4年以内に倒産します。アマゾン（amazon.com）の創設者のジェフ・ベゾス氏は、起業という極めて冒険的なことに着手する人々にとって楽観性がいかに重要であるかということの好例を提供してくれます。アマゾンは、シアトルのベゾス氏宅の地下室で1995年にスタートし、8年間利益をあげませんでした。その間、アマゾンは、利益よりも成長を重視していることに対する株主の批判や、インターネットの「バブル」がはじけるなどの多くの困難に直面しました。

言うまでもなく、ベゾス氏は屈せずやりとおし、アマゾンは今や世界有数のインターネット小売業者です。偶然ではなく、ベゾス氏も楽観的な人間です。彼も自分をハッピーな人と表現しますが、彼は自らを成功に導いた特質として、幸せではなく楽観性を取り上げています。その理由ですか？　楽観性は彼の思い描く将来の実現化に彼を集中させ続けます。その実現化が長い期間をかけて行われなければならないときは、特にそうです。ベゾス氏が述べたように、「楽観性はどんな困難なことをするのにも必須の資質です」。ジェフ・ベゾス氏は楽観的な人間であることが実際にどういうことであるかを理解しています。それはポジティブであるふりをしたり、困難やストレスから目をそむけることではなく、長い期間持ちこたえ、困難な時期を切り抜ける間も目的物から目を離さずにいるということなのです。

結婚する、ビジネスを始める、家を買う。これらの変化の過程で、障害の発生は予期されはしますが、それらは言うならばポジティブな移行期の副作用でしかありません。おそらくそれらは、結婚することや、社長になることや、家を所有することなどのより大きな報酬のために受け入れる少なめの経費であるため、我慢することがより可能なのかもしれません。しかし時にはより大きな、そして幸せな状況の一部ではない障害も生じます。特に病気は重大な目標を追求するための人々の時間とエネルギーの量を制限し、疾病に伴う痛みや苦悩は人々が意義あることを行うのを困難にしかねません。しかも、病気に関連する問題はより大きな報酬にかかるコストというわけではないので、克服するのはより困難かもしれません。それらは単に損失でしかなく、しばしば劇的で生命を脅かすものです。それにもかかわらず、楽観性は線維筋痛症、癌、その他の慢性疾病の障害の克服に役立つことを研究結果が示しています。

線維筋痛症は疲労と睡眠障害だけでなく、体中に痛みを引き起こす症候群です。何がその状態を引き起こすのかはわかっていませんが、これらの患者に見られる疲労と痛みの悪循環は明白です。痛みは、十分な睡眠を妨げ、そして今度は睡眠不足によって痛みに対してより敏感になります。線維筋痛症の根底にある病理が十分に理解されていないということもあり、効果的で簡単な治療法がありません。一般にこの症候群の人たちはそれに伴う生活上の制限に適応することを強いられ、彼らの痛みそのものがそうであるように、その制限も広範囲にわたるものです。洋服を着たり、荷物を運んだり、あるいは歩いたりというような単純な動作さえも痛みを生じさせかねません。

疲労と痛みは目標に到達するのに費やしうるエネルギーや努力の量を確実に制限します。線維筋痛症の女性らを対象にしたある研究では、彼女らがより重度の痛み、あるいは疲労を経験した日には健康に関する目標（例、定期的なエクササイズの維持）と、社交的な目標（例、同僚に対してもっと寛容になる）を続行する能力にネガティブな影響があることが明らかでした。痛みと疲労が目標を追求する能力を妨げ、目標に向けた努力を低下させ、そうでなければ成しえた目標への前進が阻害されたことが女性らによって報告されました。しかし、楽観性によって痛みや疲労が障害であるという認識が低下するので、楽観性がより高いレベルの女性は、痛みや疲労によって目標追求が妨げられるとは考えていませんでした。さらに、最も重度の疲労と評価される日に、最も楽観的な女性らの目標到達への努力はほとんど低下することがなく、必然的に目標達成に向けてより前進することになりました。楽観的な女性らは高まる疲労に対して、さらに努力することで克服していたのです。その研究の著者らは、結果から「目標達成のために障害に打ち勝つ楽観的な人間の優れた能力」の証拠が得られたと結論しています。大学生たち同様、その楽観的な人間は自分たちの目標がより重大であると感じたために目標達成に向けより努力したのではありませんでした。楽観的な女性らと悲観的な女性ら両者の彼女ら自身の目標に対する価値づけは同程度でしたが、楽観的な女性においては、彼女らの病気の特徴である疲労によって困難を強いられるときには特に目標達成に向け多大な努力をつぎ込んでいたのです。

目標追求の妨害に直面する別のグループに、癌の人たちがいます。これらの患者を対象にした研究は、病気と治療への適応によって生じる疲労と苦悩のためにしばしば彼らの社交的、また娯楽的な活動が妨げられていることを示しています。しかし、この妨害は他の人との行き来を続けるなどの社交的な目標や、ボランティア活動をしたり、教会に通ったり、あるいは楽しみのための外出などの娯楽的な目標を根気強く続行する傾向にある楽観的な女性らにおいてはそれほど深刻ではありません。

もちろん、障害を乗り越えるのが常に可能であるとは限りません。目標の研究における学生たちのひとりは「オールAを取る」ことを目標として挙げていましたが、これがその学生には達成しえないことだと明らかになるおそれもあります。たとえそうだとしても、完全にこの目標を諦めてしまうのが好ましくないのは、それが「良い学生になる」あるいは「やり遂げる」といった、より大きな、より重要な目標を脅かすことになるかもしれないからです。この問題を避けるひとつの方法としては、より高レベルの目標を維持するのにふさわしい新しい目標、「GPAを3・5にする」などを設定することです。これにより、その人の期待とコミットメントを新しい目標の達成に移行させることができ、そしてより重要なのは、それによって学業成績の日常の目標と、より大きな自己定義的な目標とのつながりが維持できるということです。

そのような移行をうまく行うことは、身体的能力の低下によりいくらかの活動や目標が不可能になるおそれがある加齢に際してはとりわけ重要かもしれません。人によっては、110歳で死ぬまで毎日約16キロ走るという人もいるかもしれませんが、ほとんどの人にとっては不可能です。[*8]加齢に関連した身体の健康問題の発現は、特に、スポーツ、旅行、長い外出、車の運転、園芸を含めた、人々の活動の種類を制限します。しかし、身体的な制限に適応した新しい目標と活動を取り入れることは可能です。つまり、目標の研究というのは特定の目標に限定されるわけではないのです。ブリッジゲームを上達させることは、そのための目標が幸福の基準を満たす――つまり、従事し、成長し、そして熟達するという人間の欲求を満たしてくれる――限りは、毎日約16キロ走ることに匹敵する、好ましい心理的幸福のための目標なのです。そして、制限によって目標が奪われてしまうときには、新たな意義ある目標を取り入れることで目標への関わりを維持することが可能なのです。

ある研究は、関節炎、心臓疾病、癌、そして知覚喪失などの慢性疾患により生活が制限されている、ほとんどが70代の数百人からなる大きなグループを調査しました。病気を持つそれらの人々の85％以上が、病気のために活動――身体的活動（エクササイズ、園芸など）、社交的な外出、旅行――を諦めなければなりませんでした。しかし、病気になる前に測定した楽観性が、

＊８　私自身に関して言えば、自分が今の時点でも膝や身体の他の部分を痛めることなく１日約16キロ走るのは無理だと思うのでその可能性は微々たるものだと思います。そして私は１１０歳のほんの約３分の１のところまでしかきていません。

人々が諦めなければならなかった活動に代わる新しい活動を見つけることで彼らが活動に従事し続けたかどうかのよい指標となることがわかりました。より多くの楽観的な参加者たちは、走ることや旅行などの以前の活動を、より穏やかなスポーツ（例えば、走る代わりに歩くといった）、社交、ゲーム、音楽、執筆などの新しい活動に変えていました。この違いが後に生活の質において重要な意味を持つことになりました。活動を変更した人たちには幸せの低下が見られなかったのに対して、以前の活動を変更できなかったことは、病気の発症から1年間におよぶ幸せの低下につながっていました。その研究ではエウダイモニアの測定はされなかったものの、これらの人々が日常生活のなかで最善の自己に近づいていると感じたかどうかに対する、より大きな効果も期待できるかもしれません。なぜなら、幸せへの道は多数あっても、エウダイモニアへの道は少数しかなく、そしてその少数の道はほとんどが目標と関係しているからです。目標を諦めることは、エウダイモニアに到達できる道をひどく制限することになるのです。

これらすべての研究が、目標というものは、楽観性が心理的に有益である理由の決定的な部分であるとしています。制限によって困難が生じるときは特に、楽観性は人々を目標に関わり続けさせます。これらの障害は、身体的なもの（線維筋痛症、あるいは加齢に関連した疾病のように）もありえますが、倫理的なもの、あるいは何か他のことから生じているものでもありえます。楽観的な人たちは障害が現れたときに必要であれば別の目標に取り替えてまで、目標に関わり続けることで幸福を維持します。

しかし、あなたがどんな目標を持つべきかということを私があなたに言わないのは、そうするとすべてが台無しになってしまうからです。なぜあなたが目標を持つかということは、あなたがどんな目標を持つかということと同等にあなたの幸福にとって大切なものなのです。このテーマに関しては第8章でさらに検討します。概して、人は人として成長したり、意義ある人間関係を持ったり、社会に貢献したりするのに役立つ目標を追求しているときはより幸せで、さらに魅力的、お金持ち、人気者、有名になるための目標を追求しているときには、それほど幸せではありません。しかし、決めつけられた目標（「もっと意義ある人間関係を持つべきだ」「出かけて行って社会に貢献したらどうなの？」）では、ポジティブな勢いを失ってしまいます。母親に言われて遊びに行くのが、自分で決めて遊びに行くときほどに楽しくないのはご存じでしょう。通常、遊びに行けと言われると、しょんぼり庭をうろついたり、不機嫌な気分になったり、楽しくなくなってしまい、自己実現の感覚がずっと減ってしまいます。その一方で、私たちには、自分が一体何であるかと考え、それを日常的に追求する目標と照らし合わせることが可能です。私たちは時々もともと自分をその方向に向かわせた本来の動機を見失い、お金のために仕事をする、より筋肉質になるためにテニスをする、「ネットワーク」のために友人らとお酒を飲む、などと考え始めることがあり、これらのことをする意義のある理由——挑戦、フロー、そして楽しみ——と再びつながるにはいくらかの熟考を要します。

したがって目標を諦めることは、利益と幸せへの道を断念するだけではなく、エウダイモニアと最善の自己であることへの本道を断念するということです。逆に、楽観的な人たちのように目標により従事することはより多くの悦びと幸福の機会がもたらされるということです。目標とは、資源を獲得し、真の自分を感じ、自己を定義し、そして人生に意義を与えるということであり、楽観的な人たちの目標へのアプローチはそれらの利益獲得への鍵となる可能性があるのです。

第3章　将来のための構築（そして再構築）

――楽観的な人と資源

近頃、人々は、ことに自分自身についての好ましい考えや感情から生じる幸せをより欲しているように見えます――つまり、自尊心です。可能な限りのあらゆる自分を目指すため、そして他者も同様であるようにと、人々は自分の子どもたちの自尊心、自分自身の自尊心、従業員の自尊心を維持することにますます関心を高め、概して私たち皆が自分自身について好ましく感じるよう気を配っています。これは良いことのようではありますが、どうしたらそうなるのでしょうか？　楽観性の場合と同様に、自尊心の高い人々は「ポジティブ」で、自尊心の低い人々は「ネガティブ」であると想定し、自尊心の低い人々が自分自身についてよりポジティブに考えるようにすることが自尊心を改善することになると結論するのは簡単です。これならば簡単でしょう――なんといっても、自分自身についてポジティブに考えることは、人々が通常最も得意とすることのひとつなのです。もし疑問に思うのであれば、次の文章をあなた自身に当てはめて完成させてください。

路上の他の運転手たちと比べ、私は彼らのうちの□%よりも優れた運転手である。

あなたがすべての運転手のうち上位半分に自分を位置づけた可能性は非常に高く、あなたが自分を上位10%、あるいは20%に入れた、つまり路上の運転手たちの80%、あるいは90%よりも優れた運転手であるとした可能性もかなりのものでしょう。さて、私はあなたを知りませんし、あなたが優秀な運転手であることは大いにありえます。しかし、十分な数の人たちに聞いてまわっても、ほぼ全員が上位半分に自分自身を位置づけるのです。これは論理的に不可能です。レイクウォビゴンの子どもたちのように、私たち全員が平均以上ということはありえません（訳注：人気ラジオ番組の司会者、ギャリソン・ケイラーの『Lake Wobegon Days』の中に出てくる架空の町、レイクウォビゴンでは「すべての子どもが平均以上」であり、男性はハンサムで女性はたくましいとされる。自身の技能などを平均以上に見積もる傾向がレイクウォビゴン効果として知られる）。運転技能においては、50％の人々が下位半分で、50％が上位半分にいなければなりません。私たち全員が上位にいるのは不可能です。それにもかかわらず、ある調査で多くの人にこの質問をしたところ、運転手の90％以上が自分自身を上位半分に入れました。彼らは交通事故で入院していたときでさえ、自分が平均以上に優れた運転手だと思っていました（そして彼らのほとんどは、事故の加害者でした）。この現象は「自己高揚」として知られます。人気、知能、そして宝くじ番号を引く能力においての自己高揚は、運転技能におけるものよりは謙虚でしたが、自己高揚は多数の領域においての原則であり例外ではありません。ほとんどの人は、容易にそして自然に自己高揚するのです。

自然に自己高揚しない少数の人たちに関してですが、彼らが自分の考えを変えることを練習して、異なる考え方になることはできないものなのでしょうか？　もしそうできるなら、自尊心を高めるということは、コップにはもう半分しか水が残っていない、と考える人たちを見つけ、まだ半分もある、という見方をすることを奨励するという単純なことになります。現実は、それほど単純ではありません。ある研究は自己高揚を自尊心を高める手段として、大学生の幸福と成績の向上を検討しました。試験で成績の良くなかった学生たちは、毎週復習問題だけでなく、彼らに自分自身に対しよりポジティブな見方をさせることを狙いとした伝言が添えられたメールも受け取りました。残念なことに、これらの学生たちは後のテストで、復習問題のみを受け取った比較グループの学生たちよりも良くない結果を出しました。自尊心はより良い成績と関連しているようではありますが、どうやら自分自身についてよりポジティブな見方をするだけでは不十分のようです。幸せやエウダイモニア的な幸福においてもそうであったように、自尊心とはおそらく自分自身をどう見るかというよりも、人生において何を行っているかということに起因しているのです。

コップをいっぱいにする

自尊心は、コップにまだ半分もあると見なす機能ではありません。それは、実際にコップ――あるいは、ガソリンタンク（次の自己調整の隠喩に先駆けて）――をいっぱいにする機能です。あなたがまだ自分をある種のサイボーグのように感じていない場合のために私が喜んでお伝えするのは、あなたには走行コントロールとサーモスタットだけでなく、ガソリンゲージも備わっているということです。自尊心は、信頼のおけるメーター――物質的な、社会的な、そして心理的な資源の指標――で、自己調整における重要な目的を担っていることを研究が示しています。

祖母の家まで運転して行くという目標について考えてみてください。幸せあるいは不安などの感情は、あなたがどのくらいの速さでその目標に向かって進んでいるかを教えてくれています。[*1] ご存じのように、これらの感情はあなたのスピードメーターのように働いていて、どのくらいの速さで目的地に近づいているかを教えてくれますが、車を運転しているときはどのくらいの速さで進んでいるかだけを知っていればよいというわけではありません。タンクにどのくらいのガソリンがあるかを知っていることもまた非常に重要です。感情は、必ずしもあなたの人生のスピードメーターとガソリンゲージの両方にはなりえません。ひとつには、感情は日々変化するものであるということがあります。そうでなければ、目標への進歩と資源の変化についての絶え間ない

＊1　エウダイモニア的な影響もあります。あなたは祖母が大好きで、彼女に会いに行くのがそのためであれば、彼女の家までの運転はあなたが「最善の自己」として行う、意義ある、真意の行動なのです。これが、もし訪問のたびにベルタ叔母さんから20ドルもらえるから行くというのであれば、そのようではないでしょう。

フィードバックを提供できません。ある情緒の研究者が指摘したように、「人々が昨日の成功による至福の状態にまだあるとすれば、今日の脅威と危険を認知するのはより難しくなるかもしれない」のです。言い換えれば、今日の進歩について永遠に気分を良くしてはいられず、さもなくば、前に進み続ける動機を失ってしまうということです。

それでも今日、昨日どこに到着したかどうかがわかると快いものです。感情は絶え間ない情報を提供するのに忙しいため、あなたにはタンクがどの程度いっぱいかを教えてくれる何か違ったものが必要です。そこで自尊心のような、より永続的な感覚の心理的幸福が登場するわけです。自分自身に対する、そして自身の人生に対する満足度は、特定の目標に到達するための常に進行中の努力の累積効果を反映しています。人々が目標に向けて努力を注ぐと、より多くの資源を築き、人生により満足します。多くのエネルギー、多くの親しい友人たち、ゆるぎない家族の支援、親密で温かな恋愛関係、人望、運動能力、すべてが人々に自身の人生を見定めさせ、彼らを理想に近づくように導きます。逆にこれらの資源が少ないと、人々は人生をやり直したり、何かを変えたいと願うようになってしまいます——彼らの人生はそれほど満足のいくものではなく、彼らは自分が人生に求める重要な事柄を達成しているようには感じないのです。

さらに、人々の自尊心と人生の満足度を変えたいのなら、彼らにポジティブであるよう教える必要はありません――彼らの資源を追加すればよいだけです。ある実験のためのグループの一員として選ばれること（他者に仲間入りし、受容を得るという資源）は、自尊心の向上を促し、そしてそのグループのリーダーとして選ばれること（他者の上に昇格し、地位を獲得するという資源）は、メンバーとして選ばれることをはるかに超えて自尊心を向上させます。この実験における参加者ら（彼らは、もう一方の「参加者ら」に「受け入れられる」、あるいは「受け入れられない」目的で、実験の実施者によってランダムに選定されました）は、自尊心が高かったためにグループの一員として選ばれたり、リーダーの地位に上ったのではありません。そうではなく、彼らの自尊心は、受け入れられたり、あるいは昇格した後に向上したのです。自尊心は結果であり、原因ではありませんでした。

実験の実施者であるということは、自分の研究しているグループに――その研究でのもう一方の参加者らを装って――何も不審に思っていない、ターゲットにしたある人物を受け入れるか否か、そしてその人をグループのリーダーに昇格させる否かを指示できるということです。この類の実験上のコントロールは、受容が自尊心に変化をもたらすのか、あるいはその逆なのか、といった卵が先か鶏が先かという問題を研究者が慎重に区別することを可能にします。実生活ではそう簡単に他人の人生を調整できません。ひとつには、人々があなたがただ資源を与えているだけだと知ると、すべてが台無しになってしまうということがあるからです（社会的支援の、この意図しない効果については第4章でより詳細に論じています）。もうひとつには、ほとんどの場合あなたがそのような権力を持っていないということがあります。そうであってほしいからといって、あるいは実際には受容や昇格が適切でないのに適切だと思い込んだからといって、自分自身や気にかけている人たちが受け入れられたり、もしくは昇格したりするように指示することはできません。自尊心、人生の満足、そして他の種類の長期の幸福は、ほとんどの場合ゼロから資源を築き上げようとする個々人の懸命な努力の結果なのです。もし楽観的な人の自尊心と人生の満足度がより高いのであれば（事実そうですが）、目標に対する彼らの根気本能とコミットメントがよりよい資源構築に役立っているからでしょう。

持つか持たないか——レイヨウ、ヒヒ、人間、そして彼らの資源

なぜ人間は自分たちの資源にそれほど順応させられてしまい、そして人間の幸福はなぜそれほど資源にかかっているのでしょうか？　もし自分の資源についてかまわないでいたらどうなるかと自分自身に聞いてみてください。いっそのこと、あなたがレイヨウのような違う種類の動物であったとして、自分の資源をかまわなかったらどうなるでしょうか？　あなたはトラに注意を払わなかった穴居人のように昼食になるのがおちでしょう。生き残りたいレイヨウは、可能な限り最も栄養をつけた強くて健康なレイヨウになるために、自分の資源を最大化するよう動機づけられなければなりません。その動機は、良い食べ物や水、そして捕食者を避けるのに適した環境（例、ライオンがこっそり近づいて来られない食事場所）などの生物的かつ環境的な資源を蓄積することを望むというかたちをとることになります。ある一匹のレイヨウは、これらの必要を満たしているときだけは（他のレイヨウたちと同様に）自分を好ましく感じるはずです。人間においても同じ原理が当てはまり、人間にとってはこれらの好ましい感情が自尊心と人生の満足感となってあらわれるのです。

ここで系統学的にもう一歩ホモサピエンスに近づき、レイヨウの代わりに、自分がヒヒのような霊長類だと想像してみてください。強さと健康は、ヒヒの資源の一部分にすぎません。ヒヒは、

基礎（生存）資源	受容資源	地位資源
・食べ物 ・水 ・住居	・群れの一員であること	・階級における高い地位

その他の2つの資源を提供する社会的集団で生きています。すなわち受容と地位です。受容は、原生林の孤独なヒヒでいるのではなく、ヒヒの群れの一員であることで得られます。群れの一員であることには、よりよい保護（より多くの他のヒヒが悪者を見張っていて、悪者が姿を現したら一緒にやっつけてくれます）、食べ物の分け前、その他の様々なことが付いてきます。霊長類では実際に数が多いことが強いということなのです。そして一旦群れに属すると、地位は社会階級上の位置によって決まります。より地位のあるヒヒは、階級の下のほうに位置しているヒヒよりも、食べ物や伴侶などの資源がより入手しやすくなります。事実、高い地位にあるヒヒたちが食べ物や伴侶などの資源を獲得するひとつの手段に、低い地位にあるヒヒたちからそれらを奪い取るというものがあります。

私たち皆——ヒト、レイヨウ、ヒヒ——は、生存のための資源を必要とします。食べ物、水、住居、健康、です。それに加え、霊長類であるヒトやヒヒは、受容や地位といった「群れ」の資源を必要とします。人間の資源は、ヒヒの資源とはある意味異なりますが、基本的な分類は同じです。

基礎資源	受容資源	地位資源
・時間 ・エネルギー	・結婚 ・友人関係 ・家族関係	・物品 ・知識や能力 ・社会経済的地位

ヒヒの資源のリストとは、124ページの表のようなものかもしれません。

現代人の資源はいくらか異なり、生存が危機に瀕することはそれほどなさそうですが、上の表のように基本的なテーマは同じままです。

これらの資源のテーマ——特に受容と地位——は、人間の幸福に関わる心理学のすべての領域にあらわれます。臨床心理学において、認知療法家は、他人との関係（社交性）あるいは達成（自律性）における機能障害がどのようにうつ病のような精神障害につながるのかについて考えます。社会心理学者は、他人と関わること（親交）と社会への影響力を持つこと（主体性）がどのように幸福に寄与するのかを議論します。性格心理学者は、権力と親密さの動機の違いを考えます。そして最後に、効力と所属の感覚の発達は成長期の子どもの重要課題です。これらの（ほぼ）普遍的な観点において、目標について詳細に見た結果、類似した種類の構造をしていたとしても不思議ではありません。

目標の研究を専門とする心理学者のロバート・エモンズは、彼の研究の参加者らが通常取り組んでいる種類の目標の手引きを作成しました。これらの目標と関

基礎資源	受容資源	地位資源
・成長と健康	・提携 ・親密性 ・自己呈示	・達成 ・権力 ・自立性

係があったのは、

達成：達成する、完成する、うまくいく、勝利する
提携：人間関係を確立する、承認と受容を求める
親密性：温かい、親密な、わかりあえる、愛情深い関係を確立する
権力：他者に影響、支配、または勢力を与える、名声、注目、地位を獲得する
成長と健康：身体的、感情的、精神的な健康を改善する
自己呈示：好印象を与え、魅力的に見られる
自立性：他人への依存を回避する
生殖性：次世代の養育、象徴的な不死に到達する
自己超越性：自己を超えた、つまり自己よりも偉大なものを肯定する

彼のリストは目標のタイプを種類別に分類してはいませんが、これらのタイプのほとんどはそれらによって築かれる資源の種類によって簡単に分類できます。[*2]

目標と資源が同じテーマに当てはまるのは、それらが事実上、分離不可能なためです。目標への前進は、しばしばその分野で築き上げられる資源と、目標に向けた行動から生ずる資源によって定義されます。最も目標指向的な行動に従事している人々は、ほとんどの資源を時間をかけて築き、最も高いレベルの自尊心と人生の満足を経験するでしょう。私たちはより多くの資源を持っているときはより好調なのです。

アナグラムに取り組むとき、楽観的な人々はより根気強いのですが、これは彼らの日常の目標やより高度の願望（大学教育を受けるなど）に向けた行動にも影響する彼らの通常の根気本能の特定の一例にすぎません。アナグラムの課題における根気強さの極めて限られた基礎部分から、楽観性とすべてのレベルの幸福への関連を築くことが可能です。より多くの楽観的な人々が、目標に向けて前進することによって快楽的に良い気分になり、そして目標に従事することによって、

＊2　例外は、生殖力と自己超越の目標です。私はこの最後の2つが特殊な類の資源を築くと確信しており、よってこの後にそれらのみの節を設けます。ほかにもまた、好機を回避したり、あるいは困難を黙認したりする（例、「できる限りやらない」）ことに関係する自己破滅的な目標の類がありますが、それらは目標というよりも反目標です。

エウダイモニア的に良い気分になります。今度は、資源を築くことによって、楽観的な人々はまた最も安定した幸福に到達します。つまり、自尊心と人生の満足です。

資源の利用——資源拡張の青写真

資源と家はどちらも時間をかけて築かれますが、資源の建設は、建物の建設——ひとつのレンガに始まり、その上にもうひとつをのせ、そしてその上にまたもうひとつをのせていく——とは異なります。資源を築くことは、自身の必要性と市場の需要に応じて、ひとつの資源を別のものと交換し、その日の終わりには得をしているように努める為替ブローカーであることにより似ています。資源は、大体においてとても流動的です。私たちが毎日することのほとんどは、ある資源（特に、時間とエネルギー）をある他の資源に変換することです。お金は、より大きな家を買うことを可能にし、知識はより良い仕事に就くことを可能にし、友人と過ごす時間は、それらの友人関係の中に「資本」を築きます。子どもであることなどの社会的役割でさえもお金のような資源に変換されえます。[*3] 自身の欲求と目標次第で、私たちはそれらの必要を満たし、目標到達に向けて自身の資源を整え、ある分野の資源を利用して別の分野の資源を築いたり、あるいはある分野での勢いを利用して別の分野での障害を克服したりします。仕事や人間関係にエネルギーを投資するときのように、ほとんどの状況下で変換は実質的な資源の損失につながらずに純資源の増加につながるのが理想です。翌日には、私たちの仕事や人間関係は、よりしっかりとしたものになり、資源の蓄積がされていて、そして私たちはといえば、睡眠と栄養のある朝食によってエネルギーを充填しています。純資源の増加というわけです。

変換あるいは「消費」するのに最も効率的な資源とは豊富にあり、かつ再生可能なものです。豊富な資源は破産することなく使えます。もしあなたがたくさんの友人を持ち、彼らにとって良き友人であったり、彼らが必要とするときに手を貸したりすることによって多くの友人資本を築き上げてきたなら、あなたが必要とするときに友人に助けを求めることであなたの受容資源が危険に晒されることはそれほどありません。受容資源は必ずしも容易に再生可能というわけではありませんが、十分豊富にある場合には危険に晒すことなく利用することが可能です。その一方で、

＊3　「お父さん、映画に行くのに10ドルもらえる？」

もしあなたに2、3人の友人しかおらず、その友人関係の資本を築くのにあなたがそれほどのことをしてこなかったとしたら、それらの資源を請うことによって、あなたの受容と善意の希少な資源を枯渇させる危険を冒すことにもなりかねません。

資源の使用における別の効率的な方法は、簡単に再生できるものを使用し、再生が困難なものを保存することです。仕事場での年功序列など、地位資源によっては時間、エネルギー、そして知識の長期にわたる投資が必要とされ、もし失った場合、長い期間をかけて再び築かねばならないものもあります。同様に、長期の恋愛関係の親密性も一晩での再構築は不可能です。

その一方で、エネルギーは文字通り一晩の良い睡眠で再構築が可能です。エネルギーは、賢く使えば完全に再生可能な資源です。身体は、食事や睡眠を絶えずエネルギーに変えています。お金は、時間、エネルギー、そして知識が雇用を通してお金に変換されうる限りでは、再生可能です。時間がとりわけ興味深い資源であるのは、それがある意味完全に再生可能であり（今日時間を使い果たしても、明日になればもっとあります）、別の意味ではまったく有限（タイムマシーンの発明に失敗しているので、今日使った時間は決して取り戻せません）なためです。時間は――年配でも若くても、裕福でも貧乏でも、楽観的でも悲観的でも――誰もが毎日同等な量を得ているため優れた等化資源です。不足の原理（最も少ししかない物を使うのが最も非効率的）は、エネルギー、お金、そして時間にも当てはまりますが、これらの資源は再生可能であるため不足はそれほど問題ではありません。もし今日があと1時間しか残っていないとしたら、明日のためにそれを貯めこんでも何の得にもなりません。今日の時間は残り少なくても、どうぞ使ってしまいなさい！　持ち越すことはできないのです。

変換に加えて、残念ながら資源には喪失の可能性もあります。最善のシナリオは、残っているものを効果的に再分配することで資源の喪失を最小限にすることです。最も困難な状況においては、ひとつの出来事が一度に多くの資源の喪失を引き起こすことがあります。例えば、夫を亡くした女性について考えてみてください。彼女は、夫と共有していた彼の知識（例えば、リングイネのボンゴレの作り方）、彼の収入などの基礎資源や地位資源だけでなく、親交と愛情などの「受容」資源における重大な喪失を被ります。この喪失は極めて深刻なため、他の資源の即効注入では補いきれないでしょう。私たちは、ちょうどより多くの資源があるときはより好調なように、より少ない資源しかないときはより不調になります。すなわちストレスを感じます。幸福を最大限にする究極の方法として、楽観的な人々は資源が増えていくときのように、資源がなくなるときにも同じ自己調整原理を用います——この場合は、根気強さとコミットメントが保護可能な資源を保存することに役立ちます。

資源の喪失——楽観的な人はいかに脅威と喪失に対処するか

あいにく、重大な資源喪失となる離婚、死別、失業のような生活のストレスは、精神と身体の健康に同時に多大でネガティブな影響をもたらします。愛する人の喪失——死別、あるいは見捨てられることによる——は、うつ病でも数週間続いて時には生涯を通して再発を繰り返す衰弱するタイプの大うつ病のエピソードの危険を3倍にします。長期の失業あるいは愛する人との争いは、あなたが風邪のウィルスに晒されたときに風邪をひく可能性を3倍も高めます。ストレスは、より高い死の危険率とも関連しています。1万人以上のアメリカ人男性を対象としたある研究では、失業あるいはビジネスの失敗は死の危険を29～46％高め、別居あるいは離婚は、死の危険を23％高めました。子どもを亡くしたデンマークの母親らを対象とした研究では、喪失後の状態の母親らは、子どもたちが生きている対照の母親らに比べ死の危険が43％高いことがわかりました。

うつ病、病気、あるいは早死になどのストレスのネガティブな影響を避ける方法が２つあります。１つ目はストレスとなる出来事を経験すること、つまり資源を失うことを避けることです。幸運を祈ります。いくつかの種類のストレス（例、刑務所に入る）は、回避可能（例、犯罪を犯さない）ですが、すべての種類のストレスを避けることができるとは想像し難いものです。資源を所持するということには、それらを失う危険も含まれます。職も、人間関係も、高価な明王朝の壺も、永遠にそこにあることは保証されていません。もしあなたが資源を持ちその喪失の危険を冒すのであれば、ストレスのネガティブな影響を避ける何らかの方法が必要になってきます。それらの方法は、一般に、そして集合的に、コーピングと呼ばれます。

コーピングを定義するのは難しいのですが、ストレスの影響を軽減するために試みることであればいかなることもそれに含まれえます。コーピングという言葉は、（「気分はどう？」「コーピング中」）というようにこの試みが効果的であるという意味合いを持ちます。しかしコーピングが効果的であるという必要はなく、そして事実、コーピングの研究の多くはどんな類のコーピングに効果がないかについてなのです。もし私たちがストレスを資源喪失の状態と考えるなら、効果的なコーピングとは、資源を保持し、まだ持っている資源を効率的に使うことに集中し、喪失を最小限にとどめ、そして特に失ってしまった分を再構築することです。効果的でないコーピングとは、資源の再構築、あるいは保存のための機会を無視し、悪循環を永続させることです。もし夫を亡くしたあの女性が、友達に会うことなどの他の活動から身を引くことで対処したなら、彼女の資源喪失はくいとめられるどころかいっそうひどくなることでしょう。

楽観性とコーピングについての予測は、必然的に根気本能から生じています。一般に、より楽観的な人々は、もう一方の悲観的な人々に比べて、より粘り強く目標を追求し、より多くの資源を築くでしょう。この予測をストレスに関連させて推論すると、楽観的な人は資源喪失の最中、または後に、資源を再構築しようと効果的に行動するだろうということになります。2つ目の推論は、将来に対するポジティブな考えによってそのように仕向けられているのですが、このコーピング戦略を取り入れるためにその人の本質を変える必要がないということです。

楽観性のコーピングとの関係は、大学の試験にはじまり、癌診断や救助作業にまで及ぶ状況において、資源喪失の恐れ、あるいは喪失の現実に直面している人々を対象とする多数の研究で調査されてきました。これらすべての研究からひとつのテーマが浮かび上がります。それは、楽観的な人たちはより何かをする傾向にあるということです。時にはこの何かとは、問題に直接アプローチすること（これは心理学者が問題焦点型コーピングと呼ぶもの）です。問題を攻めることが必要となるような状況としては、大学進学のために家を離れるという例を考えるとよいでしょう。大学への進学は、学業的および社交的な困難の両方に晒されることであり、その困難のうちの多くは、成績を向上させる活動（例、勉強する）と社交関係を向上させる活動（例、クラブに入る）に基礎資源（主に時間とエネルギー）を投資することによって対応が可能です。この積極的な問題焦点型のアプローチを使っている人々は、最も効果的に大学に対処し、最高レベルの幸福を得ているはずです。これらの効果的な人々は楽観的なグループに属することが多いことが調査からわかっています。ある研究は、学生寮に住んでいる数百人のＵＣＬＡの1年生たちを調査しました。これらの学生は、自身の楽観性のレベル、気分、そして初めの数週間における大学への対処法について報告しました。例によって、楽観的な学生たちは「うまくいくように倍の努力をした」や、「いくつかの異なる解決策を考え出した」のように、問題焦点型の戦略を使うことが多いようでした。

最初の学期の終わりに学生たちは、病気の症状、医者の診察、健康度、人生への感じ方、ストレス度、幸せ度、などを含めた、彼らの幸福の多くの側面についても報告しました。学校が始まった当初、より楽観的だった1年生たちはその学期の終わりにはよりよく適応しており、よりよく適応していた学生たちはよりよい健康状態にありました。最も重要なことは、最も楽観的な学生たちがよりよく適応し、よりよい健康状態にもあったということで、そしてそれは彼らが正面から問題に着手したからでもあったということです。

その「正面から」対処する能力は、ことにこの方程式には重要です。楽観的な人々はストレスに対してよりよく適応しますが、それは彼らが問題に集中しているからというわけではなく、彼らの問題への集中の仕方によるものです。なんといっても、問題を処理するには2つのやり方しかありません。それを修正しようとするか、それから離れるか、です。問題焦点型コーピングという名の下では、問題を修正しようとするということは従事することを意味し、そして問題から離れることは従事しないことを意味します。より楽観的な人々とそれほど楽観的でない人々の根本的な違いは、障害物や資源喪失などのストレスのもとで彼らが従事すると予期されるか、従事しないと予期されるかということですから、より多くの楽観的な人々からは、回避ではなく従事することに関係する問題焦点型コーピングが報告される可能性が高くなります。コーピングに関する質問紙によって査定された多くの種類の問題焦点型コーピングのなかで、楽観性は次の種類と関連しています。

・どうすべきか計画すること
・どうすべきかについてアドバイスを受けること
・すべきことに集中し続けること

そして、次の種類とはそれほど関連していません。

・諦めること

コーピングの研究によると、ある楽観的な人が新しい町に引っ越して、ひとりの友人もいないと仮定するとき、その人は新しい人々に出会う方法を考え、クラブ、あるいはスポーツのチームに参加したりなどして、新しい友達を作る行動を起こすであろうと示唆されています。逆に、悲観的な人は新しい友人を持つことを目標とせず、友人がいない状況を改善する努力はしない可能性が高いのです。

楽観的な人と正面からの問題解決とのこの関連性は、その問題に対してなんらかの措置をとることが可能な場合に特に当てはまります。そうはいっても、問題焦点型コーピングによって何かをすることが常に有益な戦略であるとは限らず、楽観的な人の弱点を露呈することもあります。修正のきかない問題を修正しようと倍の努力をすることは、幸福というよりもフラストレーションと無駄な努力につながりかねません。幸い、楽観的な人にとって「何かすること」は、必ずしも自分たちに都合よく状況を変えるという意味合いだけではありません。時には、彼らは自分たちを状況に適応させるようなことをするのです。

例えば、１９７９年の原子力発電所事故の現場であるスリーマイル島の住民たちを取り上げてみましょう。この事故によって、ペンシルベニア州のミドルタウンという町への放射性物質の放出が発生しました。この放射線被曝の典型的な量は胸部のレントゲンのものよりも少ないとわかったものの、放射線に関連した危険の不確実性は、基礎中の基礎資源――健康と生命――を脅かし、事故に関連したストレスと不安は事故そのものよりも有害な結果となりました。発電所の最も近くに住んでいて、かつ最大の脅威を認識し、最大の苦悩を経験した人々の間における１９８

2年と1983年の癌の罹患率は20％上昇しました。放射線の被曝は、発電所からどれだけ近くに住んでいたかというよりもむしろどちら側に住んでいたかということにより密接に関係しており、癌の罹患率の上昇の原因とはなっていませんでした。さらに、ミドルタウンの住民が、環境を自分たちに適応させるためにできることは何一つありませんでした。事故は起きてしまっており、元に戻すことはできませんでした。住民たちがコーピングのチェックリストを受け取ったとき「物事が良くなるよう何かを変えた」のような項目に印をつけた人たちは、つけなかった人たちに比べて、よりうつ状態にありました。おそらく、それは彼らが解決という存在しないものへの無駄な追求に従事していたためでしょう。興味深いことに、それと同じ人々が「私は起こっていることを信じない」という項目にも印をつけることが多く、これは彼らが、自分自身で問題を解決するのが不可能であるということを否定していた可能性を暗示しています。

楽観的な人たちは、この種の過ちにより脆弱なのでしょうか？　もしその可能性が原子力事故だけに限られるとすれば、原子力事故はあまりにも稀であるためかなり不適切な質問ということになります。しかしながら、他の種類のストレス要因も同じような困難を持ちかけます。例えば、トラウマのコーピングには、しばしば過去に起きたことへの対処が含まれます。その状況自体は終わったことであるため、それを変えようと努力することは普通は効果的ではありません。同様に、バイオプシー（生検組織診断）の結果を待つことも、状況、結果ともにほとんどコントロール不可能です。交通渋滞の中でじっとしているというような平凡な困難も人々を資源の喪失（この場合は、時間の）に直面させ、ほとんど何もできることがない状況に晒します。これらの場合には、状況そのものの改善に向けて資源を使うことは、それらの資源の無駄遣いとなる可能性があるでしょう。もし楽観的な人たちが賢明でなければ、彼らも――過去を元に戻そうとしたスリーマイル島の住民たちのように――より落ち込み、不安になり、そして病気にもなってしまいかねないことになります。

幸い、楽観的な人たちは、自分たちのコーピングのエネルギーの管理において思慮深いようです。ある研究は、ある飛行機墜落事故の現場で働く救急救助隊員らを事故後12カ月にかけて調査しました。楽観的な救助隊員らは、自分たちの感情を処理するために社交資源を募ることで対処することがほとんどのようでした。人々が、その状況よりもむしろ自分たちの感情を管理することに回るこういった対処戦略は、情動焦点型コーピングと呼ばれます。問題焦点型にも言えるように、感情へのアプローチ法が2通りあります。それらを修正、改善しようとするか、あるいは避けようとするかです。ここでも、楽観的な人たちは回避するよりも従事する戦略を選ぶ傾向にあります。この選択についての別の例は、乳癌の診断を待つ女性たちを対象とした研究によるものです。この研究で楽観的な女性たちは「この状況が消え去ってくれたらいいのに」というような回避戦略を支持する傾向にはあまりありませんでした。結果として、乳房のバイオプシー検査前により楽観的だった女性たちは、バイオプシーの過程を通してもそれほど悲観しておらず、バイオプシーの結果が陽性であった女性たちに関しては、癌の摘出手術の過程を通してもそれほど苦悩してはいませんでした。

コーピングの質問紙によって査定された多くの種類の情動焦点型コーピングのなかで、全体的に楽観性は以下のような種類と関連しています。

・起こっていることを受け入れようとする
・そのことについて異なった考え方をしようとする
・それによって出てくる感情について話をする

そして以下の種類とはそれほど関連がありません。

・その状況が存在しないふりをする
・その状況から意識を逸らすことをする（寝る、飲酒をする、テレビを観る）
・その状況が違ったものであることを望む

新しい町に引っ越していったというのではなく、仕事の関係で南極大陸のような離れた地域に住まなければならなくなった楽観的な人が孤独になっているのを想像してください。その人の親友でさえその人に同行するためだけに南極大陸に移住することはなさそうなので、その状況に対して何かしようとすることは役立ちそうにもありません。この状況において、その楽観的な人が問題を解決しようとする代わりに、状況を受け入れ、それを最大限に活用し、平和で静かな数カ月を過ごすことについてのすべての利点を考慮したり、あるいはそれらの感情を処理する手段として日記に孤独について綴ったりする可能性は高いでしょう。その一方で、悲観的な人はおそらく孤独でないふりをしようとするか、それらの感情をアルコールやドラッグ、あるいはお笑い番組の再放送で紛らわせようとするとかして、解決可能な孤独同様、解決不可能な孤独にも同じ回避戦略を使う可能性が高いでしょう。

その状況が変えることができるものであってもなくても、楽観的な人はより正面から取り組んでいく傾向にあります。さらに楽観性と、違う種類のコーピング――問題焦点型あるいは情動焦点型――の関係は、楽観的な人が経験する状況の種類で変化します。問題焦点型、あるいは情動焦点型のどちらが最も有益かということの度合が違っている、多くの異なる状況下（大学へのコーピングとトラウマへのコーピング、あるいはアルバカーキーへの引っ越しと南極大陸への引っ越しの違いのように）で、楽観性とコーピング戦略との関連をみた多くの研究があります。これらすべての研究結果をまとめてみるとすると、楽観的なコーピングが目の前にある状況の種類に敏感であることがわかります。問題が、大学の試験のように概して正面から取り組みやすいもののときは、楽観性はそれに適合する戦略（問題焦点型）に最も強く関係していました。問題がトラウマのように正面から取り組みにくいもののときは、楽観的な人が問題に正面から取り組もうとする傾向が悲観的な人よりも強いということはありませんでした。その代わり、彼らは感情に正面から対応（情動焦点型コーピング）することが多かったのです。

資源という観点からすると、このコーピングのパターンは、資源を最も効果的に保持し再構築するものです。解決可能な問題を正面から対処することの効果と、それと同じ問題を現実逃避することによって対処することの効果を比べてみてください。現実逃避がストレスの影響を何かしら和らげてくれるということはありえます。数時間映画に行くことができれば、明日締め切りの仕事があることを一時的には忘れられるかもしれませんが、その間、時間とエネルギーの資源を締め切りに間に合わせるために使うこともできたのです。現実から逃げて映画館で座っている間に、問題解決に使える資源が逃げていきます。締め切りに間に合わせることができなければ、さらなる資源（仕事など）を喪失するかもしれません。解決不可能な問題はどうでしょう？ たとえその問題の解決のためにできることは何もないとしても、現実逃避することは同じくらいに非効率的です。あなたにとって本当であってほしくない状況が本当ではない、あるいは実際はそうであるのに悲しくもなく怒ってもいない、と短時間自分を信じ込ませることは可能かもしれません。しかし、その戦略が失敗する傾向にある理由は、何かを考えないように、または感じないようにすることで、ほぼ必然的にそうすることに頭を使ってしまうことになってしまうからです（これをあなた自身で証明するのに、1、2分間、白熊について考えないようにしてください）。

回避戦略が失敗に終わるとき、あなたはちょうど最初の地点に戻っています。そうしている間に、あなたは自分を状況に順応させ、南極大陸を大好きになり始めていたのかもしれないのです。

目標の追求と同じく、ポジティブであることが資源の喪失に直面したときに有益なのは、それが異なる種類の行動につながるためです。この場合には資源の再構築のための賢明な行動がそうです。ちょうど目標追求の場合と同様に、他の資源を再構築するために資源を投資するということは、それが成功し、そのストレス（つまり、資源の喪失）が緩和されると信じてこそ意義があります。しかし、ほとんどの種類の効果的なコーピングは、楽観的な人たちに使用される可能性が高いのですが、それらを行うのに楽観的な人間である必要はありません。必要なのは、楽観的な人々が使うようなアプローチを取り入れることだけです。

死を超越する

あなたがたとえどうにもならない生命の危機的な状況にあっても、現実逃避をしていないとすると、異なる特別な種類の資源――存在資源――を築くのに忙しくしているかもしれません。存在資源は、存在そのもの（「生きたい」）と関係している必要はありませんが、その存在の意義とは関係していなければなりません。実存主義理論の学者たちは、アノミー、疎外感、人生の目的の欠如、そして無根拠感を含めた、存在の意義を脅かす多くの問題を明らかにしています。存在資源は、それらの問題の解毒剤の役割を果たすものとして考えることもできます。

特に、コントロール不可能なストレス要因に直面している楽観的な人たちの典型的な情動焦点型戦略に含まれるのは、

・「起きていることの中に良いことを探す」
・「よりポジティブに思えるように、異なる角度から見るように努力する」
・「人として良い意味で自分が変わった、あるいは成長した」
・「この経験をすることによってよりよい自分になれた」

これらの戦略は資源の配備、あるいは再構築のようには見えません。これらは、コップに水がまだ半分ある、という考え方のように見えてしまうため、楽観的な人がトラウマや健康上の恐れ

に対処するためにこの類の情動焦点型のアプローチを使っているとき、彼らが将来についてポジティブに考える能力を持ち出し、ストレスになる出来事に適用し、その出来事をできる限りポジティブに考えているのだと思われても仕方ありません。しかし、心理学者らが価値を置く原理のひとつは節約の原理です。これは最多数の現象に対して最も単純な説明ができるのがよいとするものです。そのため、よりコントロール可能な出来事に対する楽観的な人の正面からの問題焦点型（彼らの間で一般的である従事と目標追求への姿勢）について、あるいはよりコントロール不可能な出来事に対する彼らの正面からの情動焦点型（ポジティブ思考）について、それぞれの個別の有効利用のメカニズムを提案するのではなく、目標から離れずに従事するという楽観的な人たちの全般的な傾向から取り掛かるべきだと思うのです。それにより楽観的な人たちの、目標追求の継続によるストレスが生じた際の資源保持、そして再構築への姿勢の傾向を概括することが可能になります。状況、または彼ら自身、あるいはその両方の変化の可能性に基づいて賢明にコーピングの努力がされるという、この追求の効果的な本質も述べることができます。とはいうものの、上述のような戦略によって築かれている資源とはいかなるものなのでしょうか？

人間は、他の霊長類と区別される非常に重要な特色を（少なくとも）１つ持っています。それは、死の予知です。誰もがいつかは死に、そして、常々それについて考えないのが理想ではありますが、私たち誰もがその事実について承知しています。死の必然性についての知識は、自分よりも長生きするものとつながっていようとする動機を提供し、間接的永続性がもたらされることで、死についての不安を軽減します。人々が自分たちの名をとって何かに命名することに置く重要性を考えてください。私自身のいる大学という環境は、建物、あるいは奨学金に自分たちの名前をつけることによって間接的永続性を達成している人々の例でいっぱいです。もちろん、構内での最も明白な例は若い学生たちで、彼らのほとんどが先祖に間接的永続性を提供する名前を少なくとも1つは持っています。

死の必然性に対処するもうひとつの方法は、間接的永続性をとばして、一気に個人的な永続性と向き合うことです。来世を信じることは死ぬことの不安を和らげてくれるのに大いに役立ち、その教えのもとで「善き」人々には来世が約束されるという信念体系を支持することは、死の不安を打ち負かす方法を提供してくれます。

死の洞察は人間に特有の目標と資源をもたらします。これらの目標と資源は、人間の、自分よりも大きく、より長生きする何かと結びついていることの重要性を反映しています。国家、教会、

世代継承性	超越性
・永久的なものを創造する ・他者に献身する ・若者への目的のあるポジティブな貢献をする ・遺産、またはポジティブな影響を残す	・神の知識とつながる、または神の知識を得る ・社会的または倫理的理想に従う ・より大きな単位のもの（文化、自然、または宇宙）と一体になる

家族などがそうです。目標の分類では、ロバート・エモンズ（本章で先に述べた）によって明らかにされた重要性を反映する2種類があります。世代継承性と超越性です。これらの目標を支持するなかで、人々はより大きな、あるいは長生きする存在と自分自身を結びつけたり、もしくはより長い人生（来世）を約束してくれるかもしれない神聖な存在との親密さを高めたりしています。

そしてこれらの目標の追求が今度は、死後も継続する関係や貢献といった存在資源につながります。楽観的な人が使うこの種類の情動焦点型戦略は、世代継承性や超越性のような存在資源を築くことによって、あるいは一部の著述者らがいう、「意義ある永遠の世界の価値ある人」という感覚を築くことによって、ストレス――実質資源の喪失――を最小限にする対処法と解釈することができます。

他の資源にも当てはまるように、存在資源の多さは高い自尊心に反映されます。死の脅威によって晒されるストレスに対して存在資源が保護を提供してくれることを思い出してください。死の脅威は、死後も継続する制度（例えば、自分たちの国家あるいは文化）、あるいは継続する存在に供給する制度（例えば、自分たちの宗教）との結びつきを強めることによって人々が存在資源を強化し構築するように動機づけます。

この動機は存在資源が最も少ないときに最も強いはずです。たくさんの資源を求めても、その資源を強化、あるいは再構築しなくてはならないほど枯渇させてしまうことはないはずです。例えば、受容の領域においては、親友に空港まで連れて行ってくれるよう頼むことで、あなたが即座にお返しをするように動機づけられることはありませんが、それはあなたと親友が互恵的な長い経緯を伴う深い関係にあるためです。その一方で、単なる知人に頼むことが即座の互恵的な行為（旅行のお土産、夕食への招待、自動車整備士のところまで乗せていく）の動機づけとなることがあるのは、その関係の資源がそれほどたくさんはないからです。

実験が示すのは、自尊心の高い人々は、自分たちの存在資源を立て直したり、再構築するようにそれほど動機づけられてはいないということです。ある研究では、人々に死についての感情と死後の行方について書いてもらうことにより死の顕現性を強めました。それから、それらの人々は2つの論文に対する評価をしました。論文のひとつは、彼らの国（この場合はアメリカ合衆

「もちろん金を見つけたいさ。でも私の本当の目標は精神の成長と内的平和なんだ」

超越性の目標には精神の成長と「内的平和」が含まれます。

国）についての非常にポジティブなもので、もうひとつはネガティブなものでした。通常、死の脅威は人々の自国へのネガティブな見解よりも、ポジティブな見解への偏りを助長することになります。それは彼らが市民権というものを自分よりも大きく、素晴らしく、永続するものに属させてくれるものとして見るように動機づけられているためです。しかしながら、この実験では自尊心の高い人たちには自分の国家に対するひいきの強化が見られませんでした。彼らの高い自尊心は、それらの資源の強化と再構築が死の考えによって即座に誘発されないくらい十分な存在資源を反映していたのです。

悲嘆による成長

死に直面した人々が、変化し、成長し、あるいは価値観を変え、つまり自身の存在資源を強化するようになることは珍しくありません。以下に挙げるのは、深刻な病状の新生児を持つ父親の例です。

私は娘が生まれてすぐ、ある啓示を得たのを覚えています。彼女は、生後たった1週間しか経っていないのに、すでに我々に何かを教えてくれていました――いかに物事を適切な視点でとらえられるか、何が大事で何がそうでないかをどのように理解するか。すべては仮であって、人生がどうなるかは決して知りえないことを学びました。もうこれ以上小さなことを心配することで時間を無駄にすべきではないことに気づきました。

この種類の変化には多くの呼び名がついています。意義探し、あるいは良い事探し、と呼ぶ人がいれば、トラウマ後の成長と呼ぶ人もいます。しかし、何と呼ぶにしろ、人々のなかには、一新された他者との結びつき、生命への感謝、目標や価値の考察、あるいはスピリチュアルな成長を通じて、存在力を培うことで死との直面に対応する人たちがいます。

喪失後に続くうつ病や死亡の増加に反映されるように、愛する人の死は人生におけるほとんどすべての出来事よりも、深刻に、そして、しばしばネガティブに人々に影響します。親しい人の死は、親交などの社会資源の喪失に加えて、私たち自身の死について思い出させ、存在資源に挑戦してきます。しかしながら、楽観的な人は喪失に対し悲観的な人とは異なった応じ方をします。ある研究において、楽観的な人たちは愛する人の死後、社会資源や存在資源を築き強化することを述べています。例えば、

健康で人生を最大限に生きることは、本当に恩恵です。全般的に、家族、友人、自然、人生に対して以前よりも感謝しています。人々の善さが見えるのです。

また、私たちは家族の輪のなかで、自身について、そしてお互いについて確かに多くのことを学びました。そこには支援の結集と、このようなことが起きたときでなければ生じないと思われる友愛が存在したのです。

楽観的な人たちはこれらの変化を経験し、その結果死別による多くのネガティブな影響から保護されることになりました。悲観的な人たちと比較すると、楽観的な人たちは落ち込みが軽減され、その死についてネガティブに思い耽ることが減り、特にポジティブな感情能力が向上するなどの経験をしました。死別後の存在資源の構築による心理的保護は死後1年にわたり続きました(さらに長く続いたかもしれませんが、研究が終了となりました)。他の研究では、癌治療として骨髄移植を受けた人々だけでなく、この手術を受けた子どもの母親たちにも類似した効果が見られました。骨髄移植は、より高い死の危険を伴う長期の入院治療とその後に続く長い回復期を要する、集中的で危険で大きなストレスとなる治療形態です。今回も、より楽観的だった患者や母親たちは、人間関係、目標、そして価値観に対してこの治療がよりポジティブに影響したととらえ、より大きな人生の満足を得る結果となりました。

世代継承性と超越性の目標に到達し、存在資源を築く方法は多くあります。地元の若者のための施設に寄付したり、あるいは木を植えたりして、地域に伝承物を残すこともできれば、神に近づくことによって死後の別の存在形態を熱望することもでき、あるいは芸術作品や家族など何か残るものを創造することもできます。あなたの思い出を持って生き続けるかもしれない他の人々との結びつきを確認することによってもそれを成しうることができます。今回もまた、楽観的であることの利点は、障害を回避しさらなる資源喪失の危険を冒すよりも、従事し、構築することにあるようです。

問題はここです。存在資源を築くこれらの戦略のいくつかは、悲観的な人にとってはあまりうまくいかないようなのです。初期の乳癌の女性グループを、生来希望に満ちた楽観的な女性たちとそうでない女性たちとに分けたとき、コーピングの戦略のうち楽観的な人には効き目があり、悲観的な人には効き目がないものがありました。その戦略のひとつはポジティブな再解釈、もしくは、その経験から何かを得たり、人として成長したり、またはより前向きな見方をしたりすることによる癌への対処法でした。楽観的な女性たちに役立ったその戦略は、悲観的な女性たちには役に立ちませんでした。同様に、移植を受けた子どもたちの悲観的な母親らは、移植後間もなくの間は家族にとってその経験がポジティブな結果をもたらしたと報告したにもかかわらず、時間が経つにつれ次第により苦悩するようになりました。その経験のポジティブな側面を見いだした後、気分の改善をみせたのは楽観的な母親たちだけでした。あなたがもしも本来物事をネガティブにとらえる傾向にあるなら、望みを込めた考えに従事したり、あるいは実際に信じてもいない利益を無理やり支持しても役には立たないかもしれません。

存在資源と他の種類の資源の違いのひとつは、存在資源がほとんどの場合目に見えないということです。基礎、社会、そして地位資源はしばしば実体的で、あるいは少なくとも測定できるものです。もしあなたがいくらかの基礎資源を持っていると言ったら、社会科学者は、あなたの健康とエネルギーの客観的な評価に従い容易にそれを確認できるでしょう。科学者はあなたの社会的なネットワークの大きさ、あるいは堅固さを客観的に評価することが可能です。あなたの地位資源は、社会経済的地位（教育、収入など）の客観的評価によって確証されうるでしょう。しかし、科学者はスピリチュアルな資本をいかに客観的に確認するのでしょうか？　それよりも重要なのは、存在資源を持つ人はどうやってそれを確かめるのでしょうか？　これらの資源は、それらを持つ人々がそれらの存在を信じる範囲でのみ存在しています。結果として、存在資源においては、資源増加にあたって全般的な確信を持つことが、他の資源では求められていない必要条件になるのです。

楽観的な人々は、資源を築き上げる努力がそれらの資源の実質的な増加につながるのを見てきた長い経緯があるため、彼らは存在資源を最も容易に築くことができる人たちです。例えばキャリアに向けての彼らの努力は、昇進、収入、あるいは賞などに反映されてきたかもしれません。恋愛関係を築くことに向けての彼らの努力は、愛情表現に反映されたかもしれません。楽観的な人たちは、彼ら自身の人生においてポジティブな期待の自己成就的予言が証明されたのを何度も繰り返し見てきているので、存在資源に関しても同様であると信じることは彼らにとってはそれほど大変なことではありません。それは、彼らの経験と一致しているのです。

しかしながら、悲観的な人は同じ類の経験がないことから、資源を築こうとする彼らの努力が報われるとは信じ難いこともあるでしょう。より具体的な、観察可能な資源においてはそのような信念は問題ではないかもしれません。悲観的な人々も楽観的な行為による利益を獲得することは可能です。それは、より健康に、より裕福に、あるいはより賢くなろうとする、努力を要する根気強さというものは、心の底からそれが報われると信じていようといまいと同じように報われるためです。もしあなたがより運動をすれば、より健康になると信じていてもいなくても、あなたはより健康になるでしょう。ポジティブな信念は、運動そのものの効果ではなく、あなたの運動する可能性を高めるのです。その一方で、存在資源を築こうとする努力は好循環する努力、従事、達成における信念にかかっています。その信念は、楽観的な信念と努力を要する行動が最後まで遂行されるのを見た経験にかかっているかもしれません。これは、悲観的な人が持っていない経験です。

気質的に悲観的な人はそのような経験を持てないとは言っていません。楽観性のコーピングへの影響と、コーピングの資源への影響がそうではないことを示唆しています。これまでの研究結果から、楽観的な人々は自分たちの目標をより根気強く追求し、そして目標追求、あるいはストレスへの効果的なコーピングを通して資源の構築に至ることがわかっています。楽観的な人たちがより幸せで、より高い自尊心と人生の満足を得ているように見えることが多いのは、彼らがポジティブな人たちであるからではなく、彼らが利用可能な資源を築いているからです。この観点から見れば、楽観性から自尊心と人生の満足への道は、目標と資源を通過しなければならないものです。ポジティブな考え方による無理やりの自己高揚、幸せ、あるいは良い事探しは、目標の遂行や資源の蓄積を迂回することになり、幸福の促進にあたって人々を間違った軌道に導きさえするかもしれません。学生たちが自分たち自身についてよりポジティブな考えをするようにそそのかされると試験でより悪い成績を出すように、あるいは、乳癌を患う悲観的な女性らが自分たちの病気をよりポジティブにとらえようとしたり、それによって個人的に成長しようと試みたところで有益ではないように、ポジティブになることを自分自身に無理強いすることは失敗に終わりがちなのです。悪い知らせは、楽観的であることの利益への近道はないということです。良い知らせは、その長い道のりを行くのに楽観的である必要はないということで、十分な道のりを重ねれば、新しい道筋――超越性の目標追求や存在資源――さえ開けてくるかもしれないということです。楽観的な人と幸福ということになると、今回もまた、彼らのようになろうとするよりも、彼らのするようにしたほうがよいということになります。

第4章　一緒で幸せ
――楽観的な人と人間関係

厳密には資源は資源でしかないと言うこともできるようで、ということは、ある資源をたくさん持っていれば、それ以外の資源はほとんどあるいは全く持っていなくても問題がないということです。多くのドルを持っていて、ユーロはあまり持っていなくても、結局のところはそれでも裕福です。その一方で、たったひとつの資源だけで幸せでいられる人、あるいは少なくとも普通にしている人を想像するのは困難です。ミダス王の話のような寓話でさえ、純金のような資源が家族の一員のような別の資源以上に尊重されるとどうなるかということを警告しています（訳

注：ミダス王は触った物すべてを黄金に変える能力を神に授けられるが、ミダス王が娘に触れると娘までもが黄

金に変わってしまう)。全体が金でできた家族は、地位資源と社会資源の同時獲得という問題にぴったりの解決策であるかのようですが、家族でもある金というのは、換算可能な通貨としてはあまり役にはたたず、金でもある家族というのは、社会資源としてあまり役に立たないことになります。

目標や資源や、そういったものからなる多様な一覧表を持つのは大切ですが、そのなかには重要なものもあればそれほど重要でないものもあります。この考えは、心理学者アブラハム・マズローの「欲求階層」でうまくとらえられています。欲求は、目標と資源の両方の要素を持っています。動詞の「欲する」とは「目標としている」ということの断定的な言い方です。名詞での「欲求」は必要不可欠な資源のことです。資源においてもそうであるように、マズローは欲求のなかにもより基礎的なものとそうでないものがあることを提唱しました。最低でも私たちは、食物、水、睡眠、住居、そして安全といった最も基礎的な資源を必要とします。それらの欲求を満たすということは、生存することであり、身体的なエネルギーを持つことであり、それらは他のほぼすべての目標追求と資源構築のための必要条件です。

基礎的欲求が充足された後、人間にとって次に最も重要な欲求は、所属です。[*1] 社会的な相互作用は人の生存につきもので、社会資源は人間との生存には必要不可欠です。私たちは、常にグループのなかで生活し、常に互いに頼り合ってきた生き物です。子どもたちが人間と接触せずに育ち、正常な言語や行動の発達がなされなかったという事例は幸いにも少数ですが、それらにみられるように人間の相互作用は子どもの発育にきわめて重要なものです。大人の人間たちの間でさえ、孤立した人々はより社会的な接触を持つ人々に比べ早く亡くなります。

所属がそれほど重要な理由のひとつに、歴史的に私たちお互いが基礎資源の源であり、食物、住居、そして敵からの保護を提供してきたことがあげられます。しかしながら、時代は変わりました。穴居人はひとりでは生きられませんでしたが、会計士はひとりでも生きられます。それではなぜいまだに社会的なネットワークが幸福に必須のものなのでしょうか？　人類はもともと社交的で他者と相互に影響しあうものだとされています。たとえ私たちが経済的に自分の食物や住居を供給できても、幸せは買えません。お金は私たちを幸せにしませんが、人間関係は私たちを幸せにします。より大きな喜びと幸福に関連している資源について考えてみると、家族の支援、

＊１　所属の欲求に続くのは尊厳の欲求で、それは存在資源とゆるやかにつながる地位や自己実現の欲求とゆるやかにつながっています。

「それじゃ、誰か他に欲求が満たされていない気がする者はいるか？」

社会資源は人間の生存に常に重要とされてきました。

親しい友人、そして大切な人との堅固な関係が最上位にくるのがわかります。資源のうち、お金、知性、知識、コネ、そして健康でさえ、リストのずっと下のほうにくるのです。結婚による社会資源の獲得は、宝くじに当たって経済資源を獲得するよりもずっと長い間にわたって幸せを向上させます。資源の多様性は大切ですが、どうやらそのうちの少なくともいくつかは社会的なものであることも同様に大切なようです。真の幸福には、他の人々が関わっていなければなりません。有名な社会心理学者の言葉を借りれば「自分だけでは自分自身であることはできない」のです。

動く標的――目標と資源としての他者

豊富な友情資本、あるいは社会資源を持つことは、健康的なことです。より多くの社会的な人間関係を持つ人々は、風邪をひきにくいことに始まり、死亡のリスクが低いことまで、あらゆる種類の健康へのより良い影響を受けています。不思議なことに、社会的ネットワークの研究は、しばしば社会的ネットワークの質と、将来の死とそれらとの関係の断面的な研究にとどまっています。ある特定の時点で人々のなかには、好ましい、あるいは大きなネットワークを持っていて、長生きすることになる人がおり、好ましくない、あるいは小さなネットワークしか持たずに、より早く亡くなってしまう人がいるというものです。社会資源に対するこの静止した、断面的な考えは、性別など、人々の他の資質においては適切です。つまり、人々の中には女性がいて長生きをし、男性もいて早死にをします。[*2(次々頁)] しかし、社会的な人間関係の実態は動的です。社会的ネットワークは、持つもの、というよりも、するものなのです――それらは、社会的な人間関係をあなたが構築し、維持し、あるいは整理するという行動の反映なのです。

驚くべきことに、人々がいかにして大きな社会的ネットワークを築くかについての研究はほとんどなされていません。外向性のような性格特性からは、より大きな社会的ネットワークが予測されています。しかしこの分析では、外向的な人々がどんな人々であるかということに始まり、彼らのすることが抜け落ちて、彼らの持っているものに飛躍してしまっています。だからといって、人によっては他の人よりも大きなネットワークを持つ人がいるのはなぜか、ということを解明するのに社会心理学の学位は必要ありません。社会的な関係に労力をつぎ込めばつぎ込むほど、より多くの社会的な関係を持つのです。日常の出来事についてのある研究では、参加者らの受けた電話と手紙の数を記録しました（この研究は、友人や家族からの伝達を受ける郵便箱が電子的ではなく実体的なものだった1970年代に行われました）。最良の指標となったのは、電話をした回数と書いた手紙の数でした。別の研究は既婚の大学生宿舎の住人らを対象としており、住宅内のイベントにより多く参加し、より隣近所と知り合いになり、他の住人たちとよりお喋りや行き来をした人たちはまた個人的な問題と日常の必要性の両方に援助してくれるであろう人々を知っていたことがわかりました。誰かに手を差しのべることは、相手が同じように返してくれるという保証にはなりませんが、誰かに手を差しのべなければ確実にその可能性を低くします。あなたが友人関係に投資しなければ、社会資源は築かれないでしょう。

しかし、社会資源の構築は銀行預金をするように単純ではなく、それは社会的相互作用が、持ちつ持たれつであるためです。あなたが自分の目標の対象として、また自分の資源の貯蔵庫として追求している社会資源は、同時に、彼ら自身がその目標を追求し資源を蓄積している人間でもあるのです。お金や教育などの地位資源は、誰に所有されていようが特に関係ありません。時間やエネルギーなどの基礎資源も同様です。確信を持って言うのは難しいのですが、存在資源でさえあなたが誰であるかは気にしない可能性があります。しかしながら、必要とされない愛情を経験したことがある人ならよくご存じのように、社会資源はあなたの社会資源でありたいかどうかについて極めて明確な感情を持っているかもしれないのです。

社会資源は動的なため、これらすべての付加要因が考慮されなければなりません。資源の構築

＊2　米国疾病対策予防センターの人口動態統計によると、予期される違いは5歳以上ということです。2002年に出生した女児らは80歳まで生きると予期できますが、男児らは74・5歳までです。男性の皆さん、お気の毒に。良い知らせは、男性は女性に追いついてきているということです。1970年には、一時女性が8歳も引き離していたことがありました。

者の視点で見ると、お金のような静的資源を築くのに使われるのと同じ戦略を、友人関係のような動的資源を築くことに使えるのかどうかという疑問があります。根気強さによる楽観的戦略はうまくいくのでしょうか、それとも対象者にストーカーと見なされてしまうのでしょうか？ この対象者の視点で見ると、根気強い楽観的な人が社会資本を築くうえで良いパートナーになるか、あるいは誰か他の人でも変わらないのか、ということが疑問です。楽観的な友人を持つことに利点はあるのでしょうか？ 2人の人間が、頼み事をし合ったり、同情心を持ってお互いに耳を傾け合ったりすることなどの社会資源と、良い人間関係を特徴づける相互利益とをどのように交換するのかということも問題です。いつどこで社会資源を利用するのがいいのでしょうか。そして、社会資源がどう使われ、蓄えられるかということに楽観性はどのように影響しうるのでしょうか。社会的な目標を追求するとき、自己調整（つまり、ある人自身の目標に向けた行動）は重要ですが、二者関係での、あるいはグループにおける相互作用的な行動は社会的調整とも呼ばれ、さらにより重要です。

そして最後に、社会資源を持つということは概して他者との密接な接触を意味するため、その接触が他の目標の取り組みや評価にいかに影響を及ぼすかという問題もあります。お金と過ごした時間は、必ずしもあなたの他の目標についてのあなたの考え方や、また満足のいく速度で目標に向かって前進しているかということについてのあなたの考え方を変えません。あなたのお金は、あなたより好調でも、不調でもなく――実際には、何をしているわけでもありません。お金ですから。一方、あなたの友達、家族、そして隣人たちは、単なる社会資源の蓄えではありません。ある意味、彼らは競争相手でもあります。他者と時間を過ごすことは、あなたが自分自身のために設定する目標と価値基準に影響を与えます。事実、別の人のことを考えるだけで、あなたの目標は影響されえます。それは意識的である必要もありません。誰か大事な人の名前（例えば、母親、友達）を潜在的に提示することで、それらの人々につながりのある目標（例えば、自分の部屋を掃除する、飲みに行く）へのコミットメントが強まるとする研究もあります。そのうえさらに、他の人々が、どんな調子で、いかに進歩し、いかに多くの資源を持っているかということは、あなた自身の進歩と資源の価値基準に影響を及ぼします。社会的比較――「人に負けまいと見栄を張る」プロセス――は、あなたがそれにどう取り組むかによって、刺激的なこともあれば、落胆させたり、安心させたり、あるいは不安を引き起こすこともあります。

あなたが誰か他の人と時間を過ごすときには、多くのことが一度に起こります。あなたは、新しい友達を作るという受容目標を追求しているかもしれませんが、同時にその間、もう一方の人は友達を作るというその人の目標に照らしてあなたを評価し、あなたが良い友達になるかどうかと考えています。あなたは、その人のおかげで、あなた自身とあなたの目標について自分がどう感じているかということに気づいてもいるかもしれません。またそれによって、その人が友人になる見込みがありそうか否かにも影響がでてくるでしょう。社会資源を築くことが特別厄介なのは、社会的な人間関係が機能するためには、これらの段階すべてにおいてうまくいっていなければならないからです。その反面、それに関与する人々がすべての段階で成功しているときは、お互いにますます親密な関係を追求し、ある人がひとりきりで目標を追い求めるとき以上の速度で前進するかもしれません。もしあなたの目標のひとつが、『戦争と平和』を読むことならば、『戦争と平和』がそれを成し遂げるのを少しも早くしてくれないのはわかりきったことでしょう。それに対して、もしあなたとあなたの隣人が友達になりたい場合には好循環が起こりえます。社会的調整にはより多くの思わぬ危険の可能性がありますが、より多くの利益の可能性もあるのです。

近所に引っ越して来たら？――楽観性と友人関係

社会資源そして受容資源の重要性からも予期しうるように、ほとんど――もしすべてでないとすれば――の人々は、社会的目標を持っています。第２章のマリーとジェニファー両者の目標のリストは、新しい友達を作る、より多くの人と知り合いになる、そして彼氏との堅固な関係を維持するなどの社会的目標を含んでいました。学生たちの目標を分類したとき、多くの目標（39%）が、良い成績をとること、卒業すること、あるいは大学院か専門職系大学院へ進学することなどの地位資源と関連していました。その一方で、出世することは唯一のテーマではありませんでした。うまく付き合いをすることもまた重要でした。学生たちは、受容と提携を築くこと――つまり、人間関係を確立し、維持し、あるいは修復すること――に関係した多くの目標（22%）を持っていたのです。

大学生たちに加えて、私はロースクールの学生たちにも彼らの目標について尋ねました。大学生たち同様、ロースクールの学生たちも、良い成績をとる、またロースクールで最高の力を発揮するといった地位的目標を挙げました。さらに大学生たち同様、彼らの大部分が、新しい友達を作る、昔の友達と連絡を取り合う、あるいは友人や家族と過ごすなど少なくとも一つの社会的目標を持っていました。しかし、ロースクールの学生たちは大学生たち以上に彼らの社会的目標に関する障害に直面していました。ロースクールでは、学生たちの自由時間はひどく制限され、社交生活を維持するうえでの障害になります。ひとりの学生が言っていたのは、ほとんど常に法律に気をとられているため、せっかく持てた自由時間もロースクールの学生以外の友達と楽しむことが難しい（ロースクールの学生以外のほとんど誰に対しても会話下手）ということでした。その一方で、これらのハードルを越えて、社会的な人間関係に努力を注ぐことが後々報われることはほぼ保証されており、それは身体的そして心理的な幸福と社会資源の強固な関係のためです。この資源に限っては、枯渇させないほうがいいでしょう。

楽観的な人たちの目標への姿勢――彼らのより高い期待、より強いコミットメント――は、より多くの楽観的なロースクールの学生たちが、ロースクールによって課せられる障害があるにもかかわらず、学校外の目標を維持するため、いっそう努力するであろうことを示唆しています。大学生たちの場合同様、楽観的なロースクールの学生たちも、悲観的な学生たちと異なる目標を持っていたわけではありませんでした。ロースクールのほとんどの学生も何かしらの社会的目標を持っていたのです。問題は、ロースクールのプレッシャーがそれらの目標にいかに影響するかということです。それらの目標は「すべきこと」のリストの一番上にあるのでしょうか、それとも無視されてきて、下のほうに行ってしまっているのでしょうか？

私は研究チームに一日中ロースクールの学生たちを追跡し、目標に関する活動の証拠を見てくるように指示しなかったため、目標の活動については遠まわしに推論しなければなりません。目標のリストを実際に作る場合、最初に思い浮かぶのは積極的に関心を持っていたり、あるいは取り組んでいたりする事柄であることが多いため、それらがリストの最上位付近にくる可能性があるでしょう。逆に、頭の中で目標を探し求め、忘れていたものを見つけたというのであれば、おそらくそれらは最も意欲的な目標というわけではないでしょう。いくらか考えた末に思いつくこれらのそれほど意欲的でない目標は、リストの下位にくるでしょう。ロースクールの生徒たちの間において、楽観性は必ずしも社会的目標を持つこととは関連していませんでしたが、社会的目標が上位にくる可能性とは大いに関連していました。悲観的な学生のリストにある目標が社会的なものである確率は、５つに１つでした。それらが上位３位に入っている確率は７つに１つと落ちてしまうことから、社会的目標が悲観的な人間にとって最も早く思いつくものではないことが示唆されます。その代わりに、悲観的な人たちは自分たちのロースクールでの成果に対してより視野狭窄的であるようでした。ロースクールに関係する目標は、他の目標に比べロースクールの学生たち全員のリストの上位に登場する傾向が強くなります（とにもかくにも、彼らが毎日することの大部分はそれなのです）が、悲観的な学生たちに関しては、その他の種類の目標は除外され、それらの目標のみが挙げられていたようでした。[*3]

その一方で、楽観的な学生たちのリストにある目標が社会的なものである確率は、6つに1つ（悲観的な人間とほぼ同じ）でしたが、それらが上位3位にある確率はより高く、約3つに1つ（悲観的な人間の約2倍）でした。社会的目標は、楽観的なロースクールの学生たちの考えのなかで極めて上位にありました。事実、悲観的な人間と楽観的な人間の大きな違いが示唆するのは、楽観的な人間は問題（ロースクールに在籍中、いかに人間関係を維持するかなど）を解決のための活発な目的にもなりうると念頭においているということです。悲観的な人間は、積極的に問題を解決することにそれほど関心がないため、思考のなかで問題を活発にしておくこともしません。その代わりに、彼らはすべきことのリストからいつの間にか目標が消えていくのを許し、機会があったときにやっておけばよかったと後になって思う事柄の域に入れてしまいます。あなたも過去の記憶を振り返って、おそらく機会があったときにデートに誘っておけばよかったが、何かが──その時期ではないように思えたとか──障害になったという相手がいるでしょう。悲観的な人々は、そのような思い出をたくさん持つことになります。状況が困難な時はいつも、彼らにとっては時期の悪い時です。彼らは、困難の中にあるチャンスを利用せず、その代わり社会的な人間関係と機会を放り出し、記憶の外へと追い出してしまいがちなのです。

それに対して、楽観的な人たちは、たとえ──あるいは、おそらく特に──時間や努力が僅かしかないときでも、社会的目標に対してより注意を払っており、社会的目標に注意を払うことの影響は明白です。楽観的な人たちは、実際に友人関係や他の社交関係に時間と努力を費やすことが多く、結果としてより多くの友人を得る可能性が高くなります。フィンランドの大学生たちを対象にした研究では、ポジティブな社交関係を期待していた学生たち──社交的楽観的な人たち──は、社会的相互作用を求める傾向が高く、他者とのやりとりを避ける傾向はそれほどありま

＊3　悲観的な人たちに関しては、どの目標であれロースクールに関係している確率は５つに１つで、上位３位の目標がロースクールに関係している確率は、３つに２つでした。

せんでした。社交的で楽観的な学生たちは、それほど孤独ではなかったというのが結果でした。さらに、あまり知らない関わったことがない人を3人と、同時に、よく知っていて友達と呼べる人を3人指名するよう学生たちに求めたところ、楽観的な学生たちは、友達として指名される可能性が高かったのです。このような結果が生じたのは社交的な行動のせいです。社交的楽観性が社会的相互作用につながり、それが人気につながりました。それとは対照的に、社交的悲観性は社会的な脱退につながり、それが社会的無視につながりました。悲観的な学生たちは、人気がなかった、つまり積極的に嫌われていたわけではありませんでした。彼らは、好かれたり嫌われたりするほどよく知られていなかっただけだったのです。それと類似して、大学1年生を対象とした、ある研究における楽観的な学生たちは、大学で親密に感じ、助けを求められる、そして信用できる、より多くの友人を持っていました。彼らは最初の学期の初めの3週間でこれらの関係を築いていました。そして、その学期の終わりにはより多くの友人を増やしてもいました。より悲観的な学生たちもまたその学期中に友達を作りはしましたが、より楽観的な学生たちほどではありませんでした。悲観的な人を探すなら、ビールパーティーで人付き合いの良い人たちの中よりも、休憩室にひとりでいる人たちの中に行ったほうがより多く見つかります。

より多くの友人関係を持つことに加えて、楽観的な人たちはより長期の友人関係を持ちます。友人関係の長さを測定したある研究において、学生たちは彼らの友人関係が平均してほぼ6年間続いていることを報告しました。もちろんこの平均値は様々でしたが、悲観性はより短期の友人関係を予測するもののひとつでした――悲観性の程度を段階的に上げていくごとに、友人関係の長さの平均が4カ月以上ずつ短くなりました。楽観的な友人関係がより長続きし、悲観的な友人関係が徐々に衰えてしまうのはなぜでしょうか？　ひとつの可能性としては、楽観性の社会的目標と行動への影響の証拠が示唆するように、悲観的な人たちは友人関係に投資することをやめてしまい、障害に人間関係の維持を妨害させることになり、友人関係における「資本」を消滅させ、やがてはその友人関係が終わってしまうということが考えられます。これは、2人の悲観的な人がおそらく世界がどうなるか、どう没落を辿っているかなどをお互いに嘆き合いながら友達になるときは特にそうです。片方の悲観的な人が新しい仕事を得てより長い時間働き始めたらどうなるでしょうか？　いつ会えるかと考える努力を誰がするのでしょう？　ひとりの悲観的な人は忙しすぎで、そしてその悲観的な人に「とり残された」悲観的な人は、新しく出現したその置いてきぼりの問題を克服すべき障害としてではなく、自分のネガティブな予期の確証ととらえる傾向にあります。

人気者で楽観的な友人は、あなたをより魅力的な人間にする

楽観的な人が手に入れる社交的な成功はまた、楽観的な人がより良い友人になる見込みがあると見られていることを意味しています（とにかく友人関係には2人必要なのです。世界中のどんな根気強さをもってしても、その根気が相手を悩ませるものであれば、友人を作ることも保持することもできないでしょう）。研究がこれを実証しています。おそらくは多くの理由から、人々は不幸な人よりも幸せな人と一緒にいたいことを多くの証拠の集積が示しています。[*4] ひとつの大きな理由として、ひとりの人の気分が相互作用で他の人に影響する「気分感染」の傾向を人々が避けていることが挙げられます。楽観性は、気分というよりも姿勢なのですが、ネガティブな気分にある人たちが避けられるように悲観的な姿勢を持つ人々も避けられています。研究の参加者らが、悲観的、あるいは楽観的な考えを述べた「人々」のインタビュー記事を読んだとき（インタビュー記事は実際には実験者らによる捏造《ねつぞう》でした）、彼らはより楽観的な「人」と社会的な関

わりを持つことに興味を持ちました。例えば、そのインタビューが新しい恋愛関係を見つけることについてであった場合、それに対して「まわりにはとても多くの人がいるから、きっと誰か見つかるだろう」と答えた人は、「きっと誰も見つからないだろうと思う」と答えた人よりも社会的なパートナーとして望ましかったのです。ポジティブな気分とネガティブな気分についても同じ効果が見られましたが、参加者らがその「人」と時間を過ごすことに関心があるかどうかを決定するにおいて、姿勢は気分よりも重要でした。一時的に機嫌の悪い楽観的な人のほうが、一時的に機嫌の良い悲観的な人よりも魅力的だったのです。

「インタビュー」への反応が示唆するように、実際の楽観的な人との社会的相互作用とは、悲観的な人とのそれよりもポジティブなものなのです。ピッツバーグ大学のグループによる研究では、50人の女性と50人の男性に3日間にわたり、30分ごとに日記をつけてもらいました。1日に二十数回も記入しなくてはならないせいで日記を歯で引き裂くなどしなかった人たちは、毎回過去30分間にポジティブな、ネガティブな、あるいは中立的な社会的相互作用を持ったかどうかに

＊4　ひとつ例外があります。不幸せ、あるいは不安な人々は、ほかの不幸せ、あるいは不安な人たちといることを好むようです。哀れさは友を呼びますが、それは大抵その友が同等に哀れである場合のことです。

ついて報告しました。[*5] おそらく驚くにはあたらないと思いますが、より悲観的な人々はより多くのネガティブな社会的相互作用を持っていました。そのうえ、概して社会的相互作用は幸せを促進させたにもかかわらず、悲観的な人々にはそれほどの促進にはなっていませんでした。「インタビュー」を読んだ学生たちの選り好みは現実世界の現象を反映していたのです。つまり、楽観的な人と関わることは、悲観的な人と関わるよりポジティブで、幸せで、そして楽しい経験なのです。

より楽観的な人々と付き合うことは、彼らが機嫌の悪いことは少なく、ネガティブな気分感染の危険に晒されることもより少ないため魅力的な考えです（インタビューの研究によれば、人々は悲観的な人との関わりを避けるためには、ネガティブな気分の感染の危険を冒すことが示唆されてはいますが――普通は結核を患っている人の隣よりは風邪をひいている人の隣に座るでしょう）。しかし、楽観的な友人を持つことには、気分以上にずっと価値のある別の理由がありうるのです。楽観的な人と関わることは、お世辞鏡の中を見ているようにあなたをより魅力的にしてくれるのです。社会心理学のある古典的な研究は、ある人の、自分自身がどのようであるかという信念は、実際にその人の中にそれらの素質を作り出すということを証明しました。表面上は非言語的な伝達についてのことになっていたこの実験で、実験者らは極めて魅力的な女性の写真1枚と、それほど魅力的でない女性の写真1枚の2枚の写真を使いました。この実験に参加した男性それぞれが1枚の写真を見せられ、その写真の女性と電話で話すことになると告げられました。実を言うと、その写真はその後彼らが電話で話をした女性のものではありませんでした。相手の女性はランダムに男性に割り当てられており、彼女であるとした写真をその男性が見せられていたことについては何も知りませんでした。

魅力を使って、ある人についてのあらゆる種類の期待を操作することができます。良かれ悪しかれ、魅力的な人々は他にもたくさんのポジティブな特徴を持っていると推測されるため、魅力が「ハロー効果」の一種を生み出すのです。男性が魅力的な女性と話をすることを考えるとき、それほど魅力的でない女性に比べ、その女性がより社交的で、落ち着いていて、ユーモアがあって、そして社交的に熟達していることを期待しました。『雨に唄えば』の全体の筋書きはこの効果に基づいています。もし観客が、リナ・ラモントの美しさはウィット、気品、そして知性を伴

＊5　驚いたことに、ごくたまに日記をつけないということ（予定された6211回のうちたったの161回）はあったのですが歯で日記を引き裂いた人は誰もいませんでした。

うことを期待しなかったら、キャシー・セルデンは必要なかったでしょう。男性たちは魅力的な女性の写真を見ることで、その女性の素質や電話による会話でのポジティブな可能性について楽観的になりました。それとは反対に、男性たちはそれほど魅力的でない女性の写真を見ると、その女性との会話について悲観的になりました。

それぞれのペアは10分間電話で話し、女性側のみの会話の記録に基づいて審判が女性の素質を評価しました。それぞれの女性は実際にはランダムに割り当てられ（魅力、あるいは性格に基づいてではなく）、彼女らは、会話の相手がその会話に際して好ましい、あるいは好ましくない予期をしていたかということについては何も知らなかったという事実にもかかわらず、女性側のやりとりに著しい違いが見られました。男性がその女性を魅力的だと思っていた場合には、その女性はより自信に満ち、より生き生きとし、そしてより会話を楽しみ、相手に対してより好意的でした。女性はそれらの期待が存在したことは知りませんでしたが、男性の期待が女性の振る舞いのなかに現れ出たのでした。ポジティブな予期をした男性たちは、相手の一番良いところを引き出したのに対し、ネガティブな予期をした男性たちではそうではありませんでした。

恋に落ちるほど人を魅力的にするものはありません。なぜでしょう？　突然人々にとっていくらあっても足りない愛のフェロモンのようなものをあなたが送り出しているせいでしょうか？確かにそれはありうるのですが、いくらかはあなた自身の行動に起因しているのかもしれません。あなたが恋しているのではなく――誰かがあなたに恋しているのです。知らないうちに、あなたの魅力指数の新たな上昇（つまり、自分が魅力的に見られるであろうというあなたの期待）が、その期待を確証するような、あなたへの反応を人々のなかに引き起こしているのかもしれません。

楽観的な人がより多くの友人を持ち、よりポジティブな付き合いをしているかもしれないのは、彼らがよりポジティブな期待を持って人間関係を始めるからでもあります。より楽観的な人々は、社会的相互作用と、実際の友人、あるいは友人になる見込みのある人に対して将来へのポジティブな信念（特に、その相互作用、あるいは友人関係がどうなるかについての）を持って近づくことによって、そのポジティブな将来がもたらされるような振る舞いをします。さらに、人々は楽観的な人とのよりポジティブな相互作用を期待し、楽観的な人たちは他者とのよりポジティブな相互作用を期待するため、彼らの相互作用が期待を満たす可能性を倍増させることもありえます。その相互作用はよりポジティブに進行し、ポジティブな予言が実現します。この予言効果は、結婚や、教師と生徒の関係などあらゆる種類の社会的人間関係において起こります。

他の楽観性のポジティブな効果同様、この予言もそうなってほしいと願うだけでは実現されません。新婚の人々を対象にしたある研究は、それが楽観的な行動によって後押しされていなければならないことを明らかにしました。新婚カップルを4年間調査し、彼らの結婚の満足度を記録し、それとその研究は、彼らの結婚と配偶者への満足に対する当初の期待——すなわち、彼らの結婚についての楽観性との関係を見ていきました。楽観的な人への良いニュースは、結婚当初に自分たちの結婚についてより楽観的だった人々は、自分たちの結婚により満足していました。悪いニュースは、満足度は、時間が経つと90点のスケール上で約5点ずつ落ち込み、楽観性はこの満足度の下降を防ぎませんでした。

この研究の最も興味深い結果は、結婚生活における行動に関するものでした。背中を掻いたり、あるいは足の爪を切ったりと配偶者にしてあげられる親切な行いは数多くありますが、この研究では、結婚生活の途中で衝突が起きた際に起こりうるより重要な2つの行動に焦点を当てました。最初の行動は、一致しない意見について話し合うときにポジティブにやりとりをすることでした。あなたは義理の家族について悪口になってしまうことなく話せますか？　2番目の行動は、配偶者に有利に解釈してあげることでした。もし配偶者が仕事場で過ごす時間が長くなり始めたとしたら、それは仕事が増えたからでしょうか、それとも家での食器洗いを避けようとする意図的な試みでしょうか？　結局のところ、楽観性が結婚の満足度の維持に役立つのは、これら２つの行動で後押しされた場合だけなのです。意見の不一致に対してポジティブに振る舞い、相手に有利に理解する傾向にあった楽観的なカップルは、４年間にわたって高く、安定した満足度を保っていました。楽観性は、期待を実現しようとして行動すれば自己成就的です。未来に対するポジティブなビジョンは、そのポジティブな未来を創造する能力を作るのですが、自動的に未来を生み出してくれるわけではありません。一方、そのビジョンなしでは、将来は実現されません。ポジティブで寛大でいることができても自分の結婚について悲観的だった人たちは、不満足なスタートを切っただけでなく、時間が経つにつれ彼らの不満は増長されました。悲観的な人たちは、結婚生活においてポジティブに振る舞うことはできたようでしたが、おそらく自分たちの能力を発揮していなかったのでしょう。結婚生活のなかでそれらの技能を使う理由となる動機がなければ、つまり楽観性がなければ、ポジティブな行動とより満足した結婚は実現されなかったということなのです。

友情銀行の利用

社会資源を築き上げたところで、それらの最良の使い方とはどのようなものでしょうか？ なんといっても、資源は築き上げられるだけでなく必要性に応じて他の資源に変換することもできるのです。よからぬことが起きると、社会的ネットワークは、物質的な支援（車が壊れたときに次の給料までお金を貸してくれたり、修理店、あるいは仕事場まで乗せて行ってくれたり）、感情的な支援（あなたのセルモーターの故障に同情してくれたり、欠陥セルモーターだったからといってあなたが悪い人だということにはならないと言って安心させてくれたり）、あるいはその両方を提供することが可能です。ストレスが資源喪失として概念化されうるなら、他の人々は資源が脅かされている時と場所においてその埋め合わせをすることでストレスを緩和してくれます。

しかしながら人間は動く対象であるため、社会資源を使うには、お金を使うよりもより多くの段階があります。つまり、社会的支援は3段階あるいは3期に分類することができ、楽観性はそれぞれの段階のなりゆきに影響します。最初の段階は、社会的支援を知覚する、あるいは利用可能であると見なすことです。あなたに助けが必要なとき何人の人たちが手を貸してくれることができるでしょうか？　ポジティブな期待は、人々が自身の社会的ネットワークの中のより多くの人からのよりポジティブな反応を期待することにつながりえます。第二段階は、社会的支援を求めることです。人々は、いつも自分たちで問題を解決しようとするわけではありません。手を貸してくれる社会的ネットワークを募ります。ポジティブな期待は、人々を問題解決の手助けをしてくれる社会的ネットワークへと導きえますが、それは人々がそれによって問題を解決できると信じているからです。助けになると信じてもいないのに、どうして他者の助けを募るでしょうか？　最後の第三段階では、実際に社会支援を受け取ります――つまり、他者が実際に支援を提供します。人々はより楽観的な人を好み、楽観的な人とはよりうまくやれるため、楽観的な人に助けを求められればより進んで手を貸すかもしれません。

楽観的な人はより多くの社会的支援を知覚し、求め、そして受け取るだろうと予測するに足る理由があるのですが、唯一の一貫した調査結果は、より高い楽観性がより多くの社会的支援を知覚することにつながる、つまり、必要であればより多くの社会的支援が利用可能であるという確信につながる、というものです。楽観的な大学生らは、もう一方の悲観的な大学生らに比べ、必要なときにより多くの感情的な（例えば、気持ちを聞いてくれる）あるいは実質的な（例えば、車で乗せていってくれる）支援を期待していました。より楽観的な救急隊員らは、近しい人たちからのより多くの支援に気づいていました。ＨＩＶやエイズに罹っているパートナーのことを気遣う楽観的な男性らは、より多くの社会的な承認（例えば、人々があなたの物事のやり方を承認する）、愛情、尊敬、そして支援に気づいていました。心臓病の回復期にある楽観的な人たちは、同情、情報、そして実質的な援助のなかにより多くの支援があると感じていました。楽観的な乳癌の女性らは、より多くの愛情、情緒的支援、そして実質的な支援があると感じていました。これらは極めて異なる種類の人々と環境ではありますが、どの場合においてもより楽観的な人々は、感情の承認に始まり、車の修理工場に送ってもらうなどといったことまで、より多くの社会的支援が利用可能であると思っていたのです。

これはそれほど意外な結果ではありません。結局は、知覚している社会的支援について人々に尋ねるということは、彼らに支援が必要になったときにどうなるかを想像するように頼んでいるということであり、そして、楽観性の定義とはポジティブな将来を期待することです。この場合においては、楽観的な人々が他の人々がいつでもそして進んで援助するというポジティブな将来を想像しているということなのです。

しかし、社会的支援の連鎖において次の段階にくると、驚きが生じます。一般に、大きな社会的ネットワークとより知覚度の高い支援からは、ストレスに対応するためにそれらの資源を利用すること、つまりストレスに対処するために社会的支援を使うことが予測されるはずです。しかしこれが、それらの資源の所持者が楽観的な人間である場合には該当しないようなのです。助けを求める訴えに友人らがどう反応するかについてより楽観的だった大学生らが、より助けを求める傾向にもあるということを明かした研究は、たった1件のみです。大学生を対象にした別の研究は、より楽観的な学生たちはより多くの友人を持ち、より多くの社会的支援を知覚していたにもかかわらず、彼らが社会的支援を求めることによって対処する傾向は強いわけではないことを明らかにしました。他のいくつかの多様なグループの研究は、２番目の大学生の研究結果と共通しています。つまり、楽観的な人々はより多くの利用可能な社会的支援を知覚してはいても、その支援を求めたり、あるいは他者からより多くの支援を受け取る可能性が高いわけではありませんでした。例えば、エイズ患者の楽観的な介護者らは、パートナーの死の前も後も、特に死後は、より多くの社会的支援を知覚していましたが、楽観的な介護者らと悲観的な介護者らが実際に自分たちのネットワークから受けた支援は同量でした。

実は、社会的支援を知覚していてもそれを利用しないことが、社会資源を利用する最良の方法であるということになるのですが、それはなぜかというと、社会的支援を知覚することが、それを求めたり、受け取ることよりも幸せと健康に有益だからなのです。知覚される社会的支援には、少ないストレス、少ない落ち込みや他の精神医学的な症状、また、より高い自尊心、より良い睡眠、そしてより良い健康状態が伴います。その一方で、社会的支援を求めることはそのようではなく、また、社会的支援を受け取ることはより思わしくない解決にさえつながりかねません。その理由のひとつには、人々が実際に介入し援助するときに、必要とされている種類の助力を与えないかもしれないことが挙げられます。例えば、本当に必要とされているのは、修理工場へ送っていってくれることだったり、あるいはレンタカーのお金を貸してくれることだったりするときに、その助力者は車の修理に伴う困難さに共感するかもしれません。[*6] 反対に、本当に必要とされているのが同情をもって話を聞いてくれることであるときに、助力者は問題を解決するのに手を貸そうと申し出るかもしれません。もしあなたが職場でだまされていると感じているなら、解決は、仕事量を減らすことではなく、よく話を聞き相談にのってもらえることであるかもしれません。不適切な救済法を提供する社会的支援は、ちっとも良い支援ではありません。

その他には、誰かに介入して手助けしてもらうということが、援助される人にとってその問題を自分自身で解決する能力がないという意味を持ってしまうことも考えられます。これによりその人の自尊心が傷つくことになったりします。それでもまだ人々には本当の援助が必要で、支援的な誰かがただいてくれるだけでは十分ではないのです。でも本当にそうでしょうか?

本当は十分なのかもしれません。ストレスが資源の実質的な喪失として定義されることができ、社会的支援を要請し受け取ることが社会資源の利用を意味することを思い出してください。その利用は、別の欲求(例えば、弱音をはける相手を持つ、ソファーを動かすのを手伝ってもらう)の埋め合わせをするかもしれませんが、社会的支援を受け取ることは社会資源を枯渇させるので

＊6　このような誤った援助は、共感といっても、助力者と称する人自身が事故にあったときのこと、その人の車が修理店にあったときのこと、どんなにひどい目にあったか本当にひどいことだったということに話が及ぶときは特に迷惑です。そして実際あなたに起こったことに増してひどいのは、その人の車があなたの車より新しかったりするからです。確かにその「助力者」はより悲劇的な話をすることであなたの気分が向上すると感じているのです。実際にはどうなるのかというと、あなたは自分の問題が過小視されたので気分が悪く、そしてそれでもまだ修理店へ乗せていってもらう必要があるということになります。

す。資源の枯渇は、気分の向上には関連しておらず、むしろ通常は気分の悪化につながります。

心理学者のニオール・ボルガーと彼の同僚らが、弁護士らとその配偶者らからなるグループにおける研究で明らかにしたように、支援を持つことと支援を求めることの違いは極めて重要です。ボルガーは、その弁護士らがニューヨーク州司法試験を受ける1カ月前から試験後数日までを通してカップルたちを調査し、それぞれの配偶者が相手を支援していたかどうか、また彼らがいかに苦悩したかを査定しました。社会的支援を使うことは心理的には有益でないという考えと一致して、配偶者たちが話を聞いたり、慰めたり、あるいはその両方によって支援をしてくれたと弁護士らが答えた日の翌日、彼らはより不安で落ち込んでいました。苦悩が後にくるというこの社会的支援の時間的な経過がこの研究計画の重要な側面であるのは、ともすると以前に増す傾聴や慰めが、本当は逆であるにもかかわらず不安やストレスに引き起こされたことになってしまいかねないからです。

さらに予期しなかったのは、配偶者たちがパートナーに耳を傾け慰めたと言っていたにもかかわらず、弁護士たち本人がそのようには知覚していなかった日の翌日には、弁護士たちの不安や落ち込みはより軽かったという事実です。「目に見えない支援」という、知覚されずに与えられる支援は、持ちうる支援のなかで最良の種類なのです。社会的支援は助けになりえますが、社会資源を使ったという認識を伴わない場合に限られます。要請をして受け取った社会的支援について私たち心理学者が人々に尋ねるときは、実際には社会資源の貯蓄を引き出していることに対する彼ら自身の知覚の度合を尋ねているのです。そう考えると、利益は資源を使うことからではなく構築することから生じるため、これらの結果が大きな心理的利益を示していないことも頷けます。

興味を湧かせるようなその他の現象が、社会的支援の利益は、その取得・構築・所有にあり、使用にはないことを示唆しています。まず、より大きな社会的ネットワークとより低い死亡のリスクと結びついているのは、そのネットワークのなかで受け取る支援というより、与える支援の機能であるのかもしれません。ある研究において、より社会的な接触がある人々の間で死のリスクが19％低下していることがわかりましたが、これはより大きな社会的支援がより良い健康に貢献しているという他のすべての研究結果と一致します。この研究の驚くべきことは、他者に社会的支援を与えた人々の間では、身体的健康を一定に保つと、死亡のリスクが43％も低下していたことです。一方、社会的支援を受け取ることは何の効果ももたらしませんでした――何かあったとすれば、死亡のリスクを僅かに上昇させたことでした。人間関係というものにおいては、与えるということが受け取ることより好ましいのは、それによって社会資源が枯渇するのではなく築かれるからです。さらに、与えることは、最も有益なかたちの社会的支援である社会的支援の知覚、につながります。本章の冒頭にあった、既婚の学生用住宅の住人たちの間で知覚された社会的支援に最も寄与していたのは、彼らがそれまでに手を貸した人々の数でした。ということは、他者を助けることは、お互いに援助し合う人々のネットワークに属している感覚を人々に与え、そしてこの認識がストレスを緩和するということなのかもしれません。

知覚という行為は、銀行の友情資本額の抑制という以上のことをしています。支援的な結びつきについて考えることは、ストレスによるネガティブな身体的影響から実際に私たちを保護します。あなたに対して支援的な親友、あるいは誰か別の人のことを考え、次の質問に答えてください。

あなたはその人のどこを最も評価していますか、あるいは認めていますか？
その人はあなたのどこを最も評価していますか、あるいは認めていますか？

その人があなたのためにする支援的なこと、あるいは有益なこととは何ですか？

その人に数時間あるいは数日間ぶりに会うとき、あなたはどんな気持ちですか？

もしあなたが今何か、スピーチをするなどストレスになることに取り掛かるというのであれば、そのネガティブな影響は、人間関係やそのなかに生じている社会資源について考えるだけですでに緩和されていることでしょう。ある研究では人々に支援的な関係（先程あなたが挙げたような）、あるいは知人のどちらかについて考えてもらいました。単なる知人について考えた人々に比べ、意義のある支援的な関係について考えた人々は、スピーチの間それほど不安を感じず、心拍数と血圧もより低かったのです。

人からの助けを一切求めずに人生を生き抜くことはできません。ひとつには、お互いの関係の堅固さを確認し、最も有益なこと——援助すること——をする機会を与え合うためだけであったとしても、人々はお互いに頼り合っていることを証明する必要があるのです。私たちには他の人に援助を求める必要のある時が必ずあります。とはいっても、必ずしもお返しをしなくてよい知らない人たちからの親切に依存するというブランシュ・デュボアのようになることは健康を害することになるようです（訳注：ブランシュ・デュボアはテネシー・ウィリアムズの戯曲『欲望という名の電車』の中の人物。ある事件をきっかけに心の病にかかることになる）。

向上のための感化

楽観的な信念は、社会資源を蓄積するために必要なすべての段階へとつながっていくため、社会的な領域において最もその効力が発揮されます。楽観的な人たちは、人間関係が育つような行動をし（脱退したり、あるいは努力をしなかったりすることでは決して関係は築かれません）、人間関係においてより魅力的なパートナーになるように行動し（さもなければ、友人関係ではなくストーカー行為になってしまうかもしれません）、そして社会資源をストレスに対処するために枯渇させずに使います。

社会的な人間関係は、楽観的な人々が他の目標の領域でのポジティブな期待を実現させるのにも役立ちえます。目標を追求するにあたって、その進歩を判定する主要な方法は他の人たちがどんな調子かに目をやることです。**社会的比較**は、自分の周囲を見回し、他の人々が自分よりも好調か、不調かを見るときに起こります。それは、彼らが自分より魅力的かそうでないか、また、自分より生産的かそうでないか、あるいは、ひとりはBMWを持っていて、もうひとりは持っていないといったことです。あなたが人に負けていないかどうかとチェックするたび、あなたは社会的比較をしているのです。社会的比較のひとつの重要な機能は、自身の目標と進歩の評価に対して基準を提供することです。あなたが他人以上にうまくやっていると思うとき、その声はあなたが十分にうまくやっている、もしかしたら必要以上にうまくいっていさえするかもしれないことを示しています。あなたが他人よりもうまくいっていないと思うとき、その声はあなたの出来具合はひどい、もしかしたら許容範囲外のひどさかもしれないということを示しています。

私は、9歳のときにバイオリンを始めましたが、これはバイオリン習得の世界では遅いとされています（全体的に見ると若いのですが）。私のなかには、自分が子どもとして優れたバイオリン奏者であったということが思い出としてあります。私は、発育期の他のほとんどの13歳前の奏者たち以上に楽譜を読むことができ、ワークブックを使ってすばらしい上達を見せていました。

＊7　ここにあなた自身に適切な形容詞を挿入してください。より痩せている、より賢明である、より販売力に長けているなど何でも。

アイザック・スターンやイツァーク・パールマンについてなどまるで知らず、「天才」という人たちが存在するという漠然とした考えはあったものの、ひとりとして知らず、そういった人がどれほど優れているのかについても全く知りませんでした。私はただバイオリンを弾き続け、ある時点で両親そしてやがては親戚以外の人たちまでもが聴くに耐えられるほどに上達しました。

バイオリンのような楽器を大人になってから習う人々は、そう簡単にはいきません。大人として楽器を習うことの不利な点のいくつかは、大人であること自体から生じます。例えば、バイオリン、またはフルートのような楽器を演奏する際にする身体的に不恰好な姿勢などに、より順応しづらいのです。しかし私は、大人たちが楽器を習得しようとするときの最大に不利な点は、最大の動機と同一のものであると考えています。大人は聴くのが大好きなのです。前向きな大人のバイオリン奏者らが考えているのは、通常の初心奏者の「きらきら星」の演奏ではなく、プロのソロ奏者のブラームスのバイオリン協奏曲の演奏なのです。社会的比較に関連させて言えば、大邸宅の隣の小屋に住んでいるようなものです――かなりやる気を喪失させます。

上方比較（他者に比べ調子が悪い）が、落胆に帰着しうるのは、あなたが他の人たちに後れをとっている感じがするからです。あなたは自分自身の能力や素質を疑い、進歩のなさについて思い悩み始めるかもしれません。その逆に、下方比較（他者に比べ調子が良い）が、幸せに帰着しうるのは、幸せの源となるもののひとつが目標に向かって素早く前進しているという認識だからです。結果として、多くの状況において下方比較は上方比較よりも好まれています。例えば、乳癌の女性らは概して自分たち自身を、より良い状態の人たちよりも、より苦しい状態にある人たち[*8]と比べるのを好みます。他の人々に比べ自分の調子が良いという感じは、不安から保護し、希望の感覚を与えます。

それでも、上方比較は必ずしも有害ではなく、下方比較は必ずしも有益ではありません。特にあなたの努力が、良いあるいは悪い結果を引き起こすことが決定的なときには、上方比較（Yさんは私よりも多くの製品を売った）は、下方比較（私はXさんよりも多くの製品を売った）よりも役に立つことがあります。上方比較がやる気を喪失させるものであるとは決まっていないので

＊8　興味深いことに、これらの女性たちが下方比較をするためにはより苦しんでいる人を知っている必要はありませんでした。もし適当な比較相手がいなければ、より苦しんでいる誰かを想像したのです。ある年配の女性は、若い女性だったらどれほどより苦しい状態にあるだろうかと想像しました。乳腺腫瘤摘出術を受けた女性は、乳房切除術を受けた女性はいかによりつらいだろうと想像しました。

す。感化的でもありうるのです。自分自身をあなたよりもうまくいっている人と比べることは、あなたがうまくいくにはどうすべきかという考えを与えてくれることもできるのです。それと対照的に、あなたよりもうまくいっていない人と自分自身を比べることはあなたを自己満足させうるのです。

以下にあるのは高度に楽観的なロースクールの学生らが上方比較によって感化された例です。

自分のしていることを改善できるかどうかと思って、この学期間中ずっと誰か他の人がしていることをいつも見ていました。もし彼らが何か、より優れたことをしていると思ったら、彼らのやり方を取り入れるんです。私が一番知りたかったのは、いつも図書館にいる学生たちのことで、彼らがよくできるのかどうかということでした。彼らは私よりも良い勤勉倫理を持っていて、どうしたら勉強することについて自分をもっと律せられるかと考えさせられました。

試験準備を私以上によくやった人たちはいたと思うし、彼らはより良い成績をとり、より多くの就職面接に呼ばれているようです。そのことによって自分が彼らに劣っていると感じることはありません。試験準備に際して私は自分なりの違うやり方でやるというだけです。私は準備することにもっと集中するつもりです。

これとは対照的に、悲観的な学生は感化されませんでした。

よりうまくいっている人たちというのは、授業をもっと注意深く聞いていて、やったことをよく復習しています。私は彼らとはあまり競い合う気になりませんでした。私はただなんとかやっていければいいんです。もっと彼らと競争的になるべきだったとは思います。なぜっておそらくそのほうが成績のためにはよかったでしょうから。

上方比較は、それから教えられることもありえますが、危険でもありえます。特に、ストレス、または失敗に直面するときには、自分が不十分である気持ちにさせられます。人々は、自身の出来栄えが恐ろしくひどいと感じるときは、上方比較で感化されることを控え、その代わりにより良い気分になろうとして下方比較に励みます。これは特に、将来により良い成果が見込まれそうもないときに言えることです。したがって、将来の良くない成果と悲観性の組み合わせは、自分よりもうまくいっていない人と比べることによって、自分の成果についてより良く感じようとすることにつながります。この戦略の問題点は、下方比較が成果を改善せず、悪循環につながってしまうことです。ＧＰＡが低下していた悲観的な大学生らは、比較のレベルを下げることで常に自分たちよりも成績の悪い人たちと比べようとし、それによってより悪い成績をとることに至ってしまいました。結局のところ、下方比較が提供するのは、より悪くなる方法であって、より良くなる方法ではないのです。この時点での私の音楽のキャリアにおいて、私は13歳以下の初心奏者の録音を聴くことではより良いバイオリン奏者にはなれないでしょう。それらは私自身が演奏するにあたって何も目指すものを与えてはくれないでしょうから。

その逆に、上方比較はより良くなる方法、そして将来のストレス、または失敗を回避する方法を提供してくれます。ＧＰＡが低下していた楽観的な学生らは、自分たちよりも良い成績をとっている学生らと比較し続け、彼らのＧＰＡは改善されました。したがって楽観性は、自分たちよりも良い成果をあげている人たちの行動を検証し、それから学ぼうとする方向に人々の気持ちを向けることによって、彼らを感化させ続けます。レベルアップしようとしている楽観的なバイオリン奏者は、プロのソロ奏者の録音を聴くことによって感化され、新しい技法を学んだり、あるいは異なるビブラートやフレージングを使ったりするかもしれません。

しかし、それらの上方比較のネガティブな影響はどうなるのでしょう？　自分自身をより優れた人たちと比較すると、感化される（私もあれほどになれるだろうか？）よりも、不十分である（なぜ私はあれほどではないのだろう）と感じることもあるのではないでしょうか。実にその通りです。しかし、楽観的な人たちは、最も有益な類の情報を引き出すために比較を利用しているようなのです。上方比較は、楽観的な人には感化を、悲観的な人には落胆を生じさせる可能性がより高いのです。悲観的な学生らが上方比較をしたときは、感化されるというよりも落ち込みがちでした。

この現象は、学生が自分よりアナグラムの出来がかなり良い、あるいはかなり悪い「同輩」（実際は、実験者）と並んで取り組むという実験においても証明されています。学生が出来の悪い「同輩」の隣で取り組んだとき、その学生は自分の能力をより高く評価し、実験後はより良い気分でした。下方比較が安心させてくれたのです（もっとひどい場合だってありうる）。しかしながら、より出来の良い「同輩」への反応は楽観的な人と悲観的な人では大きく異なりました。

悲観的な人たちは、上方比較が彼らにとって脅威的（なぜ私はあれほどではないのだろう）だったため、自分たちの能力をより低く評価し、よりひどい気分になっていました。楽観的な人たちもまた、自分たちの能力をより低く評価しましたが、出来の良い同輩の隣で取り組んだ楽観的な人たちは、出来の悪い同輩の隣で取り組んだ学生たちと同等に気分が改善されていました。彼らは、自分たちがアナグラムに不向きであるかもしれないことは否定していませんでしたが、落胆しているようにも見えませんでした。彼らはより出来の良い同輩に脅かされるよりも、感化された（私もそうなりうる）と結論づけてもよいようです。

楽観的な人たちは、下方比較から最も気落ちしないような情報を引き出すこともできます。学生たちにとっては、下方比較は特別に脅威的というわけではなく、自我防衛にもなりえたのですが、より重大なことが問題である場合――単なるＧＰＡの問題ではなく、命や健康が危険に晒されている場合――には否定的な面がでてくる可能性もあります。例えば、多発性硬化症は、神経システムの慢性の変性疾患で、下方比較（つまり、より芳しくない状態にある人たちとの比較）は、脅威的な意味（私もそうなりうる）を持つ可能性があるのです。多発性硬化症の悲観的な患者らは、おそらく自我防衛的（もっとひどい場合もありうる）というよりも、脅威的で落胆的

（私もそうなりうる）というように下方比較を解釈しがちだったため、下方比較をしたときは落ち込んでいました。その一方、楽観的な人たちは、下方比較によって落ち込んではいませんでした。

これらのあらゆる研究において、人々は将来についての楽観的な期待によって、上方を向いて、自身の現在の出来栄えに脅かされることなく感化され、また、下方を向いて、ネガティブにもなりうる将来に脅かされることなく慰安をもたらされています。楽観的な人々が、自身と他者との比較から得るこの種類の情報は、目標に従事することや、将来のより良い成果を助長します。

そうです、私たちは社会的な種類の生き物なのです。しかし、社会的な人間関係はポジティブ、あるいはネガティブのどちらの結果ももたらしえます。他者と、ネガティブで衝突の多い関係を持ち、劣等感を感じ、他者の助けによって自分自身の生活課題に対する至らなさを感じさせられることすらあります。それでも、楽観性から生じるポジティブな期待は、他者の最善を信じることで自分自身の最善を引き出し、抜きん出ている人々が嫉妬よりも感化の資源となり、支援の知覚がストレスとなる出来事から保護してくれるという、ポジティブな人間関係につながっているようです。死に関する資料がとりわけ好奇心をかきたてるような可能性を示唆しています。楽観性がより良い社会的人間関係に結びつき、より良い社会的人間関係が死のリスクを低減するのであれば、楽観性は実際長生きにつながっているのでしょうか?　次を読み進めてください。

第5章 痛し痒し
――楽観的な人間と健康

初めて健康心理学に触れたときのこと――異常心理学の学部講義でのこと――を私は鮮明に覚えています。健康心理学の講義のなかで、教授のトム・ショーネマン博士は、心理的な要因が術後の回復に影響したというある研究結果について説明しました。私はそんなことがありうるのかと驚かされました。心の状態が、身体がいかに速く癒えるかということに実際に影響したというのです。それは、魔法のようであり、ありそうもないことのようであり、また強烈な好奇心をかきたてるものでもありました。結果として、大学院を選択することになったとき、私は健康心理学、特に学部学生として衝撃を受けたその現象――心の状態がどう生理に影響するか――を研究できるところに決めました。私のキャリアの多くがその現象に費やされてきており、私があの講義の残りの部分に関してはほとんど忘れてしまっていることをトムが許してくれ、そして私がこの道にに入るきっかけとなってくれたことを彼自身の誇りとしてくれることを願っています。

約20年が経ち、その当時に比べ「心と身体」の現象に精通している人々が増えました。それでもまだ中には懐疑的な人たちもいます。去年、私は家庭医たちのための一連の教育講座で講義をしました。その講義では、「心と身体」の現象が、胸部の痛み、呼吸困難、頭痛など、家庭医が日常的に目にしている訴えのいくつかにいかに関与しているかについて焦点が当てられました。どの講座の後でも少なくとも評価表のひとつには不信感が表されていました。科学的でないというのです。事実ではないと。

この考え方は、心と身体の現象を切り離す西洋思想の長い伝統から生じています。本来は、宗教と科学にそれぞれの領域――精神と肉体――を与えることを意図したものでしたが、この考えが「心」と「身体」が相互に影響しうることへの懐疑論として私たちに伝わってきたのです。実際にはこの懐疑論は維持できるはずがないものであるのは、私たちが心に関することをどんなことであれ肉体に基づいて起こっていないなどと信じられる段階をはるかに超えて進歩してきているためです。私たちは、歩行が脳を、呼吸が肺と横隔膜を、循環が心臓と血管を拠点にしているのと同じく、思考、感情、態度、心の状態が、脳を拠点としていることを知っています。脳――したがって、心――は、身体の部位なのですから、心と身体という言い方は奇妙でさえあります。歩行と身体にはつながりがあると言っているようなものです。歩行というのは身体がすることであり、思考、感情、態度、心の状態も同じなのです。

心の拠点が脳なら、「心と身体」のつながりは、実際には「脳と身体」のつながりで、それは神秘的ではなく解剖学的ということになります。脚、肺と横隔膜、心臓と血管、そして免疫組織などの身体の他の部分の脳との解剖学的なつながりがあるわけですから、考えたり、あるいは感じたりといった脳がすることは、血液を循環させたり、あるいはウィルスと戦ったりといった他のことをしている身体の他の部位の機能に影響するかもしれません。もちろん、本書の内容の最終的な論点は、脳内に生じる楽観的な思考と感情が楽観的で健康な身体を作るかどうかということです。

つながりを持たせる

脳は他の臓器組織と無数のつながりを持っているというのが事実です。脳からの伝達は、神経的に――すなわち、直接、神経を通って――また内分泌的に、分子的伝達因子によって血流を通って伝わります。私たちは、意識的に動作をするときに脳とそれ以外の身体部分のつながりを最も認識しています。私がある言葉をタイプしたいとき、私の脳は運動ニューロンを介して私の指へと信号を送り、それらが（ほとんどの場合）適切なキーを押すのです。水を飲みたいときは、立ち上がり、流しに行き、そして水を飲みます。

非意識的な機能（私が飲んだ水に対して消化組織や腎臓がすることなど）に影響する他の身体部分への脳からの連結も存在し、脳はまたそれらの組織も管理しています。多くの非意識的な機能を管理する脳からのメッセージを送る神経系には、特殊な分枝が存在します。この分枝が自律神経系で、呼吸数、心拍数、消化、血流（血管の収縮と拡張によって）、発汗などの活動を管理しています。自律神経系には2つの分枝があります。身体の短期の要求を満たすためにこれらの機能を働かせるもの（交感神経系）と、身体の長期の計画を促進するもの（副交感神経系）です。これらの働きと要求の本質を理解するために、神経系の交感神経系と副交感神経系が発達した環境について考えてみましょう。その当時、目標とは、締め切りに間に合わせることや、家をきれいに保つこととは関係なく、生存そのものに関係していました。例えば、長期の目標には、食料、住居、そして伴侶を見つけることが含まれました。ほとんどの状況下で、これらの目標には優先順位がつけられていました。しかし、時には短期の要求を満たすために、これらの目標の追求を断念しなければならないこともあったかもしれません。短期の要求が優先されたのは、すぐにそれらに対応しなければ命を落とすことになってしまい、そうすれば長期の目標も必要なくなってしまうという理由からです。死人は口がないだけではありません。食料、住居、そして――おそらく特に――伴侶を見つけるのにかなり苦労するでしょう。短期の要求は、あなたを食べるという食料の目標に向けて前進したがっている捕食動物、暴風雨、あるいはあなたを溺死させうる洪水、あるいは、あなたの食料や住居や伴侶を欲しがり、それらを得るためにはあなたの頭を棍棒で殴ることも厭わない他の人間たちによって課せられるかもしれません。

これらの種類の短期の要求に直面するとき、基本的には行動の選択肢が2つあります。戦うか逃げるかです。これらの選択肢は有名な、Fight or Flight（闘争か逃走か）を生じさせます。闘争か逃走かの反応は、自律神経系が短期の要求を満たすために交感反応に変わるときに生じます。呼吸数と心拍数が上昇し、臓器内（腸や肝臓などの内臓）や四肢末端（指など）の血管は締め付けられ、心臓の血管と大筋肉は拡張し、発汗が促進されます。これらのあらゆる変化が生じるのは、戦うか逃げるかのために使う身体部分——大筋肉——が、酸素と栄養を運ぶ多くの血液を得て、その瞬間にはそれほど必要のない他の身体部分に使われてしまうことのないようにするためです。例えばエネルギーは、消化に使われていた分が、戦うか逃げるかの身体の要求を満たすために転送されることが可能です。

脳は、闘争か逃走か反応のために内分泌系も使います。内分泌系は通常は長期の身体の計画に取り組み、代謝率、性的発育、成長などを管理する血流内に物質を放出します。短期の闘争か逃走かの要求を満たすために長期の計画が保留にされると、代わりに脳がコルチゾールと呼ばれるホルモンの放出を引き起こします。コルチゾールの主な効果は、肝臓（他の部位のなかで特に）に闘争か逃走か反応において心臓と大筋肉が消費するエネルギー資源であるグルコースを提供させることです。

交感神経系と内分泌系のこれらの変化を通して、身体はアロスタシスを維持します。例えば、安定した血圧の維持など、安定性を通して生理機能を維持するホメオスタシスの概念には多くの人々が精通しています。アロスタシスは、生理的な能力を安定性ではなく変化を通して――例えば、戦うか逃げるかのために血圧を上げたり、危機が過ぎればまた血圧を下げたりして――維持するという意味です。理想的なアロスタシスの世界では、身体は必要であれば短期の要求に反応し、そうでないときは長期の計画であるアロスタシスのバランス維持に戻ります。しかし、現代生活においては、短期の要求は原則ではなく例外です。私たちがより直面しがちなのは捕食動物や暴風雨ではなく、社交上の衝突、ストレスの多い仕事、あるいは慢性疾患などです。これらの要求が引き起こすのはアロスタシスのバランスではなく、通常の身体の短期の要求に対する短期の反応が長期間にわたり長引いてしまうアロスタシスの負荷です。短期の要求を満たすうえで役に立つのと同じ変化が長期間にわたって起こると、健康を損ねることにもなりかねません。例えば、交感神経系の活動によって生じる高血圧が長期にわたって続くと、血管に損傷を与え、動脈硬化症（動脈が硬くなる）、心臓発作、脳卒中に至ることもあります。長期にわたる高いレベルのコルチゾールは、免疫系を抑制し脳の部分に損傷を与え、他のネガティブな影響のなかでもとりわけインシュリン感受性を低下させ、それによってⅡ型糖尿病につながる可能性もあります。

楽観性が関わってくる理由は、前章で論じたように、楽観性が人々のストレスの対処法への影響を含め、様々な点で心理的に有益だからです。社交上の衝突、ストレスの多い仕事、あるいは慢性疾患が降りかかるとき、楽観的な人たちはそれらの状況に積極的に取り組む傾向が強く、したがって悲観的な人たちに比べ資源の実質的喪失が少なくて済みます——つまり、楽観的な人たちが経験するストレスはより少ないのです。長期のストレスは、免疫の抑制あるいは高血圧を介して健康にネガティブな影響を与え、そして楽観性は人々が経験するストレスの量を減少させることができるということであれば、楽観性は身体にポジティブに影響する精神的側面のひとつであるはずです。

楽観性、身体化される

多くの研究によって、楽観的な人間がポジティブな将来の信念によって身体的な利益を得ているか否かが検証されてきました。これらの研究は心臓病、癌、あるいはＨＩＶによって健康が害されるときに、楽観性が役に立つかどうかに着目してきました。ということは、楽観的な癌患者やＨＩＶの患者らはより長生きする、あるいは楽観的な人は心臓の手術からよりよく回復するということなのでしょうか？　民衆の知恵によれば、その答えは明白のようです。いわゆる「ポジティブな姿勢」あるいは「生きる意志」を持つ人々は、より良い回復をし長生きするというわけです。[*1]科学的知識もまた、特に気質的な楽観性による利益の可能性を示唆しています。脳と心臓血管系、内分泌系、免疫系との解剖学的な結びつきが意味するのは、ストレスを減少させる楽観的な信念――したがって、ストレスに関連した脳内変化――もまたアロスタシスの負荷と健康に影響しうるということです。例えば、より適切に調整されたコルチゾールは、乳癌の場合、より長期の生存を予測します。楽観性がストレスを軽減し、コルチゾールの働きを改善するのであれば、楽観的な乳癌の女性たちはおそらくより長く生存するということになります。

＊1　では「意地悪すぎて死なない」人というのはどうなのでしょう？　この話題に関する民衆の知恵は、良い伴侶を選ぶこと（「類は友を呼ぶ」あるいは「正反対は惹かれ合う」）、あるいはどのくらいの時間をその伴侶と過ごすべきかということ（「会えないとより愛情が深まる」あるいは「去るもの日々に疎し」）などの話題について役に立つという程度のもののようです。

楽観性の健康への影響を検証した早期の研究のひとつが１９８９年に発表されたもので、そこでは楽観性が術後の回復――そのちょうど2、3年前に学部生であった私に多大な関心を持たせた健康への影響――を予測しうるかどうかを実験しています。この場合の手術というのは、冠状動脈バイパス術（ＣＡＢＧ、英語で「キャベジ」と発音する）でした。ＣＡＢＧ術は、動脈硬化性プラークが心臓に血液を供給する動脈を塞いでしまったときに必要とされます。外科医は、通常心臓を停止させた後、脚の脈管を取り、それを使って封鎖部分を迂回した別のルートで血液を運ぶようにします。これらのバイパスは心臓へのより適切な血流を提供します。ＣＡＢＧは数時間かかり、集中回復室で数日間の入院を要し、完全回復には数カ月かかる大手術です。それでもなお、胸の痛みなどの心臓病の症状を適切に除去するため、比較的頻繁に行われています。２００１年にアメリカで行われたＣＡＢＧ術は50万件でした。

この研究は、ＣＡＢＧ術を受けた50人の男性をその後6カ月間調査しました。短期的に見ると、手術中楽観的な人たちは悲観的な人たちに比べ心臓への損傷の徴候――手術に伴う深刻な合併症――が少ないことがわかりました。これらの徴候は、グループ内の最も悲観的な１人の男性を除くと、心臓の酵素のわずかな変化に限られたことでした。その１人の男性は、心臓損傷のより深刻な徴候を見せていました（術中の彼の心電図の変化が心臓発作の可能性を暗示していました）。長期的に見た場合、術後の期間中、より楽観的な男性らは、もう一方のより悲観的な男性らよりも早く起き上がって病室のまわりを歩きまわっており、そして、それは血栓のリスクを減少させるために重要なことです。心臓病のリハビリを受け持ったスタッフらは、楽観的な人がより大きな進歩を見せていると評価しました（スタッフらは、男性らとリハビリに取り組むなかで、その男性の将来に対する考え方やリハビリに対する姿勢などからその男性が楽観的か悲観的かといった素振りは観察したかもしれませんが、誰が質問紙の点数によって楽観的な人、あるいは悲観的な人であったかについては知らされていませんでした）。

さらにそれよりも長期的に見て、６カ月経つと、楽観的な男性らは、運動を再開する傾向が強く、より早く自分たちのレクリエーション活動に戻り、心臓の症状がより少なかったのです。手術の過程で終始より楽観的だった男性らは、それほど楽観的でなかった男性らに比べ、より多くの利益を得ていました。先の章で論証されたように、彼らの楽観的な信念は、彼らがリハビリの困難さにより適切に対処し、社会的ネットワーク、社会的比較、社会的支援を最大限に利用することに役立った可能性が大いにあります。それに伴うストレスの減少が心臓への不必要な要求

（アロスタシスの負荷）を減らすことになったのでしょう。さらに、最初に回復し始めたのが楽観的な男性らだったことから、彼らがおそらくは歩行からレクリエーション活動に及ぶ回復の目標に向けてより懸命に取り組んだことがわかります。

その後10年間でより多くの研究が出現し、ＣＡＢＧ術後の楽観性の有益性を証明しました。最初のＣＡＢＧ研究に続く２つ目の研究は２００人を超える患者（今回は男女両方）によるものでした。その報告によると、全体を得点によって４つのグループに分けると、最も悲観的なグループの患者は、冠状動脈疾患に関連した理由――彼らがＣＡＢＧ術を受けなければならなかったもともとの理由――で再入院する可能性が最も楽観的なグループの患者の３倍でした。より楽観的だった患者（男女両方）は、ＣＡＢＧ術後８カ月経つと、胸部の痛みがより少なく、不安や落ち込みのようなネガティブな気分を経験することがより少なく、自身の活動レベル、性的機能、生活全般により満足していることが別の研究グループによって明らかにされました。

楽観性が、それほどの大手術でない種類の心臓の手術後にも有益でありうることを証明した新しい研究もあります。この場合、封鎖部分のまわりを迂回させるのではなく、詰まりを除けるために心臓の冠動脈の中で風船を膨らませる「ロートルーター」手術（細かくこだわる人には、経皮的経管冠動脈形成術としても知られる）です。心理的に有益な様々な信念（楽観性を含む）を混合させた指標において下位3分の1にあった人々は、最初の手術から6カ月以内に新たな冠状動脈の病状が出現する可能性が上位3分の1の人々の3倍高いことがわかりました。すなわち、楽観的な人々は、「ロートルーター」を繰り返すことを必要としたり、バイパス手術が必要になったり、心臓発作を起こしたり、あるいは動脈硬化症で死亡したりするなどの可能性がより低かったということです。さらには、最初の手術から4年以内に、楽観的な人々に冠状動脈の病状が出ることはより少なかったのです。

最も極度の心臓手術である心臓移植を受けた人々たちにさえも、楽観性は有益でした。CABGや血管形成術の研究と一貫して、より楽観的だった患者は、手術の回復がより好調で、心臓の拒絶防止のための薬をより確実に服用していました。楽観的そして悲観的な患者らのどちらも感染症を発症したものの、悲観的な人々の最初の感染が起きたのが手術から平均して61日後だったのに対し、楽観的な人々の最初の感染は手術から平均して126日後でした。

ある最近の研究では楽観性とCABG、あるいは弁置換術後の入院期間の長さとの結びつきは見つかりませんでしたが、これらの研究の多くから、楽観的な心臓病患者らは悲観的な心臓病患者に比べ最終的により好調であることがわかっています。おそらく懐疑的な人物なら、手術前により体調が良かった人々（例えば、痛みがそれほどなかったり、あるいは冠状動脈の詰まりが少なかったり）は、最も楽観的で、手術前のより良い健康状態が楽観性と術後のより良い健康を結びつけているという議論も可能でしょう。すなわち、より良い健康が、楽観性とより良い回復の指標でもあり起因でもあり、楽観性はより良い回復の起因ではないと言うところでしょう。[*2] しかし、証拠がそうではないことを示しています。まず、これらすべての研究は、手術前の患者の状態の統計的な平均を算出しており、結果は手術前の状態を平等にしたうえで楽観性の効果を検討して出されています。2番目に、移植手術の研究は「クリーンスレート」と呼ばれる現象を利用しています。基本的に、心臓移植がそれぞれの患者に新しい出発を与えます。というのは、元の心臓の疾病の程度は、患者が移植後にいかに好調であるか（結局のところ、病気の心臓はもうないのです）とは関連がないためです。この白紙状態にあっても、移植前の回復への期待は移植後の健康を予測しました。

楽観性は、極めて異なるある領域でのより好ましい影響にも結びついています。妊娠です。妊娠中のストレスは母親の精神衛生にだけでなく、胎児の発育にも影響を及ぼすことがわかっています。ストレスの多い妊婦は、コルチゾールのようなストレスホルモンを過剰に生産します。これらのストレスホルモンは、早産に寄与してより小さな赤ん坊が生まれたり、また胎児の成長を抑制してしまうため臨月で生まれた赤ん坊でさえもより小さくなります。そしてより小さな赤ん坊は、健康上の問題が出てくる危険性がより高くなります。[*3] ３００人の女性を対象にした2つの研究から、より楽観的だった母親らの妊娠期間はより長く、妊娠期間を平均化した後も彼女らの赤ん坊たちはより大きかったことがわかりました。

心臓病手術の研究と同じく、楽観性は身体的な健康に有益でした。この場合は、より長い妊娠

＊2　これはよく知られた「第3変数問題」です。この古典的な例は、殺人率とアイスクリーム消費量のポジティブな相関についてのものです。殺人率が上昇すると、アイスクリームの消費量も上昇します。アイスクリームは人々に殺人を犯させるのでしょうか？　人々は誰かを殺した後にアイスクリームを食べるのを好むのでしょうか？　もちろん、どちらでもありません。酷暑が、アイスクリームの消費量を上げることと、暴力を増加させることの両方につながっていているのであって、一方がもう一方を引き起こすのではありません。

＊3　私が聞いたところによると、より大きな赤ん坊はより寝つきが良く夜通し眠るそうです。これが絶対そうであるかはわかりませんが、夜通し眠るのであれば、それはより高い出生体重がもたらす健康への保護的効果の大きなボーナスのように私には思えます。もちろん、大きな赤ん坊では出産の際の問題があるにしても、それに関してはあまり考えすぎないほうがよいでしょう。

期間と、より大きな赤ん坊に寄与していました。これらの研究はまた、楽観性が妊娠後期で経験されたストレスの量を減少させ、それによってストレスホルモンの生産量を減らした可能性があることも示唆しました。研究のひとつは、楽観的な母親らがより運動をしていたことが、より長い妊娠期間を保つのに寄与していたとも証明しました。楽観的な心臓病の患者らと同様、楽観的な妊婦らもそれほどストレスを感じておらず、より身体的に活動的であり、彼女らのリラックスした、積極的な妊娠への姿勢が彼女ら自身と赤ん坊らの健康を促進したのです。心臓疾患の研究書にもあるように、例外は存在します――楽観性とストレスは、妊娠前期では妊娠後期ほどには結果を予測しませんでした――しかし、証拠の優越性が楽観性は有益であることを確証しています。

もう一方の事実

心臓病の患者らと妊娠中の女性らにとっては、楽観性が回復と健康にポジティブな貢献をするようです。癌やエイズなどの他の健康上の問題に関してはどうでしょう？　癌患者の研究における有益な効果の証拠はやや一貫性に欠けています。3つの研究によって、楽観性が癌患者の生存期間に影響するかどうかが検証され、それぞれが異なる結果を得ています。ひとつの研究からは、人によっては楽観性によって生存期間が延長され、それ以外の人にとってはそうではなかったことがわかり、ひとつの研究では楽観性が生存期間を全く延長しなかったことがわかり、そしてもうひとつの研究では楽観性が生存期間を延長したことが証明されています。1996年に出版された最初の研究には、多様な種類の癌患者（他にもあるなかで、乳、肺、頭部あるいは頸部、婦人科系、前立腺、大腸、消化器系）が含まれていました。研究が始まってから8カ月後、これらの患者のほぼ30％が亡くなりました。ここで疑問なのは、楽観的な人たちは悲観的な人たちよりも生き延びる傾向にあったのかどうかということです。その答えは、その通りでしたが、それはそのなかで最も若い60歳以下の患者に限られてのことでした。これらのより若い患者の間においては、生存者の悲観性は亡くなった人たちの悲観性[*4]の約3分の2でした。しかし、より年配の患者では、死亡した患者と8カ月の研究期間を通して生存した患者の悲観性は同等でした。

＊4　この研究では、悲観性と楽観性は別々に研究され、生存者と8カ月の時点で死亡していた患者との差異は悲観性の尺度によるもののみでした。

２００3年に出版された2番目の研究も、楽観性が癌の生存期間を引き延ばす可能性があることを示唆しました。この研究では、頭部と頸部の癌だけに焦点が当てられました。研究が開始されてから1年後、１０１人の当初の患者のうち約半数が死亡しました。この研究は、最も悲観的な患者ら（高度〜中程度に悲観的として分類されたグループ）が死亡する可能性が最も高いことを明らかにしました。３人のうち２人が1年後に亡くなっていました。その一方で、中程度から高度に楽観的だった患者らは、死亡する可能性がより低かったのです。1年後に死亡していたのは5人中２人だけでした。これらの生存率は、悲観的な人たちが1年間の研究期間中に死亡する可能性が一方の楽観的な人たちに比べ50％以上高かったことを意味しています。

２００4年に出版された３つ目の研究は、肺癌の患者らに焦点を当てていました。この研究の利点は、前述の研究の1年、あるいはそれよりも短い研究期間に対して、数年間という非常に長い調査期間にありました。その期間中に、この研究における１７９人の患者のうち96％が死亡し、研究は患者らがいかに長く生きたかということに焦点を当てています。研究開始後、最初の2年は、高度に楽観的な人々は中程度に楽観的な人々や悲観的な人々よりも生存において有利であるかのように見えました。１年の時点では、中程度に楽観的な人々と悲観的な人々のうち60％が生存していたのに比べ、非常に楽観的な人々の約75％が生存していました。2年の時点では、中程度に楽観的な人々と悲観的な人々の25％に比べ、高度に楽観的な人々の約35％が生存していました。しかし、3年目までには、すべてのグループの20％から25％しか生存しておらず、楽観的であることは長期にわたる利益をもたらしていませんでした。

どうやら人々のなかには、楽観性について良くない結果を待っていた人たちもいたようで、そのためか、肺癌の研究結果に対しては人の不幸を喜んでいるとしか言い表せない反応をした人たちもいました。私はウォールストリートジャーナルの記事のコピーを、同僚の教授のひとりが添えた「私のような意地悪な者にも希望がある」と宣言する喜びのメモとともに受け取りました。その記事の題名は、「しかめ面で癌と闘う。研究が、病気を打ち負かす楽観性『ポジティブ思考帝国』の役割に疑心」でした。ニューズウィークはウェブサイトに「楽観性の問題点」という記事を得意げに掲げていました。

これらの強気な見出しには根拠があるのでしょうか？　とりあえず、楽観的な人々の生存の有益性を確証できなかった、ただひとつの研究を考慮に入れないのは容易《たやす》いことでもあります。あなたは私がまさに数ページ前に、楽観性の有益性を証明できなかった心臓病手術の研究のひとつと妊娠の研究のひとつに対してそうしていたことに気づいているでしょう。科学は、この点でスポーツに似ています。どんな試合においてもそうであるように、どんな研究でも、どんなことでも起こりえます。通常はそうではありませんが、負け犬がたまたま本命に勝ってしまう可能性がスポーツと同じように科学にもあるのです。[*5] 完璧な研究などというものはなく、全真実が明かされる研究というのもありません。そのため、楽観性が癌患者の生存期間を延長しないというこの結果についても、楽観性が有益であるという議論が存在するのです。まず第一に、その研究は「しかめ面で癌と闘う」ことが悲観的な人をより健康にさせるとも、長生きさせるとも証明してはいません。その研究が示したのは、生存に対しては楽観性の大きな利益はなかったということだけでした。私が知る限りでは、悲観性が生存に有利であることを証明した研究はありません。しかめ面で癌と闘うことは、必ずしも損害を与えるとは限りませんが、役には立たないのです。第二に、数種類の癌を研究した最初の研究は、楽観性の利益がより若い人々において最大であることを示唆していました。なぜでしょうか？　それは、癌が若い人々の目標や資源に対してより大きな脅威（例えば、彼らが自分の幼い子どもたちが成長するのを見られないかもしれない可能性）となりうるため、彼らのストレスはより大きいのです。ストレスがより若い人々にとって、より年上の人に対して以上に大きな問題であるなら、彼らの生存に対して楽観性の影響はより重要である可能性があります。また、若年の人の癌はより年配の人の癌とは生物学的に異なり、そのため、例えばストレスホルモンにも異なって影響されるということもありえます。頭部と頸部の癌での研究において、ほとんどの人々（75％）は、65歳以下でしたが、肺癌での研究で65歳以下だったのは約半分だけでした。おそらくは被験者たちの年齢差がこれら2つの研究の結果に影響したと思われます。第三に、肺癌は、おそらく研究にはふさわしくない種類の癌でしょう。癌とは実際には、ひとつの病気ではなく、多くの異なる病気です。そのなかには、自律神経系に影響されやすいものもあれば、内分泌系、免疫系に影響されやすいものもあり、おそらく肺癌は、あまり影響を受けないもののひとつなのです。

＊5　ケンタッキーに引っ越してから、私はこの原理に基づいて、勝ち目のほとんどないときにグレーの馬が疾走しだすことに賭けるのを諦めなくなりました（馬がグレーであるのが大事なのは、勝ち目のないものに賭けて全財産を失うのを防ぐためです。鹿毛色、茶色、あるいは栗色に比べグレーの馬がサラブレッドであることはより少ないため、このクレージーな賭けをグレーの馬だけに絞ることは、正気の賭けの範囲にとどめてくれるのです）。賭け事、ソリティア中毒、そして他に生じうる問題行動に関しては、第6章を参照してください。

これらの議論が極めて的を射たものであっても、肺癌の研究を退けてしまうのはまだ早すぎるのです。この矛盾は真剣に受け止めなければなりません。なぜならば、同じように楽観性に関しての一貫しない結果を出している別の疾病があるからです。それはＨＩＶ感染です。ＨＩＶの文献における矛盾が、ある意味、癌の文献におけるものよりも真剣にとらえられなければならないのは、癌研究のいくつかの矛盾の原因（例えば、研究された癌のタイプから生じる）が、ＨＩＶの研究においては問題にはならないからです。ＨＩＶは多くの異なる病気に対して人々を脆弱にさせますが、根本的な病理は同じです。ＨＩＶは、免疫系を指揮、あるいは監督する、ヘルパーT細胞、あるいはCD4細胞と呼ばれる免疫細胞に感染します。この病気が進行するにつれ、これらの細胞の残存数が減っていき、残りの免疫系が指示を待ちながらあてもなくそこに置き去りにされることになってしまいます。結果として、感染が蔓延するのを可能にし、やがて感染した人を死亡させてしまうのです。

楽観性がＨＩＶの進行に対して防御的であるはずであるとする理由に関しての議論は、他の病気に関するものと同じです。楽観性は、より少ない資源喪失につながり、そのためより少ないストレスにもつながり、そしてストレスはＨＩＶの進行を加速させるため、楽観性はＨＩＶの進行を遅くするはずであるというものです。しかし、ＨＩＶの研究において、気質的な楽観性が健康に有益ではないとされる頻度は癌の研究におけるよりもさらに多いようなのです。ＨＩＶ感染の男性らを対象としたある研究によると、気質的な楽観性は、２年間におけるヘルパーＴ細胞の衰退速度とは無関連でした。別の研究によれば、気質的な楽観性は、ＨＩＶに感染している男性らがエイズと診断された後の生存期間の長さとは関連がありませんでした。[*6]

ごく最近になって、ＨＩＶにおける楽観性の有益性の可能性はわずかながら回復してきています。ロサンゼルスの保険診療所でのＨＩＶ感染者らの研究は、より異なる種類の（例えば、女性も含めた）グループによって、血中のＨＩＶウィルスの量（ウィルス負荷）と、およそ18カ月間のヘルパーＴ細胞の変化の予測において、悲観性と楽観性の影響を分離したいくらかより有望な結果を報告しました。このグループでは、より低い悲観性は、より低いウィルス負荷を予測しま

＊6　この研究において、エイズの診断は、重度の免疫抑制が存在しない限り稀な一連の病気（例えば、ある一定の種類のバクテリア感染、気道内の重度のイースト感染、ニューモシスチス・カリニによって引き起こされる肺炎、重度のヘルペス発症）を含んでいた１９８７年のエイズの診断基準をもとにしました。より最新の基準には、これらの病気がない状態での重度の免疫抑制である日和見感染症として知られるものが含まれます。

した。より高い楽観性は、より多数のヘルパーT細胞を予測しましたが、それは中程度までの楽観性の場合にとどまっていました。高度に楽観的であることは、中程度に楽観的であること以上の利益はもたらしませんでした。この研究はＨＩＶに感染している楽観的な人たちの健康の利益を証明した最初のものでした。また、多様に異なる被験者を対象とした別の研究によって、より高い楽観性がより多数のT細胞を予測することがわかりました。

科学的研究の文献における原則は、効果が強烈であればあるほど（例えば、楽観性の健康への効果）研究結果が論文として発表されることがより多くなるというものです。スポーツとの類似性に話を戻すと、そのチームが非常に強ければ、たまには負けることはあってもほとんどの場合は相手チームを負かすはずです。それに対して、そのチームがそれほど強くない場合はたまに勝つだけのはずです。スポーツにおいて、あるチームの強さを判断するひとつの方法は、そのチームがどのくらい頻繁に勝つかを見ることです。科学においては、ある効果の強さのひとつの指標とは、いかに頻繁に研究結果に表れるかです。楽観性の場合に関しては、特に心臓病で、術後の回復において、そして妊娠の場合にも多くの場合にその有益性が示され、楽観性がこれらの状態にかなり強い有益な影響を与えることを示唆しています。しかし癌においては、私たちチームは

3試合のうち2試合しか勝っておらず（そしてそのうちのひとつは引き分けと言ったほうがよいかもしれません）、HIVにおいては、4試合中2勝でした。職業上私は、免疫系が関わってくればくるほど（本質的にはHIVで、時には癌で、末梢では心臓病と妊娠に関して）、楽観性の利益がより少なくなることに気づかずにはいられません。

楽観性は免疫を抑制しうるのか？

ここで、私がその新しい癌の報告を即座には退けることができなかった2つ目の理由が思い出されます。私は楽観性の免疫系への影響を研究しており、楽観性が免疫に対して変わった効果があることを知っているのです。これは、私が簡単に出した結論ではありません。私が楽観性と免疫系を研究し始めたときは、本章で繰り返し述べている前提から始めました。つまりストレスは、免疫系を含め健康にネガティブな影響を与える。そして、楽観性は、より少ないストレスを予測する。したがって、楽観性は、免疫系へのネガティブな影響に対して保護的なはずであるというものです。

このテーマにおける私の最初の研究（ＵＣＬＡでの私の博士論文の調査研究）で、私はまさしくその証拠となるものを発見したのです。ロースクールが始まる前に、より楽観的だった1年目の学生たちは、より悲観的な学生たちに比べて、より多数の免疫細胞とより有益な細胞を持っていました。このことは、主にロースクールに対する楽観性で該当していました。学生たちが、ロースクールでより成功し、希望する事柄を達成するであろうと思えば思っただけ、より多数のヘルパーT細胞を持ち、ナチュラルキラー細胞がより優れた殺腫瘍能力を持ち、そして（程度としてはより少ないが）より多くの細胞障害性T細胞を持っていました。[*7] 気質的な楽観性は、ロースクールに対する楽観性に比べてそれほど有益ではなく、わずかに多い細胞障害性T細胞しか予測しませんでした。これは健康な人々における楽観性、ストレス、そして免疫系の関係を報告し発表された最初の研究であり、科学の領域と大衆誌において高い評価を得ました。

この成功に気分を良くした私は、ケンタッキー大学（ＵＫ）で新しい教員としてスタートを切ったときもこれに沿って調査を続けたいと思っていて、1年目のロースクールの学生たちの予備的データを集め、私の考えが確実なものであることと、私にこの種類のデータを収集する能力があることを証明するためにこれらの予備研究データを使い、楽観性と免疫の大規模な研究のための研究助成金の申し込みに取り組みました。しかしそれらのデータを分析してみてちょっとがっかりしてしまいました。ＵＫのロースクールの学生たちでは楽観性と免疫機能は関連がありましたが、ＵＣＬＡのロースクールの学生たちほどは、２つの関係がそれほど強いものではなかったのです。これについて私は考え込んでしまいました。なぜなのでしょう？　ＵＫの学生たちとＵＣＬＡの学生たちの何らかの違いが楽観性をＵＫよりもＵＣＬＡにおいて重要なものにしていたのでしょうか？

私の最初の（そして、今にわかりますが、ラッキーな）推測とは、ＵＣＬＡは全国中から生徒が入学してくるのに対し、ＵＫでは地元の学生が多いだろうということでした。おそらく学生たちが地元から遠く離れなくてはならないときは社会的ネットワークのような資源を地元に置いてくるので、ロースクールに適応するために自分自身の楽観性により頼らなくてはならなかったことが考えられました。私は、私のＵＫの被験者たちのところに戻り、ロースクールに進学するた

＊7　ナチュラルキラー細胞と、細胞障害性Ｔ細胞は、ヘルパーＴ細胞によって指揮されるオーケストラのメンバーです。これらの細胞は合図を受けると、腫瘍細胞、あるいはウィルスに感染してしまった細胞などの他の「悪い」細胞を殺します。

めに地元を離れなければならなかった学生たちと、すでに学校の近くに住んでいた学生たちとを分けてみました。案の定、地元を離れた学生たちの間で楽観性と免疫系の堅固な関係が再浮上したのです。やりました！　私はその謎を解いたのです。楽観性はより優れた免疫機能――この場合は、皮膚中の免疫攻撃への反応――を予測しましたが、しかし、主にそれはロースクールのストレスに対処するためには楽観性に頼らなければならない学生たちの間においてのことでした。

話の完結を期待していますか？　私が想像したのは、友人や家族の近くにいるためにより社会資源が利用可能な学生たちにとっては、楽観性と免疫の関係は取るに足らないものだろうということでした。悲観的な学生たちは、楽観性の欠如を補うために社会資源を持っているであろうと予想されました。そう考えると、全体の被験者ではそれほどの結果が得られなかったこととの説明がついたのです。ある程度大きな影響（地元を離れた学生たちの間での）＋わずかな影響（地元を離れなかった学生たちの間での）＝小さな影響（被験者全体としての）という具合にです。

全く、私はなんと間違っていたのでしょう。すでに学校の近くに住んでいた学生たちの間でも関連性が見られたというだけでなく、それは堅固で、そしてネガティブなものだったのです。すなわち、地元のロースクールに行った学生たちがより楽観的な場合には、免疫がより低下していたのです。彼らは楽観的であっただけでなく、社会資源も手近にあったという事実にもかかわらずです。

さて、このネガティブな関係がたまたまであった可能性も存在しました。有利な状況下では勝つ見込みのないものでさえも試合に勝つことが可能です。ということで、私はＵＣＬＡでの最初のデータに戻ってみました。驚いたことに、私の記憶にあったよりも多くの生徒がロサンゼルスに住んでおり、私の当初の推測（ＵＫの学生たちはＵＣＬＡの学生たちに比べて地元近くのロースクールに行く傾向が強い）は、間違っていました（地元に留まった被験者の割合はほぼ同等でした）。しかし、私の「まぐれ」の結果は、ちっともまぐれではないことになりました。ＵＣＬＡでは、地元の気質的に楽観的な学生たちは、悲観的な人たちに比べヘルパーＴ細胞がより少なく、地元を離れて来た学生たちにおいては、それと逆のことが当てはまりました。

楽観性の免疫系への多様な影響を観察しているのは私だけではありません。他の２つの研究が、ロースクール以外のところで本質的には同じことを発見しています。１つ目の研究は、大部分がストレスをコントロールするための能力についての実験室での研究でした。この場合は、ホワイトノイズによる断続的な爆音によるものでした。この研究において、第一のグループは、ボタン装置を押すことによってその騒音をコントロールすることが可能でした（このことは、彼ら自身で発見しなければなりませんでした）。第二のグループは、騒音に対してはコントロール不可能でしたが、彼らにもボタンが用意されてあり、誰も彼らにコントロール不可能であることを知らせなかったため、彼ら自身はコントロール可能であると思っていました。第三のグループは、騒音に対してコントロール不可能なうえ、ボタンも用意されていませんでした。彼らは、実験者らが「ただ座って騒音を聞いているように」と指示したためそうしていなければならないと思っていました。この研究における主要な結果とは、人々がその騒音をコントロールできたときには、その騒音は彼らの免疫系には全く影響しなかったということです。その騒音がコントロールできると信じることも、ほぼ同様でした。その騒音をコントロールできなかった場合に限り、ストレスが免疫系（この場合は、ナチュラルキラー細胞）に有害な影響を及ぼしました。

その調査報告書の極めて終わりのほうで付け足されたのは、興味深いちょっとしたニュースでした。これらの変化に対する楽観性の影響の仕方です。人々が騒音をコントロールできたときは、それが実際そうであったにしろ、思い込みだったにしろ、楽観性は免疫系と「期待された」関係にあり、より楽観的な人々はより悲観的な人々に比べ、より多数のナチュラルキラー細胞を持っていました。しかし、全くコントロールできなかったときは、その逆になりました——より楽観的だった人々が持っていたナチュラルキラー細胞は、より悲観的な人々に比べより少数だったのです。楽観性は、ストレスによる免疫系への影響に対し防御的ではありましたが、そのストレスへの対処が容易であるときに限られていました。ストレスへの対処が困難であるときは、楽観性は人々を免疫学的により脆弱にしたのです。

別の論文は、日常のストレスが女性のT細胞総数に及ぼす影響についてを研究したものでした。今回も再び、楽観性は予期せぬ影響を持っていました。ストレスが１週間以上続かなかった場合、楽観性は「通常」の効果を見せました。より高い楽観性がより多くのT細胞に対応しました。しかし、ストレスが１週間以上続いた場合は、再びその逆になったのです。ストレスが長続きすると、楽観的な女性のT細胞は悲観的な女性に比べより少数になりました。実験室での研究と同様に、楽観性は物事が困難でない（すなわち、ストレスがすぐに解決された）場合に限り、有益であるかのように見えます。物事が困難な（すなわち、ストレスがすぐには解決されなかった）場合には、楽観的な人たちは脆弱でした。

孤独なランナー

これら両方の論文は楽観的な人たちがなぜ脆弱であるかとの理由を挙げていました。彼らのポジティブな将来が実現しなかったため、ということでした。研究者らは、楽観的な人たちがストレスをコントロールできなかったとき、あるいは短期間で解決できなかったときなど困難な状況に遭遇したときは、彼らは基本的に取り乱し、彼らの免疫系が損害を被るのだと考えたのです。

この説明は、2つの極めて基本的な理由から、私には賛成できません。第一の理由は、楽観的な人々は、通常あらゆる種類のストレスのもとでも心理的にうまくやれるということです。第二には、研究のなかには、良くない医療的な通知などを背景として、物事が悪い方向に行ったときに楽観的な人間がどうなるかということに着目しているものがあるためです。ある研究では、カップルたちが体外受精を受ける前に楽観性を測定しました。普通カップルが不妊治療を受けることになるまでには、パートナー同士が妊娠するために感情的にも経済的にも多大な投資をしてきています。しかし、体外受精という治療措置は当てになるというには程遠く、それが成功するのは3回に1回だけで、将来の母親の年齢が上がるほど、成功の見込みがより低くなるのです（アメリカ妊娠協会によると、女性が40歳以上である場合、成功の見込みは10回に1回以下になるそうです）。楽観性に関して最も重要なのは、将来の両親が自分たちの妊娠の成功に影響を及ぼすためにできることはほとんどないため、それが基本的にはコントロール不可能な治療措置であるということです。楽観的な人たちが、コントロールできないストレス下で取り乱しやすいのであれば、ここでこそ、それが現れてくるはずです。その研究から実際にわかったことは、体外受精の試みが失敗したときに楽観的な人々はより回復力に富んでいたということです。ポジティブな将来が現れないとき、悲観的な人々は、はじめからポジティブな将来など確信していなかった――にもかかわらず、最も落ち込んでいた人々でもありました。

失望がその答えでなかったとすると、それでは、友人や家族の近くにいる楽観的な学生たちの免疫がより低下してしまうのはなぜかということを解明する必要がありました。この影響は楽観性と社会資源が二重の保護を提供する、という考え全体に反するものであり、この場合は両者がお互いを相殺するように見えたからです。最も有益な解決の糸口は、最も古い私のデータにありました。この博士論文に取り掛かる前、私はロースクールの学生たちから、ロースクールの何が

最もストレスになるかについてのいくつかの質問紙を収集していました。ロースクールで最もストレスとなる事柄のトップ7は、

7. 内容の難しさ
6. 余暇の時間が不十分
5. 家族と友人との時間が不十分
4. フィードバックの希少さ、あるいは不足
3. すべての題材を学ぶには時間が不十分
2. 題材についての準備、あるいは勉強の仕方がわからないこと
1. 勉強に要される時間の量

明らかに、中にはロースクールにしか該当しないロースクール的側面もあります。題材が難しく（#7）、そしてそれがほとんどの生徒らが初めて目にする書式（法的書類）と、彼らが理解できない言語（res ipsa loquitor〔訳注：過失推定〕とは一体何のことでしょう？）で登場します。

これがどれほど狼狽させられるものでありうるかについての詳述を希望するのであれば、そして特に学部講義でこれらの内容を比較的容易に修得し、それゆえロースクールに入ったという学生たちも、ハーバードロースクールでの最初の年についてのスコット・トゥローの解説、One L（邦題は、『ハーバード・ロー・スクール―わが試練の一年』）をお読みください。彼は、法的題材の修得において当惑させられる経験を次のように言っています。

振り返ってみて、当初私を途方にくれた気持ちにさせたことのひとつは、自分が読んだり、聞いたりしていることをほとんど理解できないという事実であったことは明らかだ。我々が経験していたのは、自分が話さない言語とそれを使って1日16時間読み、考えることを強要される、「法律」におけるベルリッツの暴行か何かのようであった。

ロースクール1年目の学生にとって特に困難なロースクールの別の側面とは、通常期末試験まで成績が全く出されないという事実（#4）です。これらの学生のほとんどが、授業でほぼすべてA（もしオールAでないとすれば）をとることに慣れていますす。そんな彼らが今はその題材と格闘しており、正しく理解しているかどうかも定かでなく、それがわかったときは手遅れ（すなわち、期末試験後）なのです。1年目の成績は、法律雑誌（その学校の法律の定期刊行雑誌の編集委員会発行）に載ったり、あるいは1年目と2年目の間の夏休みに良い仕事を得たりといった卒業後の良い仕事への踏み石となる事柄に大きく影響するため、自分が良い成績をとるかどうかわからないということは、1年目の生徒たちにとって特別なストレスになるのです。さらに悪いことには、ロースクールの教授らは厳格なカーブ評価に従って成績をつけるので、そのクラスが全体として出来たか出来なかったかにかかわらず、Aをとれるのはある一定の割合の学生たちだけなのです。これによって、学生たちは、その題材に対する自身の修得についてだけでなく、自分が他の学生全員と肩を並べているかどうかについても考えを巡らせることになります。これまで見てきたように、これらの社会的比較は有益なこともあります（上を見て感化されたり、あるいは下を見て慰められる）が、それらに打ちのめされてしまうこともありえます（上方、そして下方との比較によって感じる脅威）。

これらは、ロースクールが大きなストレスとなる理由の重要な側面ではありますが、上位7つのなかで実に目立っているのが、「時間」なのです。課題が難しくしかも量的にも多いため、ロースクールの学生たちは授業以外に平均して週40時間を勉強に費やしています。（それがどれくらいの時間に相当するかを考えてみると、40時間というのは、週日の毎晩４時間と週末のそれぞれ１日10時間ということになります）。自由時間などほぼありえません。それゆえ、ロースクールのストレスの多くが、１日には一定の時間しかないという事実と、ロースクールに要求される時間（＃１、＃３）に加えロースクール以外でのあらゆる生活（＃５、＃６）もそこに組み入れるという難しさから生じているのです。ここで、私の研究におけるひとりのロースクールの学生による期末試験前１週間の記述を紹介します。

明らかに最もストレスになるのは、期末試験の準備です。何週間も通して、することといったら、朝は出来るだけ早く起きて本を開くことですから。そして最終的に実際にテストを受けに行くまで、毎日、一日中読むんです。それが最もストレスになることのひとつだと思います。なぜなら、特に学期の終わりには、他のみんながクリスマスの準備とか他のことをしていたりするわけですから。でも、自分は朝起きたときから夜寝るまで勉強しているんです。それが最もストレスになることでした。

そしてここで困難が生じるのです。というのは（ご存じのように）ロースクールで成功するということは、しばしばロースクールの学生たちの最上位の目標ではありますが、唯一の目標ではないからです。特に学生が楽観的な場合、それだけが最上位の目標というわけではありません。ロースクールの学生も皆と同じくスポーツをしたり、映画に行ったり、友達と出かけたり、あるいは家族と過ごしたりする時間が欲しいのです。結果として、ロースクールの目標とロースクール以外の目標の衝突となるわけですが、その衝突の程度は学生が地元を離れているかどうかによります。ロースクールに行くために地元を離れている学生たちにとっては、特に友達や家族と過ごすことなどに関する彼らの目標をその過程ですでに大きく変えることを余儀なくされています。移住した学生の目標は、毎週末友達と出かけることの代わりに、昔の友達とメールで連絡を取り合うことに変わっているかもしれません。それらの2つの種類の目標は、時間的に非常に異なる要求をします。その結果、地元を離れているロースクールの学生たちは、ロースクール以外のことに費やせる限られた時間のために生じる目標間での衝突を免れることになります。地元を離れていないロースクールの学生たちは、より大きな衝突を経験することになるのですが、楽観性が免疫にネガティブに影響するように思われた学生たちとはまさしく彼らのことなのです。

私には、彼らがロースクールと課外活動の両方で後れをとらないよう努力していては疲れきってしまうだろうと思えました。しかし、楽観的な人たちがするであろうこととはまさにそれなのです。楽観的な人の決定的な本質というのが目標への従事だとすれば、これらのロースクールの学生たちに見られたものは、衝突するいくつかの目標を追求する際の従事と根気による身体的犠牲である可能性がありました。

あなたがロースクールで最初の学期を経験していることを想像してみてください。あなたはロースクールの要求を抱えていますが、毎週木曜日の夜にビールを飲み、ダーツをするのに集まる友人らのグループにも入っています。地域のバンドでも演奏していて、リハーサルをするのは水曜の夜です（実は、このリハーサルに合わせるためにダーツを木曜の夜にしています）。そしてあなたの両親は30分離れたところに住んでいてほぼ隔週の週末ごとにあなたに会えるものと思っています。あなたならどうするでしょう？　ここであなたにあるのは次の３つの選択肢です。

1. やるだけです。これらのことをできるかぎりたくさんしなさい。削減しなくてはならない活動もあるかもしれませんが、また時にはくたくたになってしまっても、人間的に可能な限りやるのです。

2. ロースクールにそんなに気合を入れないことです。毎日、そしてもちろん毎週末図書館で過ごすほどの価値はないと決心するのです。

3. 活動の多くを諦めることです。バンドをやめ、ダーツをする夜を減らし（時には、最後の最後のほうで少しだけ顔を見せるなどして）、両親に会うのは月1回にします。ロースクールの勉強をすべてやったうえで息抜きの時間までとるにはそれしかありません。

あなたがもし、ポジティブな将来が可能なだけでなく、起こりそうであると信じるなら、1番の選択をするのではありませんか？　楽観的な人たちは、自分たちの学業成績に高い期待をしているので、ロースクールを諦める（選択2）可能性はなさそうです。第4章にあったように、彼らは社会的目標も優先させるため、社交活動を諦める（選択3）可能性もなさそうです。彼らは、自分たちがすでに投資してきた資源――地位（ロースクールでの成果）と社会的なつながり（友人、家族、音楽仲間との近しい結びつき）を守ろうとして、基本資源――時間とエネルギー――を浪費する傾向にあるのです。しかしながら、エネルギー的な資源を浪費しすぎると、免疫系を犠牲にはするかもしれません。

つい先ごろ、医科大学での催しでの私の講演を聴いたある女性が私に楽観的な人がいかにして免疫抑制的でありうるのかについてもっとよく説明してほしいと頼んできました。私が彼女に最近したことのなかで最もストレスになったことを挙げるように言うと、彼女はそれが浴室の改装であると言いました。おそらく言うまでもないと思いますが、改装とはその人が楽観的でなければ決して着手しないような種類のことです。改装したことのある人なら誰もが、それが極度に骨の折れることで、かかるはずだった期間の２倍を要し、３倍の費用がかかるものであることを知っています。それでも、浴室が新しくなることがすばらしいことであると確信すれば、新しい浴槽にゆっくりつかるという最終的な利益を得るために短期間の文字通りのコスト（費用）と隠喩的なコスト（労苦）を進んで支払うことでしょう。

私の同僚による次の例はおそらくあまり笑えるものではありません。ある電話での会話のなかで、彼女はもっと早く連絡を取らなかったことを謝り、少し忙しかったのだと説明しました。あくまでもそれは控えめな言い方だったのです。判明したのは、彼女が新しいクラスを教えていて（莫大な量の準備を要する）、家の改築に取り組んでいて（テーマが見えてきました）、認知症に苦しむ母親の介護状況を変えようと、多くの施設を訪れ話を聞いてまわっていたということでした。これらの長々とした課題を列挙した後、彼女は一瞬間をおいてから、「でも、それが達成されたときにはすべてが素晴らしいことになるわ」と言ったのでした。究極の楽観的な人間の発言です。楽観的な人間が自分の思い描くポジティブな将来を実現するためには、ストレスいっぱいで精根尽きることも厭わないことを彼女が明白に証明しています。

その一方で、もしあなたがポジティブな将来が起こりそうもないと確信するなら、その過程がストレスいっぱいで精根尽きるものであるときや、その可能性があるときには、目標追求を避けようとする傾向が強くなるでしょう。もしあなたが悲観的なロースクールの学生であれば、自分自身が疲れ果ててしまわないために、ロースクールか、学校以外の活動か、あるいは両方をいくらかずつ諦めるでしょう。ネガティブな将来のためにどうして自分をすり減らすことがあるでしょうか？　当然ロースクールでの成功の可能性、社会的なつながり、あるいはその両方のいくらかずつを放棄するでしょう。それでも、少なくともあなたの免疫系は調子良く機能してくれるのです！

楽観性と健康――エネルギーの危機？

どうやら楽観的なロースクールの学生が進んで費やす資源は、エネルギーということになってきました。楽観的な人たちが、彼らの他の資源を使うということにおいて普段はけちであるとすれば、それらの資源を保持するために使うエネルギーについては、彼らはポジティブに大盤振舞いをすることになります。残念ながら、エネルギーの低迷に際して身体がすることといえば好都合なことばかりではありません。

ひとつには、免疫系はエネルギーを大量消費するため、マルハナバチからプレーリーネズミまで、動物はエネルギー資源（食料資源など外的なものであっても、脂肪の蓄えなどの内的なものであっても）が少ないときは免疫機能の低下を被ります。十分に行き渡るエネルギーがないときに脳や心臓などの必須の組織が優先されることになるのは、たとえそれが賭けではあっても、完全に機能する免疫系がなくても生きることが可能なのに対して、残りの身体を操作する脳や、あるいは身体をめぐる血液を送り出す心臓がなくては生きていけないからです。

ここでのキーとなる言葉は、完全に機能的です。免疫系からエネルギーを逸らすこの再転換は、進化したメカニズムであると推定されているため、最終的には生存と生殖を促進する状況で生じることになっています。マウスの研究がこれを確証しており、エネルギーの有限の貯蔵を分配するということになると、生殖と生存を促進する目標――つがい獲得のための競い合い、子どもの世話、巣箱や棚などの資源を守ることなど――は、免疫系よりも優先的になりうるのです。これは、完璧に進化的な意味を持っています。結局のところは、何もせずにいて完璧な免疫系を持っていても、子孫の数と質に関わる進化適応のためにはあまり良い戦略ではありません。その反面、免疫系が弱まりすぎ、病気になり死んでしまっては、子どもたちもそう長くはもたないでしょう。必要なだけのエネルギーが、機会を最大限に利用するために免疫系から持ち出されなければならないのですが、あなたを死に追いやるほどではありません。このようにバランスを保ちながら、大きな衝突を抱える私たちの楽観的な学生たちの間においても、誰も致命的な病気になったり、死亡してしまうようなことはありませんでした。免疫学的に言えば、おそらく楽観的な学生たちは崖っぷちに立たされてはいるのですが、どうにか皆、絶壁からは安全な距離を保っているようです。免疫抑制は理想的な状態ではないかもしれませんが、その状況にあっては最良の選択かもしれません。

しかしながら、人によっては、その選択が最適ではないかもしれない人々がいます。免疫系に関する良くない知らせは、それが比較的早く老化してしまうということです。50代、60代、70代、そして希望としてはそれ以上生きることですが、年をとるにつれ私たちの免疫系は次第に反応しなくなっていきます。私たちは次第にインフルエンザや肺炎などの感染症にかかりやすくなります。年配者がインフルエンザの予防接種の優先権を得るのはこのためです。楽観性に関して言えば、楽観性がより年のいった人たちよりも、より若い人たちにとって健康的なものであるかもしれないことを癌の生存研究が示唆しています。この違いについての考えられる説明としては、より年配の人たちの免疫系では、エネルギーの費用を負担し免疫的にきわどく生きることはより困難であるということがあります。そのうえ、生殖期間をほぼ終わった年配者だけに有害というのであれば、他の目標を追求するためにエネルギーを免疫系から逸らすというメカニズムの進化が鈍ることはありえなかったのです。というのは、そのようなメカニズムが健康面での犠牲をもたらすころには、それを指示した遺伝子はすでに子孫に渡ってしまっていることになるからです。

免疫抑制に加え、低エネルギーは、コルチゾールが分泌されると身体に有害な影響を及ぼすかもしれません。生理心理学者らがストレスとコルチゾールの分泌を同一視する習慣があるのは、それがコルチゾールの分泌が研究される主要な背景であるためです。コルチゾールは、闘争か逃走かのホルモンのため、ストレスホルモンと言っても正しいのです。しかし、この限られた定義は、戦うか逃げるかそのものを提供するのではなく、グルコースの分泌とそれによるエネルギーの供給を促進するというコルチゾールの基本機能から逸れてしまっています。ストレスに晒されているとき、身体はより多くのエネルギーを必要としますが、他にもそのようなときがあります。例えば、実験によって健康な人々の睡眠時間を変化させたとき、睡眠が制限された後にはより高いコルチゾールの分泌が生じました。睡眠によってエネルギーが完全に回復しなかったとき、それを補うためにより多くのコルチゾールが分泌されたのです。

私とリースが行ったアナグラムを使っての根気の研究（第2章を参照のこと）では、エネルギッシュな要求に反応したコルチゾールの分泌を実証しました。より楽観的な学生たちがより悲観的な学生たちに比べかなり長くアナグラムに取り組んだ（最初の解答不可能なアナグラムにおいては約50％、全部のアナグラムを合わせると約20％長く）ことを思い出してみてください。私たちがこの実験によって答えが出されることを願っていた主要な問いとは、当初の根気の研究における特別な期待と同様、気質的な楽観性が根気を予測するかどうかということでしたが、それはその通りでした。しかし私たちには、楽観的な根気は身体的な犠牲のうえにあるのかどうかという別の疑問がありました。

アナグラムの研究を計画し始めるころには、私はロースクールの学生たちの間で、またロースクールの学生と医学部生の実験室の研究においても、楽観性が免疫学的な犠牲をもたらすのを観察していました。その研究において、２人の大学院生と私は、楽な状況と困難な状況における楽観性と免疫機能の関係を調べました。楽な状況とは短い休憩時間のことで、困難な状況とは意味のない数（１３１７のような）から始めて別の意味のない数（７のような）を次々に引き算をして答えを言っていくことでした。さらに、参加者たちがその困難な課題ができればできるほど、課題はより馬鹿らしいものに難しくなっていき（４６７２から始めて13ずつ引く）、彼らにとってはその困難さのレベルに慣れることも、それをコントロールすることも全く不可能でした。他の楽観性の研究同様、楽な状況では、楽観性はより高い免疫機能と結びついており、困難な状況では、楽観性はより低い免疫機能と結びついていていました。

私にとって再びラッキーなことに、[*8] ある同僚と彼の大学院生のひとりがロースクールと医科大学に通う人々の性格に関心を持っており、彼らの研究におけるすべての人々の広範な性格の一覧表を出してあったのです。性格のデータのおかげで、楽観性と関連する2つの性格特徴を調べることができました。第1章を思い出してみると、神経症傾向はネガティブであることで、誠実性は目標に対して勤勉で従事していることです。ストレスを不幸やネガティブなこととして考えると、より高い神経症傾向からはストレスの徴候（免疫の変化など）がより多く予測されることになります。一方、ストレスを努力として考えると、より高い誠実性からストレスの徴候がより多く予測されることになります。私たちがこれらの他の性格のデータを一緒にしたときに、データが示したのは、楽観性の影響は、神経症傾向のものではなく誠実性の影響に近いということです。楽観的な参加者らの免疫系が課題によって抑制されたように見えたのは、彼らがより懸命に取り組んでいたからであって、それが苦痛だったからではなかったのです。

したがって、リースと私がアナグラムの研究を計画したときには、免疫抑制が悲観的な人よりも楽観的な人々の間に見られる理由としてすでに尽力とエネルギーについて考えていました。我々が特に知りたかったのは、目標従事、努力、そしてエネルギー消費の身体的な犠牲は何かということでした。私たちは、人々がそれぞれアナグラムに取り組んだ時間を測定した後、彼らに自分がとばした問題やできなかった問題に戻ってもらい、全員を20分間取り組ませました。[*9] それから、その課題後の彼らの身体的な回復を測定しました。アナグラムの課題により従事していた人々——自分で気づいている楽観的な人——は、次の課題の後でもコルチゾールが上昇していました。これは、身体がアナグラムに費やしたエネルギーを回復しようとしていたことを意味しています。

これらの実験室の課題は楽観的な行動の一側面にすぎませんが、極めて興味深いことを指摘しています。より懸命に取り組み、より多くのエネルギーを使うことによって、楽観的な人たちはていきます。

＊8　あなたは、成功する研究プログラムというのは連続するラッキーな機会によるものだと思い始めているかもしれません。たいていにおいてそれは、読むこと、聞くこと、考えること、そして熱心さにかかっていますが、偶然の発見はもちろん物事を早く進めるのに役立ちえます。

＊9　私たちがこのようにしたのは、単により長時間の取り組みによる身体への影響だけではなく、アナグラムをしている最中のその人の精神状態の身体的反応への影響に関心を持っていたためです。より長時間の取り組みが、よりはっきりとした身体的な結果をもたらすことはそれほどの驚きではありませんが、誰もが同じ時間取り組んだ後で、その課題によりのめりこんでいた人たちに、よりはっきりとした身体的反応が見られるということは、驚きに近づき始めたとは言えるでしょう。

コルチゾールのレベルを上げ、免疫機能を低下させることがあるということです。健康への影響ということに関しては、コルチゾールがなぜ生産されるかは問題ではありません。困難な状況（努力、あるいは尽力）に反応して生産されたコルチゾールが、脅威的な状況（闘争、あるいは逃走）に反応して生産されたコルチゾールと違ったように身体的に影響するわけではありません。ある程度長い期間生産されれば、どちらにしても免疫系を抑制し、脳細胞を死滅させるなどということになるでしょう。

それならば振り返ってみて、楽観性と健康の関係において矛盾のように見えたものは矛盾でも何でもないかもしれないことになります。結果としては、それらを結びつける2つの経路が存在するということになります。人々（私を含めた）が最初に考えつくのは、楽観性の心理的ストレスへの効果です。楽観性は、積極的なコーピング、目標に向けた前進、そして資源の維持を促進する傾向にあり、それによって今度はネガティブな気分の状態を防ぎ、ポジティブな気分の状態を促進し、社会的メーターの針を「満タン」に保ちます。心理的ストレスを避けることは、交感系の活動（闘争か逃走かに備えた心拍数や血圧などの上昇）やコルチゾールの分泌を低下することで、身体的に有益でありえます。もうひとつの経路は楽観的な人々が困難、衝突、ストレスなどに従事し、克服しようとする心理的な、そして行動的な傾向に関係しています。この経路は、エネルギー的には高くつきます。その人が若かったり、健康だったり、あるいはその両方であるなら、おそらくこの犠牲を払えるでしょう。もしそうでない場合は、エネルギー的な犠牲が心理的な利益を差し引いてしまい、楽観性の健康への効果はゼロになってしまうかもしれません。すべては、どちらの経路が研究対象となる人々の最大効力と特定の脆弱性を伴って作用しているかにかかっているのです。

第6章 すべて善、特に悪いことは
――楽観的な人の脆弱性

楽観性〔名〕 醜いものを含むすべてのものを美しいとし、すべては、特に悪いことは善であり、間違っているすべてが正しいとする主義または信念……盲信のため、反証によっては変えがたい――死ぬまで手の施しようのない、知的な障害。遺伝性があるが、幸いにも感染性はない。

――アンブロース・ビアス 『悪魔の辞典』(1911)

私が気づいたのは、ほどんどの人々が楽観的な人間でありながら、それと同時に彼らが楽観性は見せ掛けであると信じることに驚くほど異議がないという興味深いパラドックスです。楽観的な人々が困難な目標を精力的に追求するときに起こる免疫抑制は、楽観性が何らかの脆弱性を伴うことをほのめかしてはいますが、私の経験から言えば、その脆弱性はある種の人々がしきりに信じたがっているほどのものではありません。例えば、私がジャーナリストに説明するようにしているのは、楽観的な人たちが悲観的な人たちに比べてより免疫抑制になりやすいということはなく、なぜならそれは彼らのポジティブな信念が彼らを失望に備えさせるからであるということです。しかし、公表される記事は、良くない医療関連の知らせを受けたときに楽観的な人々がいかに気落ちし打ちひしがれるかなどといったことについて少なくとも1、2行を含んでいることが極めて多いのです——これは、私が伝えようとしていることや科学論文にあることとは全く反対のことです。

その一方で、すべての状況においても常に利益を与えてくれるような確実な性格特徴は存在しません。いかなる種類の性格特徴にも弱点があります。楽観性について考えるとき、私は結果的に幸福をもたらす、目標への従事と根気につながる将来についてのポジティブな一連の信念に注目しています。他の人々のなかには、楽観性を否認、無知、脆さから生じる、あるいはそれらにつながる、将来についてのポジティブな一連の信念として見ている人がいて、その人たちは、たとえその脆さを越えたところにある従事性や根気強さを考慮してみたところで、それらの特質が必ずしも好ましいわけではないと信じています。おそらく彼らは楽観的な人が根気強いというよりは頑固で、壁に頭を打ち付けたり、無駄なエネルギーを費やしたり、免疫系を危険に晒しさえする特性を持つ人々であると推測をしているのでしょう。

幸いにも、このパラドックスを解決する研究データが存在します。いくつかの研究は、まず、楽観的な人々がネガティブな情報――危険、脅威、あるいは手の施しようのないこと――に対して払う注意が不十分であるのかどうかについて、そして、第二には、やめることが賢い選択であるときにも楽観的な人が進み続けるのかどうかについて調査しています。これらの研究は、楽観的な人は懐疑者たちが信じたがっている種類の脆弱性を持たないことを示していますが、楽観的な人がある面においてはより脆弱であるのかもしれないことも示唆しています。ここで楽観的な人のように、次章へ、そしてあなたの楽観性とそれに伴う好ましい特性を最大化しうる人生改善へと突き進む前に、いったん立ち止まり、その過程において犠牲が存在するかどうかを考慮するのが賢明のようです。

バラ色のメガネが視覚を歪める?

彼にとっては、今ここがあらゆる世界においての最高であり、あらゆる時代においての最高である。彼は、混乱や悪魔は信じない。しかし、そのような慢性的で不屈な楽観性は、エマーソンのような人物では好ましい側面しか表にあらわれないが、人民にとっては危険な信条である。それは、道徳的考慮や個人的責任に対する致命的な無関心さへと退廃してゆくのである。

――アメリカの楽観主義者、ラルフ・ワルド・エマーソンの船上の連れ

楽観的な人々は、ポジティブな将来を期待し(第1章)、自分自身と自身の人生について好ましく感じています(第4章)。でもそれが常に最善の戦略でしょうか? あなた自身とあなたの将来についてのポジティブな信念があなたを堕落させてしまうことも考えられます。あなたが優れた運転手であると確信することは、あなたをより速く、シートベルトをせずに運転させることにつながりえます。自分は心臓発作を起こさないだろうと確信することは、運動、あるいは食事

レミングたちは信じる

ポジティブな期待は人々を堕落させうるのでしょうか？

管理が必要ないとあなたに思わせ、依存になることがないだろうと確信することは、依存性のドラッグを試してみることにつながりかねません。

さらに気がかりなのは、人々が、性病、糖尿病、あるいは熱中症のような、自身の行いによって防ぎうる事柄に関して最も楽観的であるということです。これらの問題は、安全なセックスをし、身体に良い食事をし、運動し、日光に当たらないことで防ぐことができます。もしこれらの問題を抱える可能性についての楽観的な信念があなたを不注意にさせてしまうとしたらどうでしょう？　自分が熱中症にはかからないと思うことによって、過熱状態や脱水状態寸前の徴候に対して鈍感になってしまうとしたらどうでしょう？　これではむしろ楽観性が皮肉な結果を招いてしまうことになります。まさに回避しうる種類の問題を経験する可能性を楽観性が高めてしまうことになるのです。

第2章に、脅威に注意を払い問題について思い悩むことが実際にはあなたを守っているとあったことを思い出してください。茂みの中にトラがいるのではないかと見渡したり、あるいは、うまくいっているときにまずいことが起こっていないだろうかと考えるのに時間を費やすことは、血まみれの対決を避けたり、または問題の解決法を思いついたりすることにつながります。それと同様に、問題に対する脆弱感はそれに対する心配を助長し、心配はそのリスク（とその心配）を減らそうとする行動の改善への関心を高めることにつながりえます。それとは対照的に、性病や癌などの病気に対する脆弱性を最も感じていない人たちは、それらの病気の予防法に関した記述からの情報取得に最も関心が薄い人たちでもあります。少なくとも少しは本気で心配すべき事柄の例というのは多くあります。なぜなら、その心配はガソリンが少なくなってきたら補給するとか、ズボンがきつくなってきたら食生活に気をつけるとか、あるいは（大学の教員が）終身在職権の評価時期が近づいたらより多くの論文を書く、などといった動機づけになりうるからです。

楽観的な人たちが自分たちのズボンがきつくなってきている兆しに注意を払わなかったら、彼らはそのズボンが全くはけなくなってしまうまでシュークリームを食べ続けるかもしれません。また、あなたの注意力は多くの面で有益で、そのすべてがウエストの問題と関係している必要はありません。脅威に対して注意をほとんど払わなくても、また払いすぎても、問題をはらむ可能性があります。おそらく楽観的な人たちは、悲観的な人たちほどには注意深くないにしろ、危険に対して適度な注意を払っているのです。

世間はあなたの注意を引きうる物事で溢れていますが、日常の見るもの聞くものすべてに注意を払っていたら、瞬く間に圧倒されてしまうことになります。これを防ぐために、あなたの脳は不適切に見える事柄と、重要に見える事柄をふるいにかけます。これは、ほとんど無意識におけるプロセスです。あなたはすべてのものに目を向けたうえで、注意を払うものと払わないものを意識的に決定しているのではありません（ソファの下の、わたぼこり？　注意？　しません。ソファの下の、ウサギ？　注意します）。そうではなく、脳が重要であると「決定を下した」ものはフィルターを通過し、不適切とされたものは通過しません。親になると、交通騒音、テレビの音、雷に目を覚ますことはなくても、隣の部屋から子どもの咳が聞こえただけですぐさま目を覚ますようになります。[*1]

楽観的な人は彼らの環境からのポジティブな入力だけが通じていて、ネガティブな入力はすべて除外してしまうのでしょうか？　注意のフィルターは無意識のものであるため、その人がポジティブ、あるいはネガティブなことのどちらにより注意を払うかを人々に尋ねることはできません。人々が知らぬ間になんとかしてこっそりわからない方法で、彼らの関心の偏向（例えば、ポジティブ、あるいはネガティブな信号に関心を向ける傾向）を測定しなくてはなりません。これには多くの興味深いやり方がありますが、私の好奇心をかきたてるのは情動的ストループテストと呼ばれるものです。

通常のストループテストは、脳の前頭葉の主要な働きである自動的な衝動の抑制度をテストするものです。この機能がないと、あなたはすべての衝動にしたがって行動することになり、普通であれば笑いものになってしまいます。[*2]通常のストループテストでは、異なる色のインクで書かれた色を表す言葉のリストを受け取ります。ある言葉を見たときの自動的な反応は、その言葉を口にすることです――緑という言葉を見ると、反射的に緑を思い浮かべます。しかし、ストループの課題におけるあなたの課題は、その言葉自体（緑）を口にすることを抑制し、その言葉が印刷されているインクの色（赤）を口にすることです。あなたは、自動的な反応を抑制し、別の反応をしなければなりません。これは驚くほど難しいものです。あなたも、いろいろな色のペンかクレヨンで、その色の名前とは一致しない色で（緑という言葉を緑のインクで書かずに）3つか4つの色の名前（緑、青、赤、のように）を繰り返し書いた比較的長めのリストを作ることによってこれを試すことができます。それから、インクの色をできるだけ速く言っていってください。インクの色を速く言うことができればできるほど、その言葉を読む衝動をより抑制できていると

＊1　私の祖母は、晩年になって視力だけでなく次第に聴力も失っていきました。それでも、私が喉のいがいがから咳をし始めると、たとえ私が別の部屋にいて、彼女がボリュームをめいっぱい上げてテレビのニュースを「観ていて」も、なぜかしら私の咳が聞こえていたのです。私は、これは親のフィルター関連の現象のひとつではないかと思っています。

＊2　この効果で最も有名なのは、フィネアス・ゲージの例です。これは鉄道工事の現場監督であった彼が火薬の装填に使用していた棒が高速で彼の一方の前頭葉に向かって飛んできて、彼の頭を貫通し、離れたところに落ちたという事故です。彼は命をとりとめましたが、彼の性格は劇的に変わってしまいました。彼の友達が言うには、彼は事故前は穏やかで働きものでしたが、事故後は下品で、非礼で、気まぐれで、衝動的になったということでした。彼は鉄道の仕事を失い、どうやら元の性格を取り戻すことなくそれから12年後に亡くなったそうです。

いうことです。

情動的ストループテストもほぼ同じなのですが、違うところは計画の段階で異なる色のインクで色の名前を書く代わりに、感情の特質を書くということです。新しく親になった人には、ある一定の音（泣き声や咳）が他の音（雷や交通騒音）よりも反射的に注意を引くのと同じで、精神のフィルターのあり方によって、色の名前を述べようとすると、無意識に注意を引く言葉とそうでないものがあります。いったんその言葉に注意が引き付けられると、その言葉から注意を引き離してインクの色に戻すまでに時間がかかります――ほんのわずかですが、それでも時間に変わりありません。したがって、あなたの注意を引いた言葉は、あなたがインクの色を言うのをより遅くします。その逆で、その言葉が注意を引かなければ、そのインクの色のリストをより速く読みあげることができます。

進歩のサインなど環境のなかのポジティブな兆候や、そして脅威などのネガティブな兆候に対して人々がどれだけの注意を払うかということに気質的楽観性が影響するか否かを見るには、情動的ストループテストが理想的であると思われます。私は、学期の初めに学生たちに楽観性の質問紙に答えてもらいました。その学期の後になってから、学生たちは私の実験室に来て、その研究が楽観性に関するものだとは知らずに一連の情動的ストループテストを受けました。ひとつは、失敗、脅威、死などのネガティブな言葉からなり、ひとつは、成功、幸せ、愛などのポジティブな言葉からなり、ひとつは、ハンマー、ドライバー、ペンチなど実在する道具の名前からなっていました。それから私は、彼らの楽観性のレベルと、彼らが何でもない道具の名前に比べてポジティブ、そしてネガティブな言葉が書かれているインクの色を言うのにどれだけゆっくりになったかということとの関係を検討しました。何でもない言葉と比較して、ポジティブな言葉の色をより遅く言うということは、環境のポジティブな側面に対する特別な偏向を示唆し、何でもない言葉と比較して、ネガティブな言葉の色をより遅く言うことは、環境のネガティブな側面に対する特別な偏向を示唆します。

271ページのグラフが結果を表しています。[*3] すでに予測されたかもしれませんが、より楽観的な人々はネガティブな言葉よりもポジティブな言葉に注意を払っており、より悲観的な人々はポジティブな言葉よりもネガティブな言葉に注意を払っています。しかし特別興味深いのは、ポ

＊3　私たちがこの研究を発表してから、アンドリュー・ギアー博士とトレド大学の彼の学生たちは、彼らの研究において同様の結果を得ました（こちらのチームが、もう1点獲得です）。

ジティブな言葉とネガティブな言葉に対するバイアスの絶対量です。最も楽観的な人々でさえネガティブな言葉にいくらかの注意を払っていました。悲観的な人々はそれよりも多くの注意を払っていたというだけのことです。

環境のなかのネガティブで脅威的な刺激に注意を払うことは重要であり、そのため懐疑者たちがそれをしないことが危険でありうると言うのは理にかなっています。しかし、彼らが、楽観的な人たちは全くそれをしないと主張するのは間違っています。自分自身にこう訊いてみてください。ネガティブなことにどれだけの注意を払うのが健康的でしょうか？　ネガティブなことに固執して、それから離れられなくなってしまうときには、注意の払いすぎということもあります。心配しすぎる人々は問題を解決せず、過去に起こった取り消せない事柄など解決不可能な問題にさえ固執してしまう可能性があります。彼らは、ネガティブな考えから離れることができません。悲観的な人たちには心配症の傾向があります。楽観的な人と比較して、彼らは間違えたこと、具合の悪いこと、将来うまくいかないおそれのあることについて考えることにより多くの時間を費やします。環境におけるネガティブな兆候を見つけることにかけての彼らの著しい偏向は、実際以上に彼らがうまくいっていないと彼らに確信させてしまうことになりさえするかもしれません。

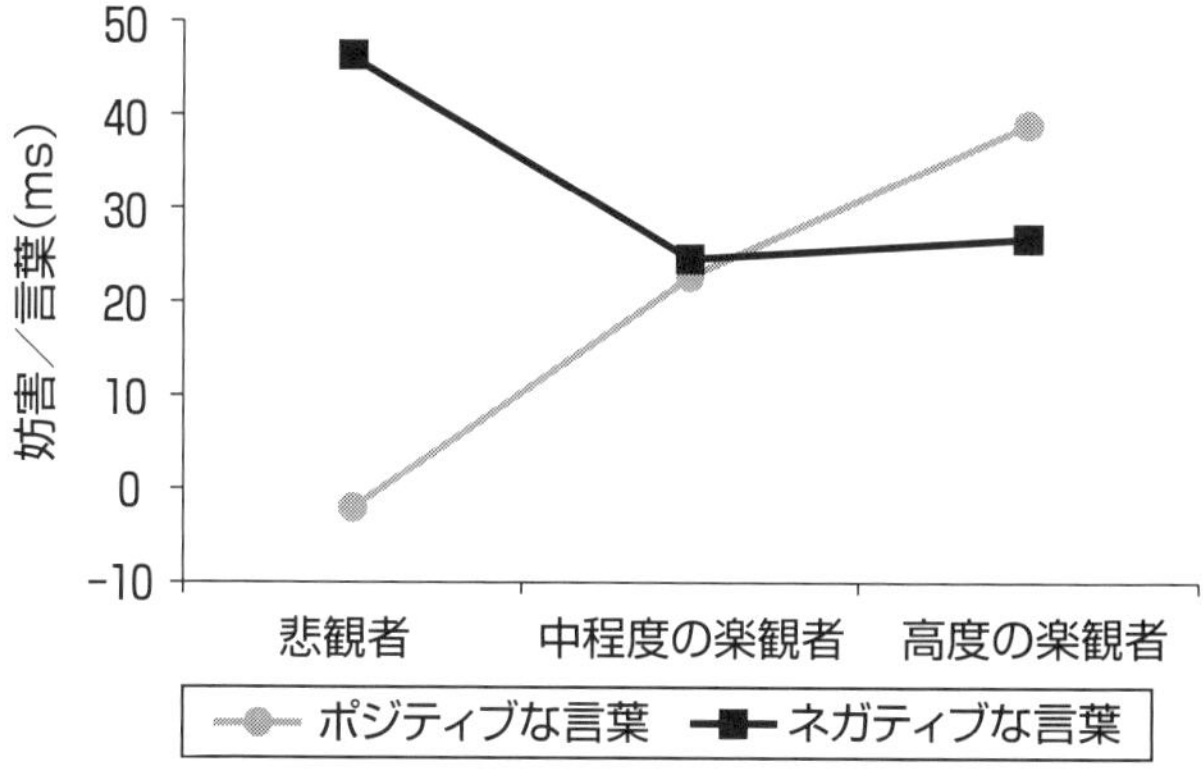

言葉のタイプ（ポジティブ、またはネガティブ）と楽観性の度合に応じたインクの色を言う際の「妨害」（すなわち遅れ）。楽観的な人々には、ネガティブな言葉による妨害がいくらか見られましたが、ほとんどの悲観的な人々にはポジティブな言葉による妨害は実際には全く見られていません。

悲観的な人は非難がましい表情、過ち、侮辱に気づくことが多く、そのため自分が実際には他の皆と同じくらいにうまくいっているときでさえ、そういったことが自分にはより頻繁に起こるように感じられるのです。

　自分の授業の評価表のコメントを読まない、つまり、１人の批判者症候群にかかってしまっている教授を私は何人か知っています。この症候群は、受け取った１１０の評価表のうちのいくつかが「すばらしい授業でとても気に入っていた」、「博識な教授だった」、「この授業の前はこの原理を全然理解できなかったが、わかりやすく説明してくれてありがとうございました」といったものであっても、ひとつが「退屈な講義、単調な話し方、くどすぎる、起きていられなかった」であるときに発症します。大人数のクラスやセミナーですべての人の要求に沿うのは不可能なため、たとえ極めて良い教師あるいは講演者であってもいくつかのネガティブな評価は受けることになるのですが、ネガティブなことへの著しい注意の偏向は1人の批判者を際立たせ、なぜ自分がそんなにまで嫌われているか、何が間違っていたのかといった長引く思考を引き起こします。現実はと言えば「嫌われていない」そして「何も間違っていない」のですが、注意がネガティブなほうにいってばかりいるとそのようには思えません。ポジティブなほうからの競争相手がいないときには問題がさらに悪化します。悲観的な人々は、ポジティブな言葉にほとんど注意を払っておらず、彼らにとってポジティブな評価や賞賛はネガティブな評価のようには磁力を持たないことを示していました。実際彼らにとってポジティブなフィードバックは、白紙の評価表と同じくらいの磁力しか持たないのかもしれません。残念ながら、教授たちがたった1人の批判者に自分たちの気持ちが猛攻撃されるのを避ける唯一の方法が評価表をひとつも読まないことだったのです。この回避によって、彼らの改善に役立ちうるフィードバックや、彼らがよくやっているとき、あるいは進歩したときにそれがわかるようなフィードバックを得られないことになります。悲観的な人が悲観的であり、目標を諦め、そしてそれほど幸せではないのは、指導や奨励が欠如していることを考えればもっともなことなのです。

悲観的な人とは対照的に、中程度に楽観的な人々の間ではポジティブなことに対する注意がネガティブなことに対する注意と平衡を保っており、ポジティブなことに対する注意は高度に楽観的な人々の間ではさらに高くなっていました。ということは、証拠が示すのは、現実離れしているというのは、楽観的な人ではなく悲観的な人であるということになります。楽観的な人はポジティブなことにより注意深いのですが、それでもネガティブなことにも注意しています。彼らはバランスをとっています。批判は彼らの注意を引きはしますが、彼らにとっては賞賛も同じくらい気に留まりやすいのです。楽観的な人は釣り合いのとれた見解を持っているため、１人の批判者症候群に陥り行き詰まってしまうことはないでしょう。

ネガティブなことに対する注意の偏向は、悲観的な人にとっては脅威的な知らせを避けようとすることにつながりえますが、楽観的な信念はその逆で、人々が圧倒されたり、絶望的になったり、あるいは気落ちしたりせずに起こりうる脅威を受け入れるのに役立ちえます。したがって楽観的な人が実際は悲観的な人よりも授業に対するネガティブな評価、あるいは健康上のリスク

（この可能性について直接的に検証した研究において）などの脅威的な情報を見たり、聞いたりするという意識的な決定をより進んでする可能性があります。この研究では、学生たちからなる2つのグループ——ビタミン剤を服用したグループと日光浴か日焼けサロンを利用したグループ——は、彼らの行動によって起こりうる健康上のリスクや利点についての情報をコンピュータの画面上で読む機会を与えられました。そのコンピュータは、それぞれの学生がリスク、あるいは利点についての情報の画面をどれだけの間ひらいていたかを記録していました。全体的に、人々はリスク（平均して86秒間ひらかれていた）に関する情報よりも利点（平均して95秒間ひらかれていた）に関する情報を読むことを選びましたが、あるグループは、利点の情報よりもリスクの情報を読むことを選びました。それは、高度に楽観的な人々のグループです。

証拠が明らかにするのは、ネガティブなことを否定し脅威的な情報を避ける代わりに、楽観的な人たちはポジティブなこととネガティブなことの両方の存在を認めたうえで、リスク（利点も）についての情報を受け入れるということです。バラ色のメガネが事実を歪めるという議論は、楽観的な人をポジティブなだけの人として見た場合の楽観性の見解に基づいています。しかしながら、本書の論点は、ポジティブであるということは楽観的な人にとってほんの始まりの部分でしかないということです。彼らの将来に対するポジティブな考えは、障害の克服を重要視する価値観に通じる道の出発点です。この観点からすると、障害を克服しようとする願望は、障害を乗り越えるためのより良い計画を考えるにあたって、それらの障害が課すものの実態を理解しようとする願望も伴っているはずです。楽観的な人が実はネガティブなことに注意を払うという事実は、問題を無視しようという願望ではなく、問題に従事し克服しようという願望と一致します。希望することを達成するのに適切な方法は、自分の強みを発揮することですが、弱みを無視してしまっては、より良い教師、配偶者、あるいはポーカープレーヤーにはなれないのです。

最善のために最悪を予期する——防衛的悲観性

楽観的な人々はベストを期待する。彼らは物事が自分たちにとってうまくいかないことはないと信じている。彼らは物事が自分たちの思うように進むことを期待する。しかし、物事は実際うまくいかないこともある。必ずしもベストなことばかりが起こるわけではない。物事がひどく悪いほうにいってしまうと、楽観的な人はとりわけ脆いかもしれない。
――心理学者、ホワード・テネン、グレン・アフレック『楽観的説明と気質的楽観性の損益』より

起こりうる問題を予想することは、何か良くないことが起こりそうなとき、それを避ける手立てをとることを可能にするので賢明な行いです。実際、人々のなかには良くないことが起こるのを防ぐよう自分自身を動機づける手段として、悪いことの予期をする人々もいます。これらの人々は、防衛的に悲観的な人と呼ばれます。防衛的に悲観的な人は、最善を期待する代わりに最悪を予期し、悪いほうにありうることすべてを想像します。

気質的な悲観性とは違って、防衛的な悲観性は適切な行いのための極めて効果的な戦略にもなりえます。ある研究ではダーツ投げをする人たちに、投げる際に起こりうる問題とその解決策（すなわち、的をはずすことや、そのミスを修正すること）について防衛的な悲観戦略を使って考えることでダーツ試験に準備するよう告げました。その研究では典型的な楽観的戦略を使い、良い結果（すなわち、的の真ん中に刺さること）について考えて準備するように言われた人々もいました。残りのグループは、海辺で寝そべるなどの心休まるリラックスしたイメージを想像し

ました。それらの戦略を使っていた人々がどんな人であるのかに注目しない限りは、どの戦略を使った人たちもダーツ試験の成果は実際とても似通っていました。しかし防衛的な悲観性を使って問題に対処することがしばしばあると報告していた人々は、前もって的をはずすことをイメージする悲観的戦略を与えられた場合、最も狂いがありませんでした。それらの人々に完璧な成果をイメージさせたり、あるいは投げる前にリラックスさせることは、実際彼らにより悪い結果を出させることになりました。他の人々は、リラックスしていたときに最高の結果を出しました。彼らにこれからすること——良くない成果であっても完璧な成果であっても——を前もって考えさせることはより悪い結果を出させることになりました。

似たような効果が大学の優等生らの間で現実に起こりました。大学での失敗の可能性について考えること（すなわち、心配すること）は、防衛的に悲観的な人にとってはより高いGPAと結びついていました。その一方で、学校について楽観的であった学生たちは、心配することによってGPAが低下してしまいました。不安や心配は一般に結果に不利に働くと考えられていますが、防衛的に悲観的な人の場合においては、心配しないよう努力することはまさに間違った戦略なのです。

ここで今あなたは、防衛的に悲観的な人が最悪をイメージすることによって障害を克服することの方法について、次の疑問を持ち始めているはずです。防衛的に悲観的な人が本当に悲観的なら、どうしてわざわざ障害を克服しようとなどするだろうか？　気質的に悲観的な人のひとつの特性——おそらく、最も決定的な特性——は、諦めることです。しかし防衛的に悲観的な人は諦めません。起こりうる問題に対する彼らの反応に関して言えば、防衛的に悲観的な人は、気質的に悲観的な人よりも気質的に楽観的な人に似ています。気質的に楽観的な人と防衛的に悲観的な人はどちらも、いかに問題を解決し目標に向けて取り組み続けるかについて考えます。気質的に悲観的な人は、問題について考えることを避けたり、あるいはすべて諦めてしまうほうを好みます。さらに、防衛的に悲観的な人は、失敗の可能性を自分を準備させるための手段としてとらえてはいるものの、彼らにはそれが必然的なものであるという結論につながりうるような失敗の経験があるわけではありません。気質的に悲観的な人が失敗の経験を持つのに対して、気質的に楽観的な人と防衛的に悲観的な人はどちらも成功の経験を持っています。

防衛的に悲観的な人であるエイミーと気質的に悲観的な人であるメイについて考えてみましょう。両者とも仕事でうまくいくかどうか不安です。エイミーは、自分の仕事ぶりにおいて欠けていると思われるような点をすべて考慮し、それを改善する手段をとり、良い評価を得ます。彼女は仕事での問題に集中し続けるものの、それらの問題を克服する可能性や、問題が起こるのを防ぐことで成功をもたらすことも想像しています。メイもエイミーと同様、自分の仕事ぶりで足りないかもしれない点についてすべて考えます。エイミーとは違い、彼女は自分の短所を避けられないものであると考えるため、それらを修正する手段をとらず、仕事で良くない評価を得ますが、それによって自分には良くないことが起きるという彼女の信念が立証されるだけです。

私は、防衛的な悲観性というのは気質的に楽観的な人が現実的にとりうる戦略なのではないかと考えています。気質的に楽観的な人がどうして防衛的に悲観的な人でありうるのでしょうか？概して常に楽観的であっても、人生のすべての領域での最善が期待できるわけではありません。私たちが人間関係、仕事での試み、あるいは運転技能などから期待するものには、性格傾向以外にさらに多くのことが関わってきます。経験や周囲からの反応も大きな役割を果たしています。例えば、ロースクールの適性試験で良い結果を出したロースクールの学生たちは、それほど良い結果を出さなかった学生たちに比べ、より大きな自信とロースクールでの成功へのポジティブな期待を持っていました――この標準テストが特にロースクールの初期においての学生たちの成功度を予測するように構成されていることを考えれば、これはもっともな結果です。同様に、楽観的なケンタッキー大学の1年生たちの大学での成功の見込みは、彼らの気質的な楽観性だけでなく彼らの高校時代のGPAとも関係していました。高校時代に良い成績をとっていた学生たちは、大学でも成功することを期待していました。期待の対象の領域を狭めるにつれて、気質的な楽観性の関わりが少なくなっていくようです。学生たちがある特定の教科における成績を予測すると き、この極めて狭い領域における彼らの期待に気質的な楽観性が寄与する割合はたった2・3%しかありません。

たとえあなたが気質的に悲観的であっても特定のなりゆきについて自信を持つことは可能です――例えば、あなたはチェス優勝の長い経歴を持っているかもしれません。それは、他の物事についてのあなたの大きな悲観性のなかで、チェスについての楽観性による望みが与えられているということです。それと同じように、あなたが気質的に楽観的であっても、あなたの生活の1つの領域だけ――テニスの試合に強くなるだろう、選挙に勝つだろう、あるいは難しい人々とうまく付き合える――について懐疑的であることは考えられます。特定の日常の目標についての楽観性の度合を査定した、目標に関する私たちのデータは、悲観的な人にも自信のあるいくつかの目標があり、楽観的な人にも時折達成する確信のない目標があることを明確に表していました。

楽観的な人々は、否認をしているのではありません。ストループテストの結果は、気質的に楽観的な人がネガティブなことや脅威的な情報に適切な注意を払っており、将来物事が悪い方向にいく可能性があれば、彼らがそれを認識しているはずだということを表しています。しかし、気質的に楽観的な人と気質的に悲観的な人が減量などといった極めて特定された範囲で最悪を想定するとき、予期される彼らの行いには興味深いものがあります。実はこの領域に関して悲観的になることには、もっともな理由があるのです。というのは、ほとんどの人々は体重を減らすことに苦労しており、成功しても減量した分のほとんどあるいは全部が元に戻ってしまいがちだからです。気質的に悲観的な人は、その性質どおり減量の目標を諦める傾向にあります。しかし、諦めるという考えは気質的に楽観的な人の神経を逆なですることがあります。楽観的な人は、概して従事することや問題を解決するために根気強くあることに慣れているのです。ネガティブな予期をしながらアプローチする傾向と、従事する傾向を合わせたものは何でしょう？　それは、落とし穴（コーヒー屋さんのデニッシュ、デザートトレイの上のチーズケーキ）の可能性を想像するだけでなく、それらを避けたり、あるいは克服したりする方法も想像する人です。

防衛的な悲観性とは、悲観的な予期への楽観的なアプローチです。敵によるクロスのバックハンドによって叩きのめされるビジョンへの反応として、気質的に悲観的な人は試合が始まりもしないうちに相手に勝ちを許してしまいます。防衛的に悲観的な人は、ボールマシーンをセットし、打ち返しの練習をします。その練習は効果的かもしれず、そうでないかもしれませんが、結果的に見ればこのアプローチのほうが試合が始まる前にコートから退場するのに比べると格段に効果的でしょう。選挙の落選を予期することは、気質的に悲観的な人を降参する気にさせてしまいますが、防衛的に悲観的な人には、一晩中起きていてより多くの選挙戦のポスターを作らせます。

キリギリスがアリよりも賢く見えるとき

楽観性が最も栄える場所は、精神病院である。

——医師、ハブロック・エリス

防衛的な悲観性は、想定される問題が克服できると感じるときの状況に対応します。それではその反対の状況で、将来はポジティブなはずだと感じてはいるものの、それを実現できないと感じるときはどうでしょう？　これは、その将来を生じさせる技能を持ち合わせていない場合（どんなに一生懸命練習しても、おそらく自分がバスケットでダンクシュートを決めることはないだろう）、あるいは自分の努力に対しての反応が得られない場合（馬を水のところに連れていくことはできても、水を飲ませることができない）に起こりえます。あの懐疑論者なら、楽観的な人は達成などできない目標を達成しようと努力を重ね、時間とエネルギーを浪費し、その過程でひどい頭痛を抱えることになるのだと言うかもしれません。

到達不可能な目標という概念に照らすと、楽観的な人の評判はあまり良くありません。根気強さは、言い換えれば、頑固さです。根気強さという言葉が成功を想起させるのに対して、頑固さは、報われない企画に非生産的に取り組むことを想起させます。根気がありすぎるということはありうるのでしょうか？　そしてもしそうなら、楽観的な人は頑固であるほどには根気強くはないということでしょうか？　最終的には、根気強さの代償が存在することが考えられます。手に負えない状況、あるいは解決不可能な問題について考えてみてください。人々のなかには、楽観的な人たちが実験研究で解答不可能なアナグラムにより長く取り組むという事実から、彼らが根気強いというよりも頑固であると示唆する人もいます。問題によってはどれだけ長く取り組んでも決して解決できないものがあります。そういった状況においては、それらの解決のために費やした時間と努力は報われることがありません。諦める勇気がここではより適切なのです。

経営大学院（ＭＢＡ）の院生たちは、経営大学院の「悪いお金の後に良いお金をつぎ込む」に相当する「埋没費用」という角度からこの考え方について学びます。あなたが新製品をデザインしていると想定してください。あなたの会社の別の企画者がより良い製品を生産するころ、あなたはすでにこの製品開発に20万ドルを投資してきています。あなたの製品を生産にこぎつかせるのに必要なのは、あと2万ドルだけです。あなたはその金額を費やしますか？　すでに費やした20万ドル（埋没費用）を考え、それを完成させざるをえなくなっているでしょうか？　実は、新製品の開発は20万ドルの埋没費用の「悪いお金」を作り、あともう2万ドル費やすことに固執することは良いお金を無駄にするということです。あなたの製品の開発をさらに粘ったところで報われることにはなりません。いつ諦めるべきかを知っていなくてはならないのです。

過剰な粘り強さは、2万ドルをかけて役に立たない製品の開発をやり遂げる以外にできたこと、つまり機会費用を招きます。他の状況においてはこれは、解答しえない問題、あるいは達成しえない目標に時間と努力を費やすことを意味するかもしれません。その時間と努力は、他の解決可能な問題、あるいは達成可能な目標に費やされることができたにもかかわらず、過剰に粘ったことによってその他の問題を解決したり、あるいはその他の目標を達成したりする機会を逃してしまったのです。その根気強さ（頑固さ）の費用には、無駄遣いされた時間と努力だけでなく、その代わりに達成しえたことの喪失も含まれます。

楽観的な人は努力を浪費し、機会費用を負うことになるのでしょうか？　楽観的な人が解答不可能な問題により長く取り組むとした実験研究ではそのように指摘されています。しかし、本当でしょうか？　研究室での実験においては、諦めることは典型的な楽観的反応ではありませんが、研究室の実験というのは一風変わっています。ユタ大学の心理学者リサ・アスピンウォールは、楽観的な人たちが実験において長く粘りすぎるように見えても、根気強さを非生産的、愚か、あるいは犠牲が多いと解釈することには重大な問題があると指摘しています。まず、実験室における研究では、「非生産的」な課題に取り組む以外にありません。現実生活では代わりとなる目標や目標までの進路が提供されます。研究室では粘ること以外の唯一の手段といえば、取り組むのをやめて、何もせずにそこに座っていることしかありません。次に、実験室の研究では、粘ることに対する機会費用は実際には存在していません。その人は、その研究にある一定の時間参加することに同意していて、その人が粘ろうがやめようが、その時間は確約されているのです。研究であてがわれた課題の取り組みを中止して、代わりに化学の試験勉強ができるわけではありません。1時間に及ぶ強制的な職場の会議に出席しているようなものです。その職場の会議に注意を払おうが貢献しようが、1時間という機会費用には変わりがありません。あなたはそこから動けず、話し合いに加わることも加わらないこともできますが、その1時間は取り戻せないでしょう。

例えば実験をそれほどまでに職場の会議のようではなく、自由な1時間のように設定すると、楽観性の効果も変化します。リサは、人々が無益な課題に取り組み続けることもできれば、何か他のことに変えることもできるように研究を設定しました。彼女の研究の参加者らには、ひと組の解答不可能なアナグラムとそれに要する20分間が与えられました。参加者のなかには、希望すれば解答不可能なアナグラムに見切りをつけ、次にやり始めることのできる別の課題——異なるひと組のアナグラム——を与えられた人たちもいました。解答不可能なアナグラムだけしか与えられなかったグループでは、ほとんど全員が20分間全部を使ってそれらに取り組みました。しかし選択肢のあったグループでは、平均的な人で12分後には次に移っていきました。これは、代替の存在が人々の非生産的な課題への取り組み方に影響すること（例えば、職場の会議の話し合いに加わる代わりに何か他のことに取り組むことを選択できる――時には控えめに、でも時にはあからさまに、極めて一般的に利用されていると思われる代替策）を示しています。

この研究結果でとりわけ興味深いのは、楽観的な人たちは代替の課題があるときには実際次のアナグラムに移行するのがより早かったということです。最も楽観的な参加者らが次のアナグラムに移行するまで解答不可能なアナグラムに費やした時間は、より悲観的な参加者らが費やした時間の約3分の2でした。すなわち代替策が存在するときには、楽観性は人々により早く見切りをつけさせるように仕向けたということです。おそらく、職場の会議中にテーブルの下でブラックベリーのビジネス携帯端末を読んでいたり、あるいは使用していたりすることは、実際には楽観性の表れなのです。あるいは、職場の会議が特に生産的でないということでもありえます。というのは、この研究が示していないのは、実際に課題達成への進歩が見られた場合に彼らがどうするかについてなのです。進歩が見られた場合には、楽観的な人たちが次のことに移行しないとも考えられ、たとえ移行する場合でもより長く取り組むのではないかと予測されます。結局のところは、第2章で検討した証拠が示すように、進歩が可能な現実の課題では、楽観的な人は悲観的な人よりも長く取り組み続けることで有名なのです。これらのことを考えると、目標をどこまで追求し、どこで見切りをつけるかに関して楽観的な人は悲観的な人よりも賢明であることがこの証拠全体から示唆されています。

苦労することを学ぶ……それとも全くやらないか

楽観的な人間とは、ほとんど経験を持たないやからのことである。

――詩人、ドナルド・ロバート・ペリー・マーキス

たとえ楽観的な人がしつこく粘りすぎることがあるとしても、それは悲観的な人の十分やり通さないという誤りとは種類が異なるものです。これら2種類の誤りは、同じように生じてはおらず、楽観的な誤りは、違った種類の状況で実際に賢明な行動は何であるかについての適切な判断につながっている可能性があります。

人生のほとんどの試みにおいて、最初の失敗は諦めるべきであることを意味してはいません。

その代わり、たとえ最近失敗したとしても努力し続けることが道理にかなっているときもあれば、諦めて何か他のことを試すことが道理にかなっているときもあります。ブライアンが初めてキムをデートに誘い彼女に断わられても、次に彼女がオーケーするチャンスはまだ十分にあります。彼女は考え直すかもしれませんし、あるいは彼女はもったいぶっているのかもしれませんし、あるいは彼女の友達が彼はいい人だと彼女を説得するかもしれません。彼はおそらく再度アタックすべきです。しかし、７回目に彼が誘って彼女が断った後、８回目の誘いに彼女がオーケーする確率はあまり高くありません。先に進むべき時です。学界では、ある論文がはじめに投稿された定期学術誌に却下されることは珍しくありません。それほど選り好みしなさそうな学術誌に投稿するなどしなくても、その論文が別の定期学術誌に受け入れられる見込みはまだ十分にあります。私には、それほど世評の高くない定期学術誌に断わられた論文が、より世評の高いところに受け入れられた経験があります。しかし何回かの不採用の後は、その論文に何かとてもおかしいところがあり、誰も採用しないかもしれないと考えてみる時期に来ていることもありえます。このタイミングがわかる別の方法は、費やした努力の量と、次で成功する可能性とを考慮することです。この関係は２９１ページのグラフのようになるのではないかと想定されます。

実際の可能性は、あなたが何をしようとしているかによって変わってくるかもしれませんが、このグラフの形状はかなり的確でしょう。失敗のたびに、自分のチャンスについて学びを得ます。通常は、1度の失敗は次の挑戦で成功しないことを意味せず、勝率はまだ同じくらい良いことさえあります。選挙事務所には初回で敗北した者たちが大勢いて、そのなかには最終的にトップに上り詰めた人たちもいます。ビル・クリントンは、1974年に下院議会への不成功に終わった立候補で最初の公職選挙に落選しましたが、1976年に司法長官に選出されました。ジョージ・ハーバート・ウォーカー・ブッシュは、1964年の彼の最初の上院議員選で落選しましたが、1976年には上院議員に選ばれました。建国の父たちの間では最初の敗北は当たり前同然でした。トマス・ジェファーソン、ジョン・アダムス、ジョン・クインシー・アダムス、アンドリュー・ジャクソンは、みな大統領になる前に、大統領選に敗れたのです。

しかしながら、2度目の失敗はその企画が最終的には失敗に終わるかもしれないことを意味するため勝率は少し下がります。それは確かではないので、再度やってみたら成功するかもしれません。ジョン・アダムスは、1796年で勝利するまで大統領選に2度出馬しています（1789年と1792年）。ロナルド・レーガンは、1968年と1976年の共和党の大統領候補の

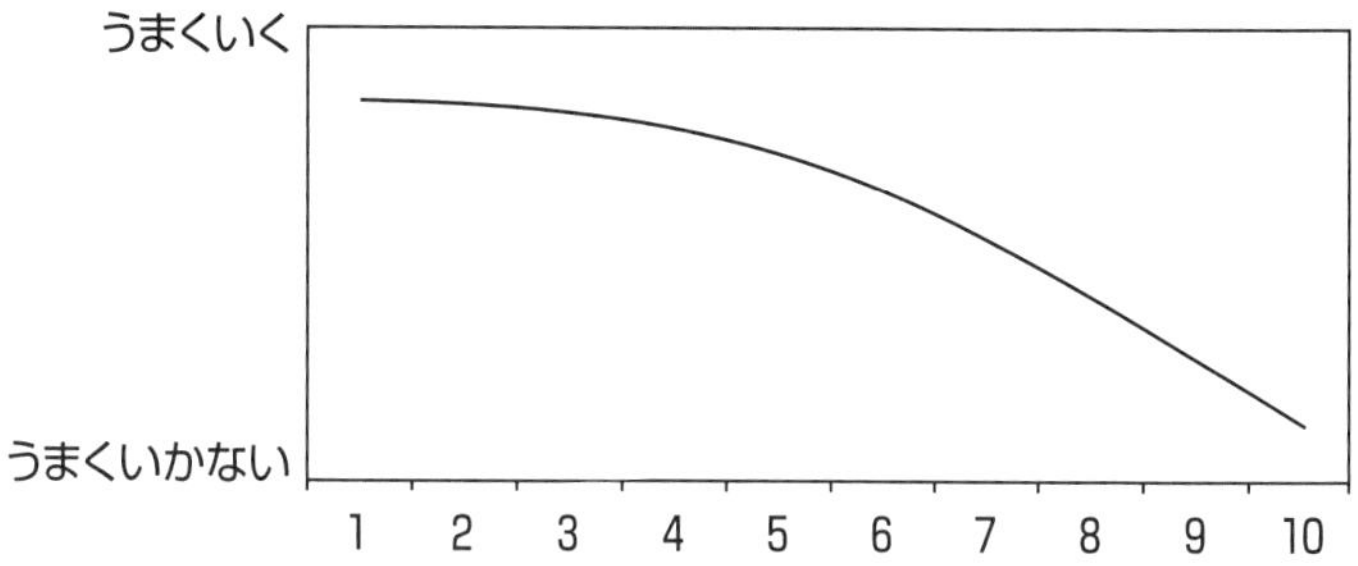

以前の失敗回数と次回の試みの架空の成功率の関係

指名から外れ、その後1980年に大統領候補——そして大統領——となりました。

しかしながら、度重なる失敗によって、最終的に成功する確率は次第に落ちていきます。数回の失敗を重ねると、成功（少なくともその領域においては）しそうにないことがかなり明確になってきます。ヘンリー・クレイは、1824年から1848年の間に大統領選に5回立候補しています。彼は、最後の選挙では党の指名を得ることができず、彼の住んでいるケンタッキー州でさえもホイッグ党の予備選で対抗のザッカリー・テイラーを選びました。ホイッグ党は、どうやらクレイが理解していなかったことを理解していたようです。諦める時に来ていたのです。

ある時点で、成功の確率は根気強く粘るという犠牲に値しないほど低くなります。自分がその時点に来ているかどうかがわかるのは、知性ではなく経験によるもので、そしてその経験は、8回目、9回目、あるいは10回目の挑戦ではどうなるかを試してみることに基づいています。言い換えれば、それは楽観的な間違いの産物なのです。諦める時期を知ることは、私が作り上げたグラフの右側に位置することでしか学べません。悲観的な誤りをしても、諦める時期がわかるようになるような経験は与えられません。十分な期間とはどのくらいなのでしょう？　早いうちに諦めてしまう人がそれを知ることは決してありません。数回の試みでは十分に取り組んだかどうかはわからず、またそれをわかるのに役立つ指針も与えられません。すなわち、もしキムにアタックするときブライアンが楽観的であれば、どこまでが根気強さで、どこからがストーカーかを学ぶことになります。それによって彼は将来自分の行動の手引きとなる知識を持ち、やめるのが最も賢明な時と、粘り続ければ報われる可能性のある時とがわかるようになるでしょう。進路変更の選択肢が出てきたときには（リサ・アスピンウォールの実験にあったように）、ブライアンは変更することがより良い選択であるか否かがより素早く認識できるでしょう。もう一方の悲観的な人は、慣れない領地で行き止まりの路地に向かっていることに気づくまで、無駄な追求により多くの時間を浪費するかもしれません。

私は自分を根気強い人間だと考えていて、根気強さから得られる教訓を信じてはいますが、やめるべき時が来てもやめられない領域がひとつあります。ソリティアをやり始めて（通常）負けるといつも、自分がちょうどもう一歩のところだったと思い、もう一度だけ挑戦できれば勝てると固く信じてしまうのです。[*4] ギャンブル、ソリティア、そして似たような活動においては、試みた回数と以前の成功は将来の成功にはほとんど関係がないため、現実世界とは随分異なります。本物の運のゲームでは、将来の勝算に過去の成功は何の関係もありません。前述のグラフの曲線のようになる代わりに、運のゲームは次のような相関関係になります。

3を出すことを目標にダイスを振ります。3が出る確率はちょうど6回に1回、あるいは17％で、失敗する確率が高いでしょう。再度振ってください。6回に1回です。また振ってください。6回に1回です。多くの現実の試み（職を得る、デートの相手を得る、投稿論文が受理される、大統領選に出馬する）と運のゲームとの違いは、現実ではその過程で根気強さから何かを教えられるのに対して、運のゲームでは勝率が最初からわかっているということです――根気強くあっ

＊4　たった今、これを書くのをやめて、再挑戦したい気持ちに少しだけさせられています。

たところで何か有用なことを学ぶわけではありません。

この違いは悲観的な人間にとってはそれほど問題ではないはずです。通常、彼らは2度ほど試して、成功しなければ諦めてしまいます。その一方で、楽観的な人間はたいてい勝率が落ち込み始めるまで試し続けます。勝つ可能性がその努力を正当化するのに十分である間は、彼らの種類の誤り――しつこさ――が、悲観的な人よりも長い間彼らにギャンブルをさせ続けるかもしれません。なぜなら、運のゲームで確率が落ち込むことは決してないからです。

そのうえ、楽観的な人は悲観的な人に比べポジティブな進歩の痕跡に注意深いため、より「ニアミス」をしやすいはずです。「ニアミス」とは、目標に届きそうで届かないということです。驚くまでもなく、運のゲームを設計する人たちは「ニアミス」の効果に鈍感ではありません。最も人気のあるスロットマシーンは「ウィールオブフォーチュン」といい、毎年人々がこれに10億ドル以上をつぎ込みます。「ウィールオブフォーチュン」では、通常のスロットマシーンのように3個のチェリーやら何かを出して勝つこともできますが、「ボーナスゲーム」に入ると機械の上にある「ウィール」を電動で「回転」させ、さらに多くの金額を勝ちえます。テレビのアナログのウィールオブフォーチュンでは、ウィール上のどの一片に行き着く確率もみな同等です。し

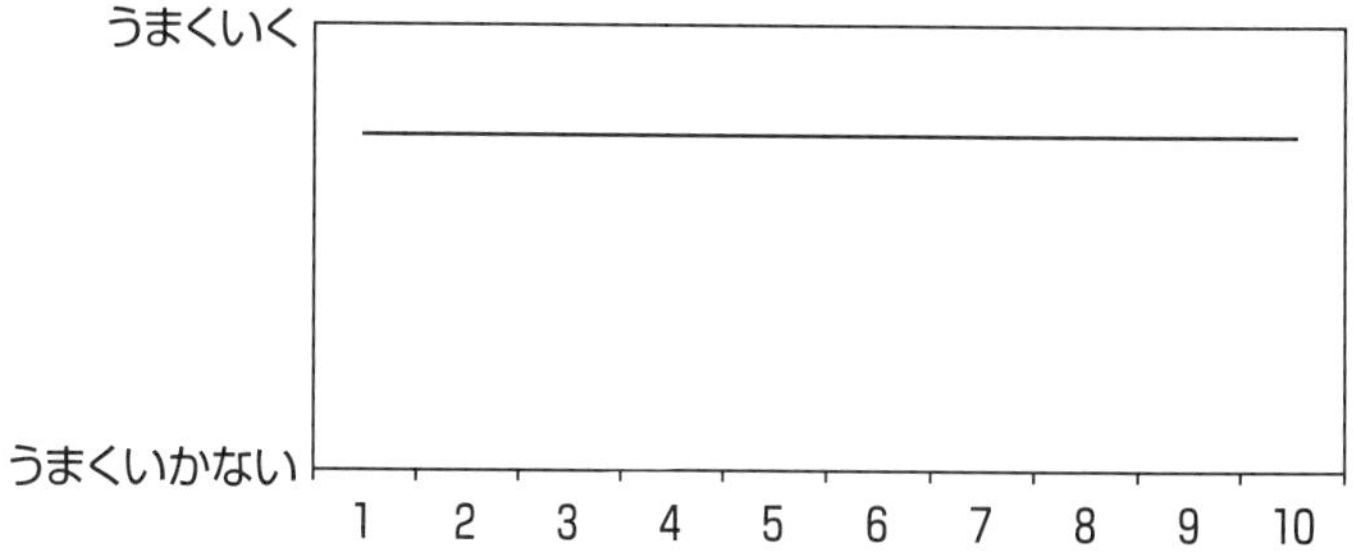

以前の失敗回数と次回の試みの架空の成功率

かし、ラスベガスのデジタルの電動ウィールオブフォーチュンはそうではありません。あの機械は、より多く出る一片とそうでないものとがあるようにプログラムされているのです。多額のところよりも少額のところに行き着くようになっているであろうことはすぐに予測できますが、あなたを驚かすかもしれないのは、あの機械がしばしばより多額のところの隣に行くようにもプログラムされているということです。このスロットマシーンは基本的に「あーあ、ニアミスですよ。もうほんのちょっとでしたね。もうひとつコインを入れてもう一度試したほうがいいですよ」と告げているのです。

私はちょうど先週の食料品のショッピングカートの中に別の例を見つけました。誰かが買って削った「オールモストラッキー（Almost Lucky）」というスクラッチくじがカートの中に置かれていました。そのくじは3目並べの柄のなかに数字があり、

ALMOST
LUCKY
get three 3's
in a row
and today's
your lucky
day!
8 7 3
3 3 5
1 3 3

どの方向でも3が3つ1列に並ぶと勝ちです。私が見つけたくじはこんな並び方をしていました。

私の計算によると、このくじを買った不運な人は、3つの縦列のうち2つ、3つの横列のうち2つ、そして2つの斜めの列のうち2つが、もう少しで揃うところ（すなわち、3つの必要な3のうち2つが揃っていた）でした。このくじの話で肝心なのは、これを買った人が不運ではなく極めて幸運に近かったということです。運のゲームのデザイナーたちは、不運な人は、極めて幸運に近い人に比べて再度試す可能性が低いことを知っているのです。

楽観的な人々は、とりわけニアミスをしやすいと研究が証明しています。この研究では、人々が実験者らによって操作された（ラスベガスでもゲームのデザイナーらによって操作されているのと同様に）スロットマシーンのゲームをしました。このゲームにおいて楽観的な人たちはまったくの間抜け者でした。まず、彼らは負けているのに賭けるのをやめませんでした。これらの楽観的な人たちは、解答不可能なアナグラムに取り組んだ楽観的な人たちのようでした。彼らは失敗に直面しようとも粘り続けたのです。2つ目には、彼らが研究の終了後に「もう少しで勝ち」という場面をより多く記憶していたことに示されるように、楽観的な人たちはニアミスにより影響されていました。

他のすべての性格特性と同様、楽観性もすべての状況には適応せず、ここが楽観的な人たちの盲点なのです。運のゲームということになると、楽観的な人たちは悲観的な人たちよりもカモになりやすいのです。[*5] 彼らのモーダス・オペランディ（作業の仕方）は、勝率が落ち込むまで努力し続けることであり、成功の可能性が低くなることは、それ以上努力する価値がないことを意味します。運のゲームの勝率は決して落ち込むことがないため、楽観的な人はより長い間ギャンブ

＊5　しかし楽観的な人はカモの単なる一種類にすぎません。楽観的な人は、「最終的に自分は儲けを得ると確信している」のでギャンブルをします。他の人たちは、「そのスリルがたまらない」とか「大きな儲けで自分の人生が変化する可能性に惹かれる」のでギャンブルをします——センセーションを求める人たちです。でも、他にも「自分の人生で直面しているかもしれない問題から気を逸らすのにいい」のでギャンブルをする人もいます——回避的対処をする人たちです。楽観的な人はこれらの理由でギャンブルをすることはそれほどないと言っていいでしょう。

ルをします。彼らはまたニアミスの影響をより受けやすく、そのゲームがそれらのニアミスをさらに多くするよう操作されていようものなら特に引き寄せられてしまいます。

とはいっても、時間が経っても成功の確率に変化がないというケースは、人生においては原則というよりはむしろ例外です。ハリウッドに引っ越して発掘され映画スターになるなどといった、私たちが「ギャンブル」と呼ぶ試みでさえ、それほどギャンブルのようでないのは、ハリウッドの大通りで10年間うろついていて誰も振り返ってくれなければ（売春の客引きで逮捕というのはよりありがちな結果ではありますが、それさえもなければ）、翌年に発掘される可能性（ほとんどゼロ）がわかってくるからです。悲観的な間違いをするよりも楽観的な間違いをすることが有益なのは、成功しない場合でも根気強さは教育的だからです。諦めはあなたに何も教えてはくれず、そして、あなたは非常に頻繁に報酬を逃がすことになってしまいます。

目標 vs 目標――それでも勝てるか？

悲観的な人間はすべての好機に困難を見いだし、楽観的な人間はすべての困難に好機を見いだす。

——政治家、ウィンストン・チャーチル

あなたが2つの目標に大いに従事していることを想像してみてください。つまり、あなたは両方の目標を達成することに高い期待を持っていて、その両方に大いに専念しています。その一方で、1日は24時間しかなく、あなたは1人しかいません。もし時間が無限にあり、あなたが一度に2つの場所に行けるのであれば、庭の手入れにより多くの時間を費やすという目標と、ゴルフの練習により多くの時間を費やすという目標がかち合うことはないでしょう。それと同様に、生物学のクラスでより良い成績をとるという目標と、より課外活動に関わるという目標が衝突することはないでしょう。残念ながら、1日の時間は限られており、目標を追求するためのエネルギー、お金、そして他の資源には限りがあります。2つ以上の目標が同じ資源を競い合っている場合、**資源の衝突**が起きます。悪い知らせは、楽観性、そして目標への従事は、どちらもより激しい資源の衝突に結びついているということです。より楽観的な人々は自分の目標により従事しており、それらを諦める可能性が低く、結果としてより多くの衝突を経験します。

資源の衝突には2つの問題が関わってくることが考えられます。まず、衝突する目標のいくつかを追求するにあたってのエネルギー費用があります。第5章の楽観的なロースクールの学生たちは、ロースクールの目標の達成、そして社会的人間関係の維持の両方に時間とエネルギーを費やしたいというの願望の衝突から免疫系機能の低下に至ってしまいました。次に、機会費用が関わってきます。2つの目標が時間とエネルギーを競い合っている場合、それらの資源のほとんどを一方の目標に割り当てるということは、もう一方の目標に割り当てられるそれらの資源が減ってしまうことになります。

衝突する目標の釣り合いをとるにはどうするのが一番なのでしょうか？ 人間の目標追求から大きく離れ、動物の食料探しに目を向けてみるのがいいかもしれません。狩猟者は、外に出かけていき探索することによって食料を見つけ出し、食べます。狩猟者は、種子や小果実を探す鳥であることもあれば、あるいはねずみを探す狐でもありえます。生存するためには、狩猟者は利益と費用の釣り合いをとらなくてはなりません。狩猟の利益は当然狩猟の最中に見つけた食料の栄養から生じます。狩猟の費用は食料を探し、食べるのに費やす時間とエネルギーから生じます。効率的な狩猟者は、時間とエネルギーをほとんど使わずに、食べるのにそれほど時間とエネルギーの要らないカロリーの高い食べ物を探し出します。非効率的な狩猟者は、多くの時間とエネルギーを使っても、食べるのに多くの時間を要するカロリーの低い食べ物しか見つけられません。

狩猟者たちにとって時間とエネルギーは重要であり、それは目標を追求する人たちと同じく、彼らも資源に関係する機会費用を負うことになるからです。小果実を探すことは、どこか他の場所で種子を探すことに費やしうる資源を使うということです。ねずみ探しは、どこか他の場所でエゾイタチを探すことに費やしうる資源を使うということです。[*6] 最善の狩猟戦略を明示する公式が存在します。その公式[*7]とは、

$$R=\frac{\lambda e-s}{1+\lambda h}$$

Rは、狩猟者の効率性を表示します。この公式の意味はというと、λ（食料源を見つけられる見込み）が大きく、e（食料源から得たエネルギー）が大きく、s（機会費用を含めた、探索の費

＊6　狐がエゾイタチを食べる？　わかりません。ただ聞こえがよかっただけです。もし私が狐なら、エゾイタチを食べると思いますが、いま昼食の時間に近づいてきていて、そのため私が食べるであろうもののリストはどんどん大きくなってはいます。

＊7　この公式をテストに出したりしません。私がここにこれを紹介したのは、こういった類のものに興味を持っている仲間の公式オタクたちのためです。

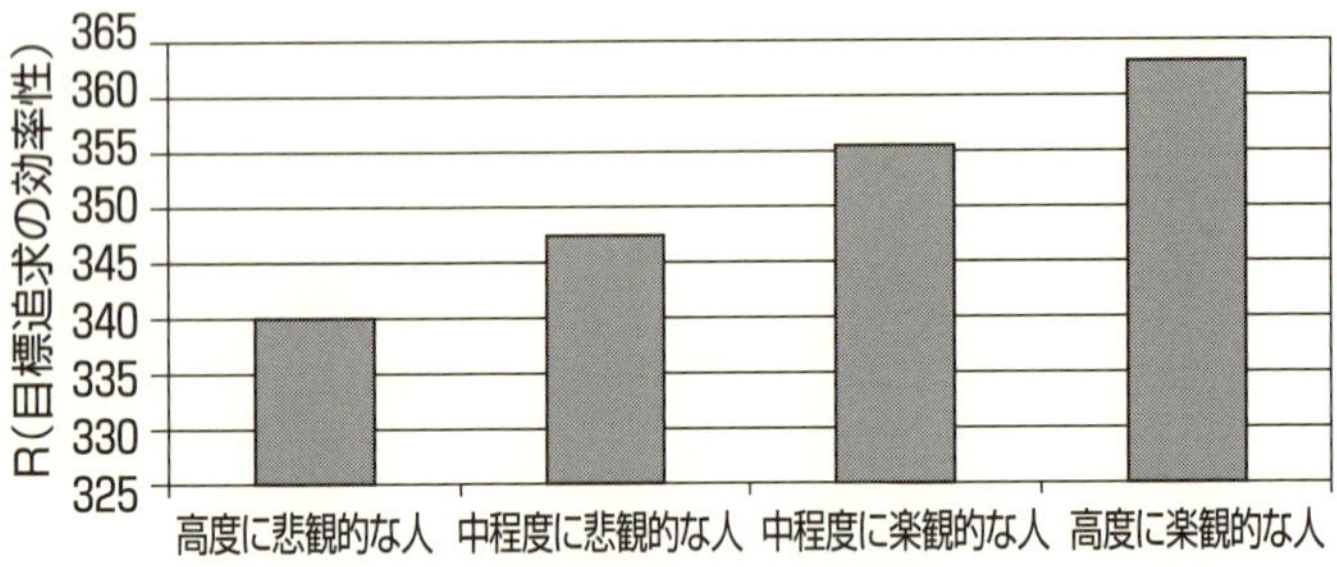

楽観性と目標追求の利益と費用を評価した狩猟の効率性関数Rの関係

用）が小さく、そしてh（食料源を食べるのにかかる時間）が小さいとき、効率は上がります。つまり、より大きなRの値は、見つけるのも食べるのも簡単で、十分な量の高カロリーの食料源に行き着くためのより良い狩猟戦略を反映しているわけです。

目標追求する人たちは、狩猟者たちに似ています。彼らが効率的であるときというのは、豊富な食べ物のような達成可能な目標を追求し、栄養のような意義ある報酬がもたらされるときです。また、彼らは資源の衝突が小さいときも効率的であり、それは他の目標に使いうる資源を無駄にしていないということになります。楽観的な人は実際には狩猟の等式のすべての要素に対してのより高い評価を得てはいるのですが、彼らが適切なことをしているかどうかは明白ではありません。一方では、楽観的な人が、彼らの目標に到達する可能性はより高く（λ）、また目標が達成されたときに期待される喜びはより大きいので

(e)、等式のその部分を考慮した場合には彼らは効率的であることになります（λe）。その一方で、彼らにはより多くの資源の衝突があるため、等式のその部分を考慮した場合はそれほど効率的ではありません（−s）。問題は、彼らがいかにうまく目標間の釣り合いをはかるかということです。

楽観的な人が悲観的な人よりもうまく費用と利益の釣り合いをとっているかどうかは、成功の可能性を期待に、獲得するエネルギーを喜びに、機会費用[*8]を資源の衝突に置き換えてみることで、狩猟の等式によって明らかにされます。日常の目標についての研究によれば、楽観性がより高いRの評価点数、すなわちより効率的な目標追求と、費用と利益のより良いバランスにつながっていることは明確でした。右の図は、高度に悲観的から、高度に楽観的に向かうごとにRが上昇することを示しています。そうです。楽観性はより高いコストとも関連していますが、利益との

＊8　消化の費用はゼロと推定されます。エゾイタチを食べるのと違って、試験でよい成績をとること、あるいは家族とより多くの時間を過ごすことは、それを追求するのとは違って、達成するのに余計な時間をとられることはありません。つまり、目標にいったん到達してしまえば、通常はそれを味わうのに時間と努力はそれほど必要ではないということです。

関連はその出費を補う以上の大きなものなのです。

私が楽観主義者になったのは、そうでなければこれ以上試合に勝てないことを発見したときだ。

――野球監督、アール・ウィーバー

楽観性が人々に有益で、人々を目標に従事させ資源を築かせることによって幸福を促進することは多くの証拠によって示されていますが、楽観的な人間であることと、楽観的な人間のやり方ではいくつかの不利な点があります。これらの不利な点というのは、人々が考えているような落胆や無駄な根気強さに対する脆弱性ではありません。むしろそれらはルーレットに長時間を費やす癖や、対立する目標追求におけるエネルギーの浪費傾向（効率的ではあっても）などといったわかりやすい弱点のようです。

これらの脆弱性は楽観的な人間にとってどれだけの痛手なのでしょうか？　総費用の便益分析においては、証拠ははっきりしています。第5章で結論づけたように、対立する目標を追求することによる免疫抑制の最終的なコストは、法外に大きくはなりえません。なぜなら楽観性はより高い罹患率、あるいは死亡率には最終的にはつながっていなかったからです。それと同様に、私がここで楽観性に関連する限られた脆弱性の最終的なコストが法外に高いことはありえないと結論する理由は、楽観的な人間が最終的には目標を達成し、より高い幸福に到達し（第2章）、人生に満足する（第3章）ことのより高い可能性が証明されているからです。もし楽観的な脆弱性が致命的な欠点であるとしたら、そのようなことにはならないでしょう。楽観性の利益は最終的には費用に勝るものなのです。

第7章 生まれか育ちか？

——楽観的気質の再検討

楽観的な気質ということになると、ほとんどの人は出生時を拠点としてはいません。他の性格特徴は、幼児としての気質を大きな土台としています。例えば、のんびりした赤ん坊は人付き合いの良い子どもや大人へと成長し、神経質な赤ん坊は内気な子どもや大人に成長します。一方、気質的な楽観性は、人によって生涯を通していろいろな方法で培われているようであり、幼児の時の状態と大人になってからいかに楽観的になるかということとは、おそらくほんの部分的にしか関係ありません。では生まれつき楽観的でないのなら、どのようにしてそうなるのでしょうか？ それは、まわりの環境のせいでもありますが、自分が作り出す環境の結果でもあるのです。

周りの環境——楽観性の文化

アメリカではほとんどの人々は楽観的ですが、世界の他の多くの国の人々ではそうではありません。１９７６年から、ギャラップ・オーガニゼーションは、多くの国の人々に翌年が当年に比べ良い年になるか、あるいは悪い年になるかという質問をしてきました。アメリカは、翌年が当年に比べ悪くなるよりも良くなると考える人々の割合を示したリストのほぼトップに位置します。10年間にわたり、平均して50％のアメリカ人が翌年はより良い年になるだろうと考えました（ある年には、少なくとも70％のアメリカ人が翌年はより良い年になるだろうと考えていました）。

これらのリストを検証すると、——序章で最初に紹介した考えと同じように——金銭的に裕福であることがそれをもたらしているのではないことがわかります。最も楽観的な国々のなかには、国家的な富と特権が連想される国々（アメリカ合衆国、カナダ、南アフリカの白人社会）がありますが、最も悲観的な国々のなかにもそれらの国々が見られます。ほとんどの楽観的な国々は大部分が西洋の国々のため、より地理的な条件が何かしら関係していると言えます。その一方で、

最も楽観的な国々と最も悲観的な国々
（翌年が当年に比べ良くなると考える人々の平均パーセント）

最も楽観的な10カ国	最も悲観的な10カ国
・韓国（54%）	・オーストリア（10%）
・アルゼンチン（51%）	・ベルギー（11%）
・ギリシャ（51%）	・西ドイツ（17%）
・アメリカ（50%）	・日本（20%）
・ブラジル（48%）	・ルクセンブルグ（20%）
・オーストラリア（44%）	・オランダ（21%）
・ウルグアイ（42%）	・フランス（22%）
・カナダ（38%）	・デンマーク（24%）
・チリ（38%）	・ポルトガル（25%）
・南アフリカ（白人のみ）（35%）	・フィンランド（26%）

上位3位のうち2国——アジアの韓国と地中海沿岸のギリシャ——はそれ以外に属し、最も悲観的な国々の多くはまた西洋の国々でもあります。

最も楽観的な国である韓国は、カナダやアメリカなどの北アメリカの国々の人々と比較して、日本、シンガポール、中国などのアジアに位置する国々の人々がより悲観的であるという原理に反する興味深い例外です。これは、アメリカに住む異国民族の間でも保持されている極めて確固たる文化の違いです。同じ国に住んでいるにもかかわらず、アジア系アメリカ人はヨーロッパ系アメリカ人よりも悲観的です。大学生たちのようにかなり同種の人々からなるグループにおいてさえこの違いが見られます。

アジアが北アメリカよりも悲観的なのはなぜでしょう

か？　心理学者らは国々における文化の違いについて、しばしば個人主義と集団主義という面から考えます。個人主義の国々には、アメリカ、カナダ、オーストラリア、そして（いくぶん程度は低くなりますが）西ヨーロッパが含まれます。これらの国々における価値観は、個人に重点を置いています。そのほとんどの人たちは、個人的な幸福、群集から目立つこと、独立し自立していることに関心を持っています。各個人はその人自身の独立した存在であると考えられています。集団主義の国々には、ほとんどのアジア諸国だけでなく、（いくぶん程度は低くなりますが）東ヨーロッパや地中海沿岸のヨーロッパが含まれます。これらの国々における価値観は、集団に重点を置いています。ほとんどの人たちは自分の所属する社会集団の幸福を気にかけ、その群衆に馴染み、相互に依存し、その社会集団に溶け込んでいます。おおむねそれぞれは、家族や職場などのより大きな社会集団の一員であると考えられています。

激しい個人主義の社会の一員にとっては、集団主義の社会で暮らすということがいかなるものであるかを理解するのは難しいことがあります。アメリカにおいて、私たちはそれぞれが独立した存在だと考える社会に適応させられているため、集団主義を異質のものとして、文字通りエイリアン的に見ています。スタートレックではアメリカ的な集団主義への疑念が、ボーグ――脳が電信でつながり合っていて、その集団の理想推進のために無気味な同化をして行動する個々の生命体からなるグループ——の描写で極端な取り上げられ方をしていました。集団主義の社会の現実は、それほど極端なものではありませんが、これらの社会において、人々が自分自身を個々の存在というよりも集団の一員（スタートレックの乗組員とかボーグ）として定義する傾向にあるのは確かです。

集団主義は無気味なものではなく、異なるものであるというだけです。個人主義と集団主義の文化の類比として役立つものに、オリンピックでのいくつかの競技種目における違いがあります。個人主義の文化のなかで暮らすということは、100メートル走のようなものです。集団主義の文化のなかで暮らすということは、シンクロナイズドスイミングのようなものです。個人主義では、他の人よりも速く走り他の人を引き離すことで「勝ち」ますが、集団主義では、他の人と調和することで「勝ち」ます。他のチームメイトよりも速い泳ぎをするシンクロナイズドスイミングの選手は、勝利しないばかりでなくチームにとって、そしてそれによって自分自身にとっても痛手となります。

この違いは、将来についての予測が、個人的に動機づけられているか、あるいは厳密に正確なものであるか、という2つのどちらを重要と見なすかに影響します。100メートル走では、競走に際しての他の皆の行為について正確に知ることは、あなたが個人として可能な行為について考えることほど重要ではありません。競走においては、不明確さが損害を与えることはなく、(もし世界チャンピオンが1秒の何分の1の減速につながるさざくれになることがあるとしたら)有益でありさえするかもしれません。勝利の可能性に関して走者は、何が起こりうるかについて考え、動機づけられる考えに気持ちを向けるようにし、競走の結果予測を正確にすることにはあまり気をとられないようにすることでうまくいくでしょう。その反対に、シンクロナイズドスイミングでは、他の皆がいつ何をするかを正確に知っていることが極めて重要です。シンクロナイズドスイミングの選手らが予測することでうまくいくのは、正確さが個人の動機よりも重要であるためです。

個人主義の文化出身の(短距離走者のように不確実性に寛容な)人々に将来について尋ねて、最も正確な予測が得られる可能性は低いでしょう。その代わり、将来がより良いものであるという可能性に基づいた予測を得ることになります。彼らにとっては、短距離走者と同様、いかに自分の将来がより良いものでありうるか、そして自分がいかに抜きん出ることができるかと考えることが最も有益なのです。逆に、集団主義の文化出身の（シンクロナイズドスイミングの選手のように不確実性には不寛容な）人々に将来について尋ねると、将来がより良いものになるであろうといった客観的な可能性に基づいた予測を得ることになります。彼らにとっては、シンクロナイズドスイミングの選手同様、自分の将来がいかに他の人々の将来に適合するかを予測して考えるのが最も有益なのです。この見解と一致して、アメリカの個人主義国出身の人々に比べると、アジアの集団主義国出身の人々の間では、予測が実際の能力とさらに密接に関係しています。正確さの問題に加え、もし集団主義の文化に暮らすのであれば、あなたがあなたの個性を作り上げている社会集団以上に楽観的になることも有益ではありません。[*1] そうなることは、あなたがそこ

＊1　この考え（自分の文化と同程度に楽観的であるべき）は、両文化ともに集団主義でありながら、集団として韓国人が日本人よりも楽観的である理由を示しています。文化全体が楽観的であるかぎりは、個々人も楽観的でありえます。その反対に文化全体が悲観的であると、個々人もおそらく同等に悲観的であるほうがうまくいくのでしょう。この問題に関して（私の知るかぎりでは）系統だった調査はされていませんが、個人主義と集団主義の社会における違いのひとつは、楽観性と悲観性の得点の開きにあるかもしれません。例えば、アメリカは高い平均値であっても人々の間には大きな差があるかもしれないのに対して、韓国の高い平均値に関しては、人々の間には小さな差しかないかもしれません。

に適合していないことを示している可能性もあり、あなたの適応にネガティブな結果をもたらすかもしれません。

Will（意志）とGrace（恩恵）――楽観性への2つの道

アメリカの文化においては、白人アメリカ人よりも黒人アメリカ人のほうが人生に対していくらか集団主義的な見解を持っていますが、韓国人同様、彼らも白人アメリカ人に比べより楽観的であるかもしれません。特に興味深いのは、おそらくは人種差別の経験から、黒人アメリカ人が白人アメリカ人とは多少異なって楽観的でありうるということです。アメリカにおいて、制度化された人種差別は大幅に減りました――黒人アメリカ人は、もはやバスの後部席に座ることも、異なる水源を使うことも、異なる学校に行く必要もなくなりました――しかし残念ながら、日常の人種差別は存在し続けています。黒人アメリカ人は、自分が微妙に人種差別的な扱いを受けていることに気づくことがあるかもしれません。白人女性が黒人男性のそばを通るときにハンドバッグをきつく握り締めたり、あるいは公式のパーティで黒人の招待客はウェイターと間違えられたりします。しかし、楽観性を理解するうえで最も重要な人種差別の側面は、人種差別が目標追求と達成にいかに支障をきたすかということです。ある研究者グループが述べているように、「人種差別は、努力、個人の行動、ポジティブなりゆきの偶発性を少なくともいくらかは帳消しにしてしまう」のです。

本書の大部分は、いかに努力と個人の行動によって楽観性が発揮されるかに関してです。この進路を「意志」としましょう。「意志」こそ、悲観的な人よりも楽観的な人が好ましい人生を手に入れる方法であり、同時にそれほど楽観的でない人がより好ましい人生を成就させ、その過程でおそらくより楽観的になりうる方法です（第8章にて詳述）。しかし、人種差別がこの進路を塞いでしまうとき、人種差別の被害者が楽観的であり続けるためには異なる方法があるに違いないのです。この進路を「恩恵」と呼ぶことにします[*2（次々頁）]。恩恵という考えは、多くの宗教的な信念の中心となるものです。恩恵とは、個人の達成度にかかわらず、その人がポジティブな将来（天国など）に到達するということを意味しています。事実、スピリチュアルな信念は、多くの黒人アメリカ人にとって人種差別の障害を回避する方法でもあります。愛情に満ち、支援的で、力づけられる神との関係を公表し、自らの人生が神によって与えられた目的、理由、そして方向性を持つと確信する黒人アメリカ人は同時に楽観的でもあります。白人アメリカ人に関しては、そうではありません（彼らのスピリチュアルな信念は、彼らの楽観性のレベルとは最小限のつながりしか持ちません）。少数集団に属する多くの人々は、人種差別が「意志」を妨げるため、「恩恵」を通して楽観性への道を見つけます。

しかしながら恩恵は、実際は意志に転じることがあるのです。[*3] すなわち、黒人アメリカ人や他の少数集団が恩恵を通して到達する楽観性は、彼らの意志を強化するのです。ある研究は、楽観的な人と悲観的な人が偏見（この場合は性差別）の証拠に晒されたときにどうなるかについて調査しました。女性たちは、いかに女性が差別を受けているかについての新聞記事（実際は実験者らによって書かれた）を読みました。その記事では、女子学生は男子学生に比べ性差別的な思い込みや見方の対象になる可能性や、大学卒業後の所得も少ない可能性がずっと高いことが主張されていました。基本的にこの情報は、女性が大学という社会にそれほど歓迎されておらず（性差別的な思い込みや見方に示されるように）、社会ではそれほど価値を認められておらず（より低い給料に示されるように）、社会資源と地位資源の両方を脅かされていることを伝えるものでした。結果として、その記事を読んだ後、女性たちの自尊心は低下し、彼女たちはより落ち込んだ気持ちになりました。

しかし、楽観的な女性はこの影響から保護されていました。彼女たちの自尊心の落ち込みは、偏見についてのその記事を読まなかった女性とほぼ同等でした。この保護は彼女たちの意志によって生じています。彼女たちは、性差別に対処し、性差別に対応しうる資源を持ち、性差別に立ち向かう準備をし、性差別によって生じる要求を満たすことが可能と思えるほどにまで自尊心の低下と落ち込みから保護されていたのです。基本的に彼女たちは、努力、技能、そして他の能力によって社会資源と地位資源を保護することが可能であるとの確信を持っていました。

恩恵から生じる楽観性は、差別のように長い歴史を伴う障害にも対処する意志に転ずる可能性

＊2　これらの進路が、Will and Grace でおなじみのテレビの登場人物と同じ名前であることにおそらくは気づかれたと思います（日本版『ふたりは友達？』）。Will and Grace を取り上げたラジオ番組が放送されていたとき、私は楽観性についての講演をするためにデラウェアを運転中でした。楽観性について考えていたこと、ラジオを聴いていたことが偶発的に同時に起こったことによって、Will（意志）と Grace（恩恵）が、ポジティブな将来への２つの道であるという気づきに至りました。つまり、自身で獲得する（意志）か、または、与えられる（恩恵）かということです。

＊3　近いうちに大きな逆転劇でもないかぎりは、テレビの登場人物との類似性が完全に崩壊するのはここです。

があるのです。これが重要なのは、楽観性による好ましい結果は主にそれらの結果を引き起こそうとする人々の努力から生じているように見えるからです。第4章において、結婚についての楽観性はその将来を生じさせようとする行動を伴ったときにのみ、より良い結婚のために効果的であったのを思い出してください。同じように、人々は偏見に直面するとき、信仰など楽観性の源となる代わりのものに専念することがありますが、そうすることによってその楽観性が偏見による障害を克服するのに役立つ場合にはそれは有益なのです。

新型楽観的な人——楽観的家族

楽観的な信念の文化的根源を探るにあたって、研究者らは国の一般文化の影響、あるいは国のなかのサブカルチャーさえも重要視してきませんでした。ほとんどの場合、彼らは家族という小さな、特殊な文化のなかで楽観性の根源を探してきました。これは、楽観性の4分の1にあたる両親から遺伝的に受け継がれる部分にある程度は基づくものですが、親によるその他の影響にも基づいています。

今日あなたが楽観的な人間であるのは、あなたの両親があなたの楽観性の原型となったせいかもしれません。子どもは他者を観察することによって自分をとりまく世界についての多くを学びます（だから暴力的なテレビ番組やゲームを見せることが心配なのです）。特に子どもたちは自分が観察するものに影響され、誰かがある行動によって報酬を得たのを見たときは観察したことを真似る傾向にあります。将来についてのポジティブな信念を表現し、目標指向で、見たところ（子どもから見て）それらの考えや行動が報われているように見える親は、子どもが似たような考え方を採り入れるように影響しています。おそらくあなたの親は新しい学校債の発行のための運動に着手したり、もしかするともっと影響力があり、学校債の発行が可決されるまでに（「可決される」ことがわかっていたように）他にも運動を始めたかもしれません。親のポジティブな信念や根気強さが報われているのを見ることは、子ども自身の楽観性を高揚させます。

2つ目に、親子関係は子どもにとって重要な社会資源です。第4章を振り返って、大人の生存にとって社会資源がいかに大切であるかについて考えてみてください。そして今度はそれらの関係が、大人による扶養が必要な子どもにとってさらにどれほど大切であるかを考えてください。子どもにとって最も大切な資源――親の受容や思いやり――を一貫して提供する親は、資源を獲得する能力全般に対する子どもたちの自信を築き上げ、将来についての彼らの楽観性を支援しえます。父親への愛情に満ちた態度が親切に対応されるのを知っている子どもは、他の子どもたちに対しても友好的に近づき、——そして第4章で説明されている過程を通して——家族内でも家族外においても社会資源を築く可能性が高いのです。そういった子どもが、家族内で培った自信とポジティブな期待を使って、必ずしも社会的である必要はありませんが、スポーツ、ゲーム、あるいは学校などの資源を築くと考えても誇張ではありません。子どもに最も大切な早期の資源を提供するポジティブな親子関係から、ポジティブな期待と資源拡張との好循環が起こり始めることが可能なのです。

楽観的な大学生と悲観的な大学生は、子ども時代についての想起の仕方に違いがあることが、この2つの継承方法を裏づけています。つまり、楽観性の実証と社会資源の提供です。楽観的な人は悲観的な人に比べて、両親が楽観的で、奨励的で、そして幸せであった——すなわち、楽観性のロールモデルであった——ことを覚えている可能性がより高いのです。彼らは、家族内により多くの社会資源があったことも覚えています。彼らは家庭内での、温かくてそれほど批判的でも敵対的でも拒絶的でもない両親との関係を覚えています。彼らはまたきょうだいともより良い関係にあり、対立関係にはなかったと記憶していました。

きょうだいのうちのひとりと立場を交換したかったことがあるかどうかという質問に対する彼らの答えにも大きな意味があります。楽観的な学生たちが、自分よりも年上のきょうだいと入れかわりたかったのを覚えていることが多いのに対して、悲観的な学生たちは、自分よりも年下のきょうだいと入れかわりたかったことを覚えていることが多いのです。年上のきょうだいのようになりたいということは、より多くのものへの願望を反映しています。つまり、より多くの自由、より高い能力、そしてより多くの機会などです。年下のきょうだいのようになりたいということは、より少ないものへの願望を反映しています。それは、より少ないプレッシャー、より低い期待などです。このパターンは楽観的な人と悲観的な人それぞれの社会的比較の特徴を思い出させます。すなわち、楽観的な人は感化のために上方（この場合は文字通り）を向くのに対して、悲観的な人は慰安のために下方を向くのです。

最近になって、子ども時代の楽観性と資源の関係についてのさらに説得力のある証拠が、２万人の成人フィンランド人らからなる大きなグループ研究によって提供されました。子どものころの両親との温かく親密な関係を思い出す大人たちは、より楽観的でした。親子関係の資源の重要性は、子どものころに他の家族資源が脅かされた場合において特に明白でした。驚くまでもなく、これらの脅威も目標と資源と同じ聞き慣れた領域に当てはまります。つまり、社会と地位です。家族の社会的な全一性——幼い子どもにとっての主要な社会資源——は、家族内での衝突や離婚によって脅かされます。子どものときに家族の衝突や離婚を経験したフィンランド人らは、大人になってからそれほど楽観的ではありませんでした。同様に、家族の地位が経済的な問題によって脅かされ、子どものときに家族が経済的な問題を経験したという人々も、大人になるとそれほど楽観的ではありませんでした。しかしながら、これらの脅威は温かな親子関係によって緩和されてもいました。幼いリーサの両親は失業しており、離婚することになりますが、彼女はどちらの親とも良い関係を持っていたとしましょう。大人としての彼女の楽観性は、両親の衝突や経済的困難を経験したことはなくても、母親との関係が良くなかったカタリーナの楽観性よりも高くなる傾向にあります。少なくとも幼年期早期から中期においては、子と親の関係の質が子どもにとって最も重要な資源であり、将来の子どもの楽観性を形成するうえで最も重要な影響力を持ちます。[*4]

研究のなかで人々に子ども時代について質問するときの問題のひとつは、楽観的な人が悲観的な人とは子ども時代を異なって記憶しているかもしれないということです。楽観的な人は環境のなかのポジティブな側面に注意を払う傾向が強いため、楽観的な子どもは悲観的な子どもに比べて、母親の温かなぬくもりに気づくことが多かったのかもしれません。したがって子ども時代の楽観性は、両親に対するポジティブな認識と大人になってからの楽観性の両方を生じさせますが、ポジティブな認識が必ずしも大人になってからの楽観性を引き起こすことにはなりません。別のフィンランドの研究者グループが提供した証拠によると、子どもが３歳と６歳のときの母親の子どもに対する認識はその子どもが24歳と27歳になったときの楽観性に寄与していました。子どもと一緒にいることを楽しみ子どもといることが快適で、厳しいしつけがそれほど必要ではないと感じた母親の子どもは、大人になったときにより楽観的でした。温かく受容的な母親と子どもの関係は、25％の遺伝的な特質にさらに大人になってからの楽観性の５％を付け加えることになりました。

＊４　ウェールズ人が母音を探すことがあれば、フィンランド人をあたってみるのが一番でしょう（オランダ人にもその疑いがあります）（訳注：原文では Katariina という母音が多いフィンランド人の名前になっている）。

しかしながら、子どもたちが成人期前期に成長するころには、親との関係は大人になったばかりの彼らの楽観性にはそれほど影響しなくなってきます。子どもたちが大学に行くようになるころには、事実上親の温情や承認は楽観性との関連がなくなっています。発達心理学者のエリック・エリクソンは、「(子どもは)家族の中では将来を変えることができない」と指摘しました。若いレイヨウやヒヒが発育するにつれ母親あるいは生まれ育った群れにそれほど頼らなくなるのとちょうど同じで、若い人間も独立した大人に成長し、核家族の外で自分たちの資源を探し始めます。成年期前期の社会資源と地位資源は家族よりも仲間によって与えられうる可能性が極めて高いのです。成長するにしたがって子どもたちは彼ら自身の行動、資源、そして楽観性に対してますます自分でコントロールするようになるのです。

あなたが創造する世界——ボトムアップによる楽観性

もし楽観性を、遺伝、国、文化、そして両親によってのみもたらされるものとして理解するなら、楽観性の大部分は自分の力の及ばないもので、自分で作りあげるというよりも与えられるものであると信じてしまうでしょう。性格心理学において、これは「トップダウン」の定義と考えられています。すなわち性格は、行動に影響する目に見えない特質ということです。例えば、敵対的な性格を持つことは、あなたの世界観とあなたがそのなかでいかに行動するかに影響します。例えば、もし別の運転手が急に前に割り込んできたら、あなたは「この野郎！　もっとましな運転をしろ！　いったい何様のつもりだ？」と思うかもしれませんし、その車の後ろにつけて煽ったり、クラクションを鳴らしたり、手であからさまな仕草をするかもしれません。その一方で、あなたが良心的な性格であれば、運転するときにはおそらくウィンカーを使用し制限速度を守り違法なＵターンなどは避けるでしょう。

性格に対するこの見方を「トップダウン」と呼ぶのは、性格が階層の一番上にあって考えや行動に影響を及ぼしているためです。この観点からすると、性格は変えることができません。自分の性格の命令にどれほど従った行動をするかは人によりますが、性格が一番上にあるのを変えることはできません。性格は王様であり、行動はしもべです。遺伝子と気質の影響を強調する性格理論家も、性格に対する「トップダウン」の見方を支持していますが、それは生まれつきの神経学的な機能が常時進行中の思考、感情、そして行動に影響するとみているためです。しかし、今回もこの見方は楽観性には他の性格特性ほどには当てはまらず、それは楽観性が他の多くの性格特性ほどには遺伝的ではないためです。楽観性から生じる幸福のうちのいくらかの部分は気質的な幸福感、あるいは不幸感（第1章で説明した外向性と神経症的傾向）との重複に起因することも考えられますが、楽観性が幸不幸を生じさせる気質以上のものであることは明白です。

1960年代には、人々の行動様式についてほぼ誰もがトップダウンの見方を採用していました。そして1968年、ウォルター・ミッシェルという心理学者が『Personality and Assessment』（邦題は、『パーソナリティーの理論：状況主義的アプローチ』）という本を出版し、その主張で性格心理学に衝撃波を起こしました。ミッシェルは、人々の行動への広範に影響する包括的な性格特性（例えば、口唇期依存、権力動機、あるいは神経症など、あなたの理論志向性によって違っているでしょうが）が存在するという考えは幻想以外の何ものでもないと論じました。人間はあまねく環境を予測しコントロールすることに奮闘しており、そしてそのため私たちはパターンと予測が存在しうる場所ではどこでも、そしてことによると、それらが存在しない場所においてもそれらを見つけるよう動機づけられています。ミッシェルはこれらの場所のひとつには、私たち自身の行動だけでなく他の人々の行動も含まれると論じました。私たちは自分が自分自身の性格に従って行動すると理解していますが、彼は私たちの行動が実際には状況によって変化することが極めて可能であるという証拠を提供しました。ある私の友達は、私が無口と特徴づける男性と結婚していますが、彼女によると彼は、彼女が仕事から帰ると毎晩ひとりで喋りまくるのだそうです。ミッシェルの議論によれば、この男性が無口あるいはお喋りと特徴づけられうる「性格」であるという考えは馬鹿げていることになります。そのような考えは、対象者と研究者の両方が対象者の行動に一貫性を見出すように動機づけられている事実によってのみ生じるというわけです。

その本が性格心理学者らをどれほど激怒させたかは推測するよりほかありません。私はある功績のある心理学者に、私が大学院の性格についてのセミナーで『Personality and Assessment』からの章を課題にしていることを告げました。すると、普段であれば穏やかな振る舞いのその男性が怒りでいっぱいになるのが見てとれたのです。ちょうど彼が大学院を修了するころにミッシェルの本が出版され、彼はキャリアをスタートさせた当時と変わらずいまだにミッシェルが「性格心理学を死に至らしめたも同然だ」として非難しています。

しかし性格は死んでしまったわけではありません。性格心理学を死に追いやる代わりに、ミッシェルの議論は反論や再考を触発し、私たちの性格への見解を変化させました。これらの反論のひとつは、平均の法則に似た信頼性の法則と呼びうるものに基づいています。信頼性の法則は、1つだけの例証から一般化することはできず、基礎を成している傾向が知りたければ多くの異なる事実を集めその平均を出さなくてはならないというものです。それでは、ある人が幸せな人か不幸せな人かを知るにはその人にどう感じているかと何度尋ねなくてはいけないのでしょうか？シーモア・エプスティンという心理学者は、ミッシェルが間違っている――行動には一貫性が存在する――ことを証明するために信頼性の法則を使うことを試みました。実例の日数が少ない場合は、幸せな人のたまたま不幸せな日をとらえてしまう（あるいはその逆の）可能性が高くなり、信頼性に欠けているように見えてしまいます。しかしながら日数を10日まで増やすと、人々が幸せか不幸せかの確かな特徴づけができるようになります。

感情以外の性格特性についてもこの証明がなされました。人々の行動の仕方も同様に信頼性のあるものでした。約10日間観察すると、人々が他の人々と交際したり、問題解決したり、リラックスしたり、あるいは夢想したりする度合には明らかな差異がありました。問題を解決するのが得意な人もいればそうでない人もいました。夢想することが多い人もいればそうでない人もいました。今回も、これらの人々は「夢想の仕方についての質問紙」、あるいは遺伝子型（夢想する遺伝子を持っているかいないか）などといった質問紙によって同定されたわけではありません。彼らは行動の傾向によって特徴づけられていました。

より平等主義的なこの性格の定義は「ボトムアップ」と呼ばれるものです。この見解においては、民主主義政治の主権が選挙する人にあるのと同じように、性格を定義する主権は行動にあります。個々の行動は、選挙民のように一体となって何が最高位につくかを決定します。この考え方においては、あなたの行動の仕方があなたの性格ということになります。事実、日々、あるいは時間ごとにあなたがすることによってあなたがどんな人であるかが定義づけられます。投票するパターンを変えると、当然ながら指導者も変わります。毎日の過ごし方を性格特徴への「投票」と考えれば、全体の体制が変わるのも想像しやすいでしょう。伝統的にトップダウンと考えられている影響のなかには、より民主主義的なこの枠組みのなかで概念化し直されうるものもあります。例えば、文化は様々な行動の許容度と結果を定義づけることがあるため、性格として同定される行動様式を形成する可能性があります。あなたには生まれつき感情豊かな気質が備わっているのに、感情を抑制することを重んじる文化に生まれついたことを想像してみてください。

結果として、日々の生活のなかであなたはほとんど感情を表現しなくなります。ボトムアップの視点からすると、それがあなたの継続的な振る舞い方であるため、あなたは感情を抑制している人ということになります。その反対の筋書きも想像できます。気質的に抑制された人が文化的な期待に沿って日常生活においてより表現力に富むようになり、ボトムアップの見方において感情的に表現豊かな人になる、ということもあります。

楽観的な信念と行動にも同様の原理が当てはまります。幸せな人にも不幸せな日があるように、極めて楽観的な人々でさえ、ある特定の目標について悲観的な予期をすることがありうるということを第6章で論じました。その結果、ある授業でよい成績をとるといったようなある特定の目標を見た場合、気質的な楽観性がそれほど影響力を持つようには見えません。しかしながら、多数の目標に目を向けてみると、気質的な楽観性は特定の目標についての信念と強く関連しています。問題はどちらが先か？です。気質的な楽観性が人々を特定の目標について楽観的にするのでしょうか（トップダウン）、あるいは楽観的信念の集合したものが気質的楽観性を作り上げるのでしょうか（ボトムアップ）？

私が個人的にはトップダウンよりもボトムアップの見方を好む理由は、それが楽観性がどこから来てどこに行くのかをよりよく反映しているためです。気質的楽観性が何らかの意味を持つとするなら、それが現実生活のなかで人々がいかに行動するかに影響していなければならず、全般的な信念は特定の行動に対する直接的なものではありえません。人々が目標を追求するときは、全般的な目標の意味や、目標のあり方のようなものを追求するのではありません。特定の信念のある、特定の目標について追求するのです。楽観性をこれらの特定の信念の集合体とすることは、日々の影響ということを考えればより意味をなしています。そのうえ、「気質」によるものではない、より大きな楽観性の部分は主に「養育」あるいは経験から生じているはずです。そして経験は全般的なものではありません。すなわち、目標の経験とは、漠然とした「成功」や「失敗」ではなく、特定の目標に対する結果の集合体です。人生に成功あるいは失敗したのではなく、良い成績をとること、希望を実現できる良い仕事を得ること、その仕事のなかで課題に取り組むこと、人に出会うこと、友人と親しくしていること、チームのメンバーに選ばれること、試合に勝つこと、スピーチをすることなど、ほぼ無限の個々の目標に対しての成功あるいは失敗なのです。

私が人々に悪いことよりも良いことが起こることを信じているかどうかという楽観性の質問紙への回答を頼むときには、彼らの将来の重要な部分すべてについての信念を引き出して返答するように頼んでいることになります。人々がこれを正確にやるかどうかについてはいくらかの憶測はあるものの、この場合にはかなり正確であるようです。例えば、私たちの研究で、気質的楽観性についての質問に対する、目標追求する大学生らによる回答には、個々の目標に向けた彼らの姿勢の集合体が反映されていました。逆にトップダウンの考えによれば、人々に個々の目標についての姿勢について尋ねることは、その特定の回答に彼らの気質的楽観性を当てはめるように頼んでいることになるわけです。なんだか逆のように思いませんか？　楽観性に関してはボトムアップのほうがより理にかなった定義なのです。

もし私があなたを実験室に10回連れてきて困難な課題を出したとしたら、それらの課題における根気強さのパターンはどのようにあなたを定義するのでしょうか？　一般的な気質の分類を使って、あなたは誠実であると判断されるかもしれませんし、真のボトムアップの観点からすれば、根気強さのパターンには根気強さという分類以外は必要ありません。それはまた楽観的とも定義されうるでしょうか？　それはより難しい質問です。楽観性という分類表示は行動ではなく信念に該当するため、楽観性という言葉を根気強い行動を指して使うことは不適切かもしれません。その一方で、楽観性は根気強さと強く結びついており、真に悲観的な人が一貫して頑張り続けるということはありえないので、それはあなたについての適切な仮説であるのかもしれません。楽観性の利益（免疫抑制のようなコストは言うまでもなく）の多くに起因するのがおそらくは行動のパターンであるため――ボトムアップの過程――あなたが誠実である、根気強い、あるいは楽観的であると呼ばれるかどうかは、あなたの幸福には関連性がないことになりさえするのかもしれません。

性格についてのボトムアップの視点は、たとえあなたがあなたの考える最も望ましい楽観性のレベルにはなくても、楽観的であることの利益を得ることは可能であるとの期待を持たせてくれます。つまり楽観的に生きるには生まれつき楽観的である必要がないのです。本書の論点とは、楽観的な人たちが幸せで健康なのは彼らがどうあるかによるものではなく、彼らがどう行動するかにあるというものです。楽観的な人たちは、彼らの性格が自然と彼らに楽観的なことをさせるため有利ではありますが、その楽観的な行動というものを知ってさえいれば、それをするのに楽観的である必要はないのです。あなたはそのままのあなたでいてもよく（したがって、あなたの家族や、友達や、そして同僚にあなたとわからなくなってしまうことはなく――ほとんどの人はそう希望します）、ただ、より楽観的に行動するバージョンのあなたというだけのことなのです。

楽観性ダイナモ

楽観性の根底を突き詰めるため、すなわち、日常の行いと経験とが合計されて楽観性になることの真相を究明するため、第2章の自己調整ループに戻ってみたいと思います。これは、目標に近づこうとする行動によって現在の状態と目標の状態の間の差異が縮められるという負のフィードバックループであったことを覚えているでしょうか。いくつかの部分の変更が加わった次ページの新しいループに注目してください。最初の変更部分は、現在の状態と目標の状態が同じであるときに起動する「成功」の枠です。2つ目の変更部分は、楕円で示されている「行動」です。新しい単純なループでは、行動は現在の状態と目標の状態の相違に対する自動的な反応でした。新しいループでは、行動は選択肢のひとつです。あなたは、相違を縮小するために行動をとるか、あるいは目標達成に失敗することになるとしても諦めをとるかを選択することができます。これは自己制御の重要な部分です。これなしでは、あなたは、持っているものと欲しいもののすべてのギャップを埋めようと狂ったように動き回っていることになってしまいます。概して私たちは

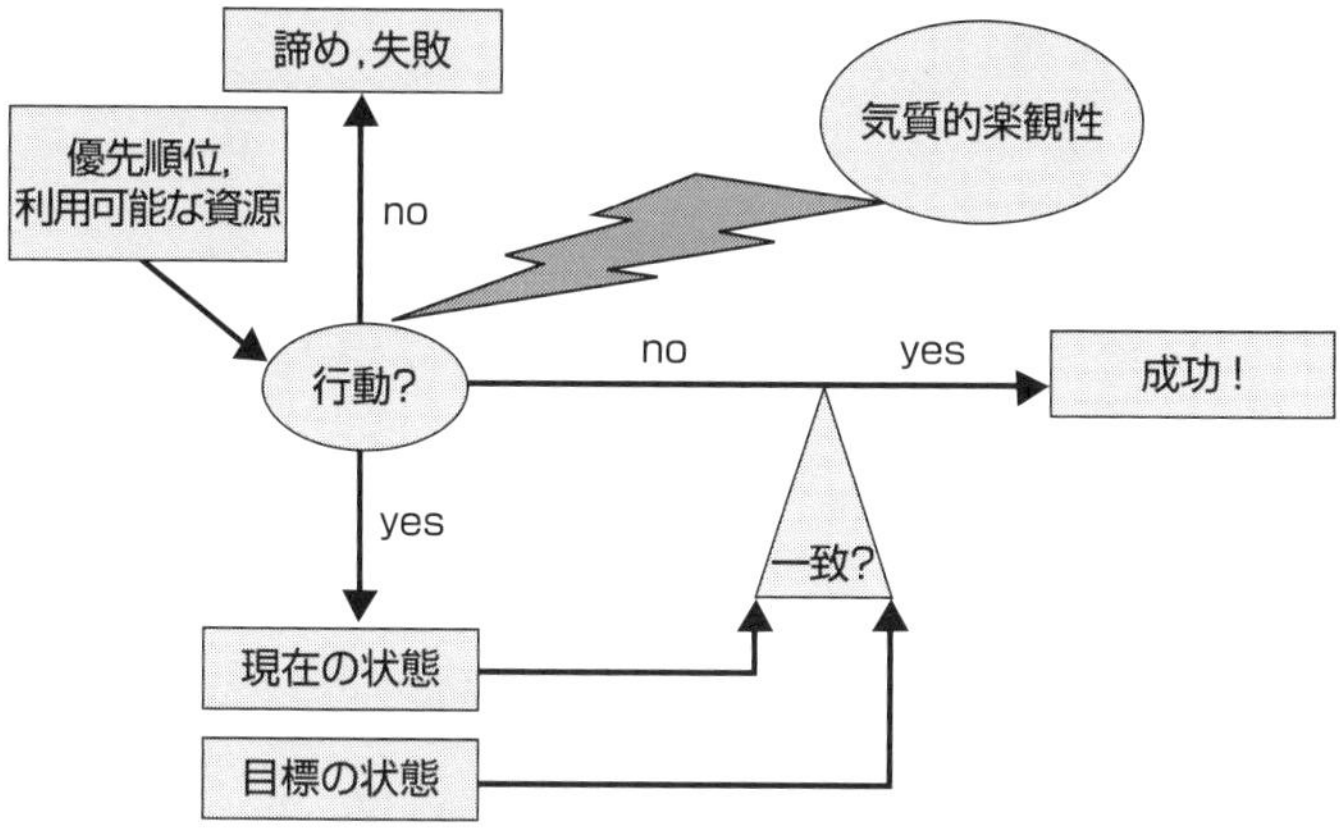

行動の選択肢と楽観性ダイナモを含む自己調整ループ

その瞬間に優先されるものによって、ひとつずつ目標に取り組みます。そこで3つ目の変更部分であるこの枠が、あなたが行動をとるかとらないかという決定要因をいくつか含んでいるのです。これらには、その目標が高い優先権を持つかどうか、そしてその目標を達成するための資源が利用可能かどうかということが含まれます。最も単純な場合では、問題となるのは、行動するのに十分な時間とエネルギーがあるかどうかということです。もし1日の終わりになっても、まだピアノの練習をしていないとき、あなたは行動を起こすことも可能ですが、そうすると鍵盤の上で寝入ってしまうことにもなりかねません。これは良くない提案です。なぜならそれでは、あなたはよく眠っていることにも、当然のことながらよく練習していることにもならないばかりか、鍵盤の上でよだれをたらすことも考えられ、それは鍵盤にもよくありません。

4つ目の変更部分は、当然ながら楽観性の付加です。繰り返し見てきたように、楽観性がする主な働きのひとつは、目標達成のために行動を活発にすることです。楽観性が日常の行動に影響するのは、この行動選択の時点においてです。したがって、私たちが毎日の生活のなかに楽観的な性格を見いだそうとするときには、目標に到達するための行動をとり続ける傾向を探します。この図をボトムアップの性格理論家の視点で見るなら、楽観性の活発な必須要素――ダイナモ――は、行動であるということになるでしょう。

当然これによって、根気強い行動が、根気強さと呼ばれ、実際には「将来についてのポジティブな思考」という意味の新しい名前（楽観性）を必要としないという前述の定義的な問題に戻されることになります。この問題を解決するために、もうあといくつかの部分をその図に加えてみることにしましょう。成功、あるいは失敗から生じる目標達成についてのポジティブ、あるいはネガティブな予期を加えてみます。この付加は2つの極めて重要なことをします。楽観性のボトムアップの見方に拠点を提供することと、楽観性からの自己調整のループと、自己制御から楽観性のループを閉じることです。

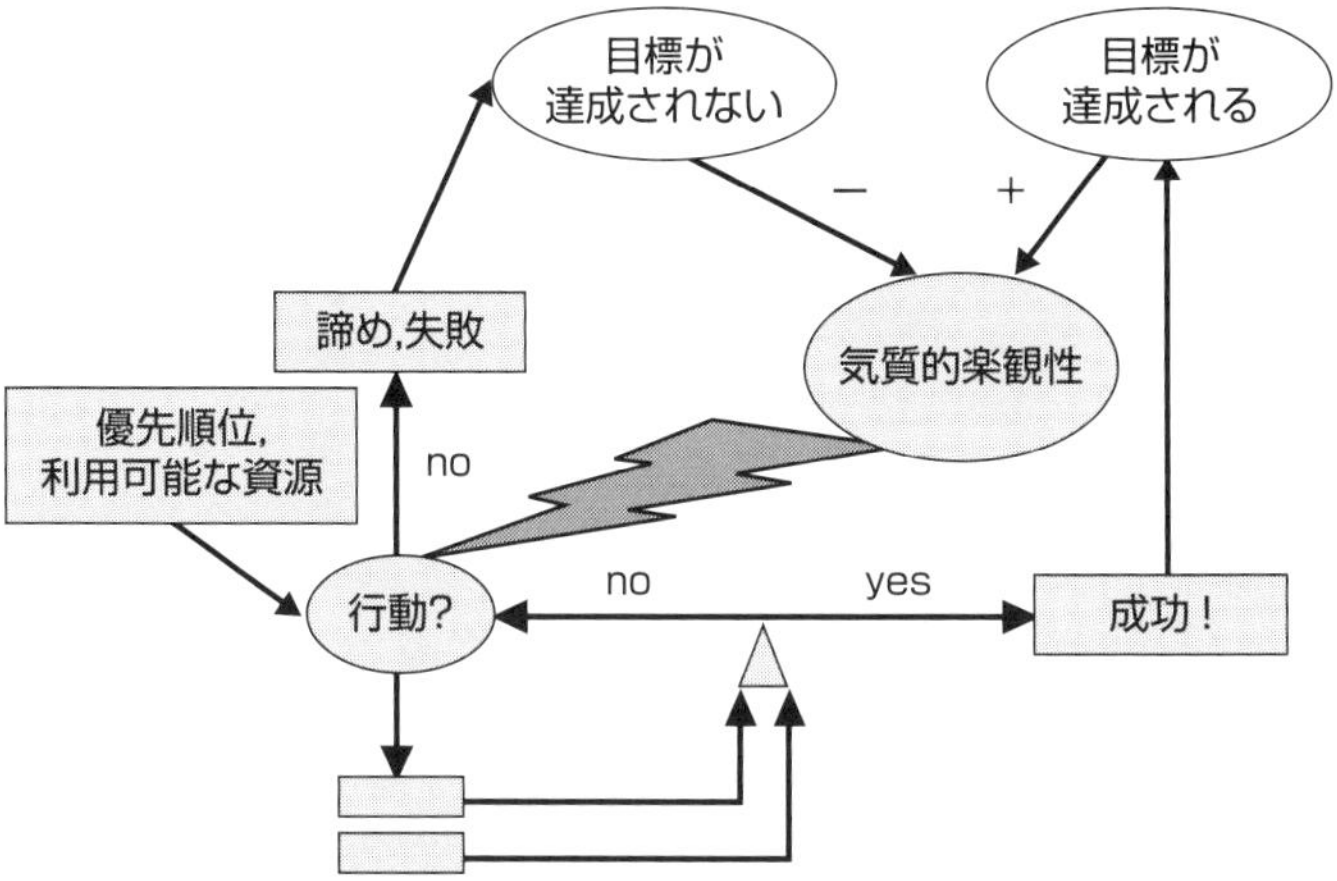

２つの予期を加えることで楽観性のループを閉じます。オリジナルの自己制御ループは縮小されて示されています。

ループが閉じられていない状態では、楽観性は上から影響を与えることになるためトップダウンの特質を持っていました。ループが閉じられると、楽観性は逆に、行動をとるかとらないかというあなたの選択の結果によって影響されるボトムアップ的な個人の信念の集合体となります。楽観性は全体のシステムに埋め込まれており、楽観性という分類表示は信念に関係するシステムのある一定の部分に該当するものであっても、楽観性の現象は全体としてのシステムからは切り離せません。この自己制御ループをはずし、楽観性から失敗、あるいは成功に直接矢印を書くことを想像してください。これが多くの人々の考える楽観性なのですが、それでは楽観性のシステムの半分がなくなってしまっているではありませんか！　それは、骨組みやハンドルが揃っていて、きれいに塗装してあり、革張りの内装になっているのに、エンジンがない車のようなものです。見かけは車のようなので、それでも車と呼ぶかもしれませんが、当然車のようには作動しないでしょう。

最初の負のフィードバックループの自己制御ループとは違って、行動、成功、目標の信念、楽観性を含む拡張されたループは、正のフィードバックループです。行動をすればするだけ、成功する可能性がより高まり、それらの目標が成功すると、より信じることになり、より楽観的になり、それによってより行動的になることに再度つながっていくのです。簡潔さを重視したため図の中には矢印がありませんが、成功からは、行動のためのさらなる燃料を供給する資源も構築されます。これによって示唆されるのは長期にわたる好循環です。

私が持っているデータのうち、楽観性が長期間ではどうなるかということを最もよく示しているるのは、私の博士論文の研究の参加者による10年後の追跡調査です。第1章では、そのうちの3分の2の人々に10%か、それ以下の変化しか見られなかったことから、気質的な楽観性はかなり安定したものであると述べました。それでは、10%以上変化した人々や、悲観的な人から楽観的な人へと分類が完全に変わってしまった人たちにはどんなことが言えるでしょうか？

まず、参加者らを全体的に見た場合、平均的な楽観性は時間を経て高まりました。10年にかけて徐々に5％ほど高まっただけでしたが、グループとしての平均は楽観的な方向に変化を示しました。ほとんどの人々が楽観的で（第1章を参照のこと）、楽観性が正のフィードバックループであるとすると、このようなことになります。概して楽観的なグループは1年経つごとに少しずつより楽観的になっていきます。この変化の別の見方としては、楽観性と悲観性それぞれの方向に10％変化した人々の数を比べることです。悲観的な方向に変化した人々の3倍の人々が楽観的な方向に変化していたのです。

次に、楽観性が最も上昇した人々が、10年経つと資源の面ではいかに変化しているかを見るのは興味深いことでした。もし先の図にあるシステムが正しいとすれば、資源と楽観性の両方が自己制御ループから生じるため、高いレベルの資源は高められた楽観性に付随することになります。10年の間に楽観性が大きく上昇した弁護士のひとりがこの説明に役立つ例を提供しています。社会資源と活動に関して、彼女は、同僚、家族、友人、教会、ボランティア、クラブなど広範囲に及ぶ社会的ネットワークを持っており、人間関係についての満足度を尺度上で最高と評価しました。地位資源に関しては、彼女は法律の分野ですばらしい地位にあっただけでなく、その他の2

つの起業したサイドビジネスも持っていました。彼女が当時のロースクールの学生グループのなかで下位半分に属していた唯一の領域は収入でした。その一方で、彼女の週40時間という労働時間はこのグループでは平均以下であり、彼女が残りの時間を使って、生活を向上させるようなお金以外の他の資源を積極的に構築していたことは明らかでした。

この例証は、既婚の働く母親たちの間における楽観性の変化のパターンによっても裏づけされています。多くのロースクールの学生たちが手にした好循環の正反対のイメージで、これらの女性の間では社会資源と地位資源の喪失、あるいはそれらに対する脅威が翌年1年の楽観性の喪失につながっていました。そのなかでも特に、おそらく成人した大人にとって最も重要とも言える――配偶者、あるいはパートナーとの――関係における問題は、従業員としての立場に関する問題同様、長期にわたる楽観性の低下と関連していました。

あなた自身の性格の証拠を探すとき、日常生活以外のところを見る必要はありません。あなたの感情、思考、目標、そして行動は動的で時間の経過とともに変化しますが、あなたを特徴づける感情や思考や行動の種類におけるパターンは長い期間をかけて表れます。楽観性という言葉は思考を指していますが、楽観性を含むシステム全体は、将来や目標達成の可能性についてポジティブに考えたり、目標や目標に向けた行動へのコミットメントに対して根気強くあること、そしてその結果としてポジティブな気分や高度の心理的幸福を経験する傾向によって成り立っていることになります。さらに、このシステムは正のフィードバックループであるため、いずれかの方向への勢いがつくと、それが楽観的な人々を悲観的にさせたり（何かの理由で彼らが目標に従事しなくなり、資源を構築しなくなった場合）、そして悲観的な人々を楽観的にさせたり（彼らが目標に従事し、資源を構築し始めた場合）することが考えられます。正のフィードバックループにおいても、変化はその人の経歴の流れに逆らって泳ぎ始めることを要するため容易なことではありません。しかし、別の見方をすれば、逆流のなかで泳ぐことも可能であり、そしてこの場合は、遠くまで泳いでいくにつれて流れの方向が変わり、あなたはただその流れに身を任せていればよくなっていくのです。

第8章　楽観主義を実行する

――楽観的な人間、悲観的な人間、そして変化の可能性

最近私は脚を骨折した人々によるあるブログの書き込みを読むことがあり（私自身の脛骨プラトー骨折とそれに続く修復手術という理由で）、そのサイトのブロガーたちのいかに多くが回復途中で苦闘しているかということに衝撃を受けました。彼らの多くは骨折からの回復に対しての意欲のない、あるいは率直に言って、悲観的な考えに没頭していました。多くの書き込みは、彼らがいかに「歳をとって」しまったか（「事故前は40歳の膝をしているって医者に言われたけど、これじゃ60歳の膝だ」）、あるいは運転をしたり、普通に歩いたりといったことができるまでにいかに長くかかったかということについての詳細でした。

さて、このようなサイトは、楽に回復している人々や楽観的な姿勢の人々を惹きつけることはあまりありません。なぜならそれらの人々が骨折した脚について書き込みをしていることはそれほど考えられず、彼らの場合は行動し始めている可能性のほうが高いからです。楽観的な人々は、過去の可能性について思い悩みません。彼らは、将来の可能性に向けて行動します。私が驚いたのは、事故の数カ月後に運転を再開することについて自分自身を野心的であると思ったブロガーたちが非常に多くいたことでした。私が事故後に最初にしたことのひとつは――実際には整形外科医の最初の診察で――障害者用の駐車許可証のための書類を書き終えることでした。というのも、私は再び動きまわれるようになることを心待ちにしており、すぐに運転するようになることを期待していたからです。[*1] 手術からちょうど1週間経ち、私はまだ運転するところまでいっていませんが、できるだけ早く運転できるようなるため柔軟性をつけようとリハビリの運動を真面目にやっています。膝について予想される長期の影響に関しては時々考えますが、いつから本気でリハビリをやり始め、脚の筋肉を修復させ始めることができるかについて、あるいは今年これから2度目の新婚旅行に行くときには松葉杖が必要なくなり、杖だけになりたいという意欲ほどには考えません。

脚を骨折している悲観的な人たちがブログをすることは彼ら自身にとって良くないことなのでしょうか？　彼らが回復期における困難をブログに書いたりせず、困難にそれほど集中しなければ、より早く回復することになるのでしょうか？　私はそうだと思います。さらに、彼らがブログの日記の使い方をいくらか変えれば、実際あまり期待したくない自己成就の予言を無効にし始めることが可能になり、最も悲観的な人が最も得をすることになるかもしれないと信じるに足る根拠があります。

楽観性はボトムアップの視点から、思考の集まり（将来へのポジティブな期待）と行動（根気強さ、目標にエネルギーを向けることなど）と定義することができます。楽観性の影響は、個々の思考と行動のこの集合体から生じます。したがって、人々が将来に対してポジティブな考えを持つときは、それらの将来を実現させようとする目標を追求する傾向が強くなります。ポジティブな人たちが幸せであることが多いのは、彼らが進歩を遂げているためです。彼らが自分自身と自分の人生により満足しているのは、資源を築いているからです。長い目で見ると、より健康に

＊1　私の骨折が左脚だったのは「ラッキー」で、私のミッション車を夫のオートマ車と交換したので運転に必要な手足はすべて機能します。

なりさえするかもしれません。本質的に楽観性とは何であるか、そしてどんな作用があるか、ということとの復習をここでしてみたいと思います。あなたがより楽観的に、より幸せに、より健康になれるかどうかは、次の文章のうちどちらがより真実であるかにかかっています。

1. 楽観性と幸せは主に遺伝子によるもので、ヒョウは毛の色を染めるのは可能でも、その斑点を変えることはできない。
2. 楽観性と幸せは日常の選択から生じている。

もしも悲観性が、変えることができる習慣以外のなにものでもないとしたらどうしますか？ただ変えたいからといって思考、行動、そして感情を変えることは、それほど簡単なことではありません。より運動したり、より良い食生活にしたり、あるいはタバコをやめたりして身体的により健康になろうとしている人なら誰でもそれを知っているでしょう。多くの場合、人々は変化が身につくまでその試みを数回はします。人々の行動を変化させようとするセラピストは、それが運動のような健康に関した行動であれ、回避や消極性のような感情的な姿勢であれ、変化への固い決意は確かに役に立つものの、それが単に意志力だけの問題ではないことを知っています。[*2] さいわい、心理学者たちは、困難な変化を起こす際に役立つ技法を開発しており、これらのやり方は悲観的な思考や行動を変えるためにも使えることがわかっています。しかしながら、私は楽観性の利益を得るためにあなた本来の性質を変えることを提案しているのではありません。それではブタに歌うことを教えようとするようなものです。それは、あなたを失望させ、ブタを苛立たせてしまいます。それでも、証拠が示すところによれば、より楽観的な態度を育成することは可能であり、そしてもし人の本質というものが本当に単に習慣的な姿勢であるなら、習慣を変えることで実際に本質を変えることが可能なのです。

楽観的に考える習慣

人々が楽観的な考えを促進させうるかどうかを目的とした研究にリチャードが参加したのは、

＊2　電球をかえるには何人の心理学者が必要でしょう？　ひとりだけです。でも電球自身が本当に変わりたいと思っている必要があります。

彼が常に不安で心配ばかりしていたからでした。定年にはまだ10年あるというのに、彼はすでにそれが個人的にも経済的にも困難な移行期になることを想定していました。確かに脅威への注意と（第6章で検討したように）防衛的な悲観性は有益ではありますが、それは行動を起こさせる場合に限ってのことで、リチャードの場合、彼の定年についての考えは、あまりにも悲観的だったため行動への動機にはなりませんでした。あいにく、彼の悲観性は定年を迎えることについて何かをするように彼を動機づけるものではありませんでしたが、彼は心配と沈思がためになるだろうと感じていて、より楽観的な考えは危険な自己満足と空想的な望みを生じさせると主張し警戒していました。

リチャードが空想に対して懐疑的であることは正解でした。彼が参加した研究は、人々をより楽観的にさせるための実験的治療を提供しており、幸いそれは人々を空想にふけらせるというものではありませんでした。事実、彼は現実離れした空想をしないようにすすめられました。研究によれば、空想は楽観性の持つ動機と行動への効果とは反対の効果があることがわかっています。楽観性が人々を夢に到達するように行動させるのに対して、空想は人々が夢にふけることを助長します。楽観性は、現状と将来性とを対比させた考慮を要します。楽観的なチャーリーブラウンなら、自分がまだそのかわいい赤毛の女の子に自己紹介していないということ、自分が彼女と知り合いになりたいこと、そしてそれが成功する確率について考えるかもしれません。しかし、空想は楽しくても、現状と可能だったかもしれないことが違うことを受けつけないすべてがシミュレーションされた未来の世界です。その相違に気づかずにいれば、それを縮小しようとは動機づけられません。結果として、人々が欲しいものを持つことだけを思い描くときには、実際にそれを手に入れようとすることに従事しないことがしばしば起きるのです。チャーリーブラウンがかわいい赤毛の女の子と知り合いになりたくても、彼女と手をつないだらどんなだろうと想像したり、結婚式を計画してみたりするだけで何もしないでいれば、それほどの成功は見込めません。

「ポジティブに考えすぎたら、失望することになるだろう」、「何かを見落として失敗することになる」あるいは「ポジティブに考えすぎれば、自分は働かなくなるだろう」といった信念は役に立つものではありません。これらの考えが事実ではないのは明白で――楽観的な人は失望などしておらず、起こりうる問題に対して適切な注意を払い、悲観的な人よりも一生懸命な取り組みをします――この人たちがもっと多くの楽観的な考えを持とうとしていないことは明らかです。

リチャードのセラピストは、リチャードが楽観性を抑えるという信念を手放すまでは、よりポジティブな将来を実際に思い描き始めることはほぼありえなかったので、彼に楽観性についての別の考え方を提案しました。彼がいったん、「楽観性は無気力を減少させうる」、「楽観性は目的を与えてくれる」などの楽観性を支持する考えをとり入れると、彼の理想とする定年後を想像し、それを実現するのに必要な手段を考慮できるようになりました。最後になって、リチャードは「願望を伴った考え方はそれほど有害なものでもない」ことを認めました。そっけないほめ言葉というところですが、それは心理的機能の実際の変化を反映していました。プログラムの最後のテストでは、彼と仲間の楽観性の訓練生らは、プログラムに参加しなかった人々と比較して、より多くのポジティブな考えを持ち、より問題を解決する力を感じ、そして現実の問題解決という課題に対するより多くの創造的な解決策を考え出していたのです。

楽観性に対する抑制的な思考を取り除くことと、よりポジティブな将来を想像するのを学ぶことに加えて、良い楽観性の訓練は自動的な注意力のためにもなります。第6章で触れたストループ研究では、楽観的な人間が悲観的な人間に比べて環境のなかのポジティブな側面により注意深いことが明らかになりました。自動的というと「コントロール不可能」という意味に聞こえますが、自動性とは単なる習慣的な働きのことです。その動作を意識的に幾度となく練習してこそ、あなたは指がどこにあるかを考えずにピアノを弾くことができたり、あるいは肘がどうなっているかを考えずにテニスボールを打ったりできるのです。爪を噛んだりする悪癖を直すには、代わりのより良い習慣（拳をぎゅっと握ることでもよい）が悪癖よりも自動的に優先されるようになるまで意識的に行うことです。リチャードのような人が心配したり思い悩むときには、自分の将来のネガティブな側面について考えることを習慣づけ、ポジティブな側面を無視していることになります。その結果として、悲観性の習慣を発達させてしまうことになるのです。悲観的な人々のこの習慣を止めさせるために、爪を噛む癖のある人が爪を噛むよりも意識的に拳を握り締めるようにするのとほぼ同じで、楽観性の訓練は人々を意識的にポジティブなことに集中させるのです。

ポジティブなことに注意するための簡単な訓練のひとつに、その日にあった良いことを３つずつ記録し続けるというものがあります。誰でも皆毎日、少なくとも３つは良いことを経験する――たとえそれが些細なことであっても――と言えると思います。といっても、すべての人がそれらに注意を払うわけではありません。残念ながら、それらに注意を払わない人々は、進歩や資源の兆候はいうまでもなく、動機づけられたり、感化されるような生活の側面も見落としてしまいます。ある楽観性の訓練生は次のような事柄をリストアップしました。きれいな花を見たこと、良い仕事をしたと言われたこと、そしてよく眠れたことでした。これらは、美しい環境、職業上の進歩、そしてエネルギーの充填のサインであり、すべてより高い人生の満足につながりうる資源です。これらのサインに毎日気づくことは、人々が思っていた以上に多くの資源を持っていることを認識したり、自分の人生について異なる感じ方をするのに役立ちます。

事実、この注意力の変化は、長期の幸せのための変化につながることのひとつであり、これによって、快楽のトレッドミル、心理的免疫システム、人々をセットポイントに引き戻す他の仕組みを免れることが可能になりえます。大規模な研究において、いくつかの異なる課題を1週間単位で行い、6カ月後の幸せに対する効果を比較しました。それらの課題の方法には、自分が過去に最高であったときについて考える、自分の個人的な長所（感謝の気持ちを持っている、親切である、つつましい、好奇心が強いなど）をはっきりさせる、長所を新たな方向に生かす、きちんとお礼をしたことのない相手に対して感謝の気持ちを表現する、あるいはその日にあった良いことを3つずつ書き留めるなどが含まれていました。これらすべての課題が人々をより幸せな気持ちにさせましたが、ほとんどの場合、幸せは時間が経つにつれ消失してしまいました。ところが

「３つの良いこと」の課題は長期にかけて幸せを向上させ、その課題をした人々はより幸せになり、６カ月間にわたってより幸せでした。なぜでしょうか？　まず、その課題をした人々は指示された1週間が終わってもそれを続けていた可能性が高かったことが挙げられます。そして２つ目に、彼らはそれをするにつれ、おそらくそうすることが上手になっていったことが考えられます。すなわち、長期にかけ少しずつ、彼らの注意力の習慣がより楽観的になっていったということです。３つ目に、ポジティブなことについての認識がおそらく第7章にあったループを活発にするのに役立ち、好循環につながったことが考えられます。単純な課題ではありますが、複雑で、ポジティブで、そして長続きする効果を持っています。

イーヨーのための楽観性

本当に悲観的な人にとっては（あるいは、頑固な懐疑者にとっても）、悲観的な思考の習慣を楽観的に変えることは、リチャードのような方法で態度を再訓練をするようには単純ではないかもしれません。何においても最初から始めるよりは、基盤があるものの上に築いていくほうが楽で、そのため楽観性の訓練もすでにいくらか楽観的で、その楽観性を拡張したい、あるいは最大化したいという人にはより効果的で、楽観性に違和感を感じる人々にとってはそれほど効果的ではないかもしれません。私が大学院のとき一緒だった2人の大学院生はよりポジティブな姿勢になることに必死で、一生懸命でした。ところが、こう言っては気の毒なのですが、私はそれが本当に「身につく」ことはなかったのではないかと思うのです。なぜなら彼らがつけていたポジティブなうわべの態度は簡単に粉々になってしまいそうだったからです。そのうちのひとりは障害が生じるたびに年に1度は大学院を辞める寸前の状態――大学院の勉強は難しいため珍しいことではないのですが――になっていました。彼の友人と教授らはまさに絶壁に立っている彼を説得するのが上手でしたが、彼が本当のところポジティブな人なのかネガティブな人なのかはよくわかりませんでした。その2人の別の問題としては、彼らが人間関係でも、企画でも始めてはすぐに放り出してしまい、慢性的にすぐ諦めてしまうことにありました。結果として、彼らは大学院でやっていくのに本当に必要な学業的、あるいは社会的な種類の資源を増やすことができなかったのです。

おそらくその問題の一部として、楽観性のシステム全体を稼動させるには単にポジティブであるだけでは十分ではないということがあるでしょう。それ以外の謎の部分を解くため、生活のなかの重要な状況についての人々の日記をもとにした研究成果を取り上げてみましょう。多くの人々が、日記は最も内に秘めた考えや感情を表現する場所であると考えており、人々が自分の最も奥深いところにある考えや感情を書くとき、多くのポジティブな結果が生じるとした興味深い証拠もあります。すなわちより良い健康、免疫機能、気分などです。しかしながら、すべての人が心の最も奥底にある考えと感情を表現することで良くなるわけではなく、感情的表現は、それらの考えや感情が悲観的であるときは有益ではないかもしれません。それらの考えや感情を意義ある理解に向けて発展させる代わりに、悲観的な人は思い悩みや落ち込みにはまってしまう可能性があります。ウエイトリフティングの再開を祝ったり、脚の骨折から学んだ教訓に感謝したりするよりも、[*3]悲観的な人は、彼らの経験する不足や将来についての悲惨な予測についてくよくよ考えるのです。悲観的な人にとって幸運なことには、最も奥深いところにすでにある考えや感情を探求することは日記の典型的な使い方ではあるとしても、そのためだけに日記を利用する必要

＊3　私はすでに私の有能で良心的な学生たちと料理上手の夫に感謝しています。私に突然起こった状況と予期しなかった障害への彼らの対応を私は喜ばしく感じています。

はないということです。新しい考え方の習慣をつけるために日記を使うことも可能なのです。

ひとつ考えられるのは、ポジティブな将来の可能性に再度注目するために日記を利用することですが、これは将来についてポジティブに考える癖をつけさせるため、3つの良いことに気づくことと同じような役目をします。例えば、ある研究では、HIVに感染している女性たちに彼らの治療法が現在の複雑な治療法に比べ格段に改善されて簡単——1日1錠の薬——になるという将来に焦点を当てて日記を書くように指示しました。現在利用可能な薬物療法は死亡率を減少させるうえでは極めて効果的なのですが、空腹時に服用するものもあれば、食後に服用するものがあったりと厳格なスケジュールで多数の錠剤を服薬することが求められます。より簡素化した治療法はHIV感染をコントロールする際の実務的な負担を大幅に軽減します。この可能性に集中した悲観的な女性たちは、日記をつけていた4週間でより楽観的になりました。

他には、より良い自己制御のために日記を利用する、つまり、目標を認識し、目標に沿って行動し、障害の克服の方法を探索するために日記を利用することもできます。欲しいものについてだけではなく、それをいかにして手に入れるかを想像すること——つまり、「精神的な刺激」（自分のとる手段を思考のなかで実行してみること）を空想の代わりとすること——は、自己制御のループを起動させ、実際に希望するものを獲得する確率を上げることになります。このような日記の利用法は、それほど楽観的ではなく、したがって自分自身ではこのようなことはしておらず、自分自身を表現するとネガティブな考えや感情にはまり込んでしまうかもしれない人々にとって役立つものになるはずです。別の調査研究では、大学1年生に次のことを指示しました。①心の最も奥にある考えと感情について書く、②大学での問題と困難、そしてそれらに対処する方法について書く（自己制御）、あるいは③大学生活のありふれた側面について書く（実験コントロール条件）。気分の向上ということでは、感情表現やありふれたことの記述よりも自己制御について書く課題に取り組んだ学生たちは、始める前の楽観性のレベルに関係なくより良い気分になっていました。楽観的な人たちの健康には自己制御も感情表現も有益でしたが、悲観的な人の健康には自己制御だけが有益で、感情表現は有益ではありませんでした。感情表現をした悲観的な人たちが、病気で医師のもとへ行った回数はありふれた話題に集中した悲観的な人たちと同じでした。

これらの日記の研究で最も興味深いのは、それが最も悲観的な人々に対して最も効果的であったことです。ある意味これは驚くまでもないことです。つまり、すでに比較的楽観的な人々の楽観性のレベルが劇的な影響を受けることは期待できないからです。しかし、別の見方をすれば、これは心強い結果でもあります。もちろん存在する長所をもとに築き上げていくほうが、欠けているものを補うよりもたやすいことです。つまり、ずっと座ってばかりいる人に比べて、すでにいくらか鍛えている人のほうが新しい運動のプログラムをこなすのは楽なのと同じです。しかし、ポジティブな期待と自己制御を改善させるにあたっては、ゼロから築き上げることが可能なようです。目標、抱負、そしてそこに到達する計画について書くことで、悲観的なブロガーたちの回復と、文字通り彼らが自分自身の足で立つことが容易になるかもしれません。

人生を変えれば、考えも変わる

本当に徹底的に悲観的な人であれば、自分が考えを変えられるかどうかとまだ懐疑的かもしれません。事実、通常それほどまでに悲観的な人は、変化の可能性について特に悲観的である可能性が極めて高いでしょう。幸い、変化が起こるためには、必ずしも変化についての確信が必要なわけではありません。私は『Change Your Thoughts and Your Life Will Follow』(考えを変えれば人生も変わる）という題名の本を見かけたことがあります。しかし、もしその逆も起こりうるとしたらどうでしょう？　人生を変えて、考え――つまり、楽観性――に後からついてきてもらうことは可能でしょうか？

恐怖症を治療するセラピストはいつもそれを目にしています。自分の恐怖症について話をすることに多くの時間とエネルギーを使っても改善されていない人々は、自分自身を治療不可能として認識するため特に悲観的になりえます。私が臨床研修をしていたとき、サイレンの音に対する珍しい恐怖症になってしまったジェイクという男性を治療しました。彼は交通量の多い大通り近くの自宅オフィスで仕事をしていたため、１日に何回もサイレンを聞くことになりました。犬、蜘蛛、あるいは高所などを恐れる人々と違い、彼は恐れている対象物であるサイレンが彼を傷つけるとは考えていませんでしたが、その騒音に襲われている感じがしていました。サイレンが彼をそのように感じさせればさせるほど、次のサイレンではより気が動転してしまい、それによって不安の悪循環が生じていました。自宅のオフィスを防音にするなどして騒音を除去する手段をとりましたが、音が押し殺されただけでしかなく、それを除去できなかったことでさらに自分の手には負えないと感じました。私のところに来るまでに、彼は数人のセラピストのところに行っており、別の患者が私たちのクリニックで改善したのを知っていた彼の家庭医の強い勧めでクリニックにやって来ました。ジェイクは今までの経験から、私が彼を救えるかということについてかなり悲観的に感じていました。

ジェイクと私の双方にとって幸いなことに、彼の恐怖症を克服するためにサイレンについての彼の考え方や感じ方を変えてもらう必要はありませんでした。私は彼に行動の仕方だけ変えるように言いました。私は彼に、サイレンを避ける代わりに娘にサイレンのついた救急車のおもちゃを買うくらいしてまで（言うまでもなく、それまでサイレンのついたおもちゃが家の中にあることは許されませんでした）、サイレンをできるだけ大きな音で、できるだけ回数を多く、可能な限り聞くように指示しました。すなわち、彼は今回、サイレンを回避する代わりに、それに近づいていかなければならないことになったのです。

思考、行動、そして感情は、相互関係にあります。次ページの図は、ジェイクの思考、感情、そして行動の関係です。この関係図の重要な側面とは、何を考え、どう感じ、そしてどう行動するかはすべてが相互に影響し合っているということです。彼はサイレンがいかに耐えられなくて、手に負えないものであるかを考えるとき、当然不安と苛立ちを感じました。そして、不安で苛立

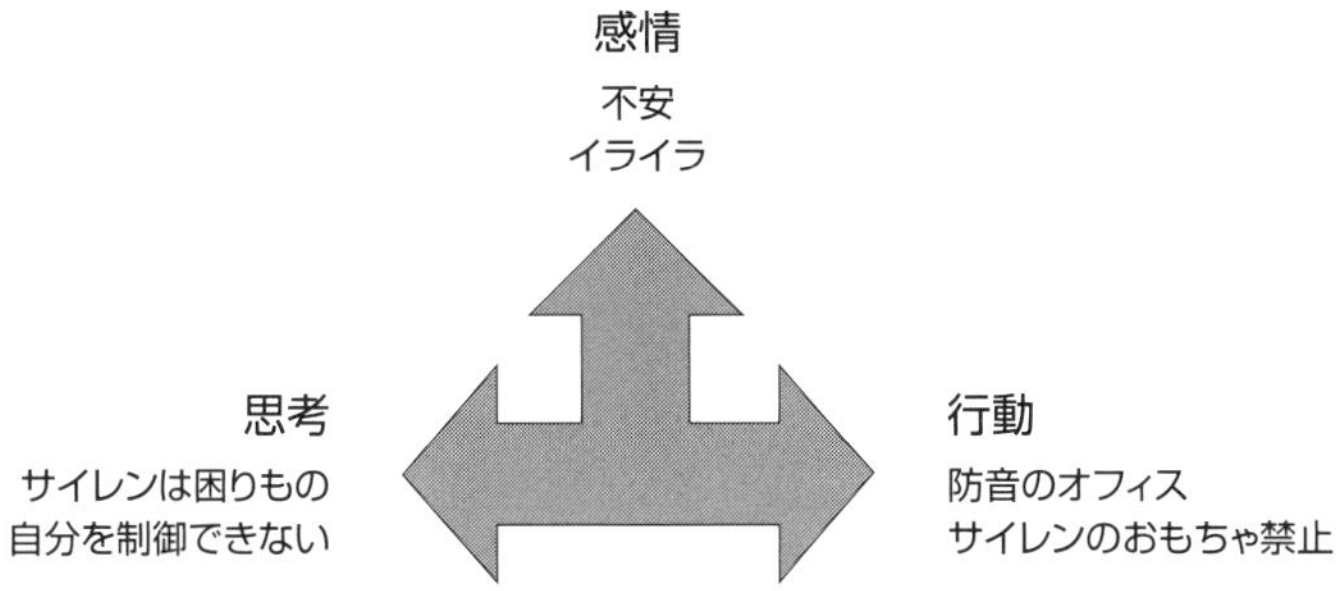

思考、行動、そして感情は、相互関係にあります。

っている感情の状態が彼の別の考えと行動につながりました。感情には信号評価があり、恐れ、怒り、不安、そしてイライラの感情が脅威を知らせるということが第２章にあったのを覚えているでしょうか？　結果として、思考と注意は、当然環境のなかの起こりうる脅威に集中することになります。それを放っておくと、ジェイクの場合同様、思考と感情が予想通り悪循環することになります。

さてここで、ジェイクが自分のオフィスに防音設備を施し、そして家の中でサイレンのついたおもちゃを禁止することで、サイレンの自分の環境への影響を軽減するという行動をとっていたことを思い出してください。これは不安による当然の結果です――とにもかくにも、サーベルタイガーに対して感じる恐怖の目的は、あなたをトラに近づかせ、撫でようとする気にさせることではないのです（そんなことをしたら死ぬかもしれません）。しかし残念ながら、不安から生じる行動は、しばしば長引くことがあり、恐れている結果を引き起こしさえします。例えば、恋愛関係において不安定な気持ちの人々は、自分のことを愛しているかなどとたびたび相手に訊くことによって自分を安心させ、関係を固めようとします。しかしながら、これはうるさい、あるいはしつこいと見られ、実は相手に嫌がられることにもなりえます。相手が引いてしまうと、不安定さがもたらす行動が助長され、関係を悪循環させることになります。他の例としては、ナーバスな演説者がリラックスしているように見せようと一生懸命で、それがかえって堅苦しいと映ってしまうことがあるというものです。どちらの場合においても、問題を軽減しようとしてとった行動が実際には問題を生じさせることになっています。

不運にも、ジェイクが不安をコントロールするために実行していた種類の行動――サイレンの回避――は、不安な考えを変え、感情的苦悩を緩和しうる仕組みを事実上避けることになってしまっていたのです。不安を引き起こすまさにそのものに彼を晒すことは、適切に行われた場合信じられないほど効果的な改善策となりうるのです。それはなぜでしょうか？

極めて基礎的に考えると、私たちがその方法を効果的と判断するのはそれが問題行動を取り除くからです。恐怖症の定義には、その人の生活のための能力を損なわせるような恐れている状況を回避する行動が含まれます。もし回避する行動をとらないようにできれば、定義上は症状を軽減することになります。すなわち、社会恐怖症の人はパーティーで人々と話し、広場恐怖症の人はスーパーに行くことになります。ボトムアップの心理病理学的な観点からすると、問題の本質は行動であるという定義が成り立ちます。

しかしながら暴露が行動の変化以上の利益を生み出すのは、感情と思考が行動とつながっているためです。恐れている状況を経験すればするほど、想像していた事態になることはなさそうであること、たとえそうなったとしても恐れているほどには壊滅的ではないということをより理解するようになります。彼らはその状況でそれほど心配と恐怖を感じなくなり、不安な考えや行動をする可能性を低下させます。思考と感情が不安と心配を次第にそれほど触発しなくなるにつれ、その状況に晒されることが容易になり、より高度な認知や感情への変化につながります。すなわち恐れの克服につながる好循環です。

暴露療法において、セラピストが患者を恐れている状況に送り込むのは根本的には情報を収集させるためです。もしサイレンが一日中鳴りっぱなしだったら、彼は本当に気が狂ってしまうのでしょうか？　セラピストとして私の最も気に入っていた研修経験は、不安障害の治療の権威であるイギリスの心理学者、ポール・サルコフスキスのワークショップでのことでした。このワークショップで私たちは、非定型的な行動（パニック発作を起こすなど）によって人々が集まってきたり、あざ笑ったり、指をさしたりすることなどに対する不安を持つ患者に仮説のためのデータを収集させるサルコフスキスのビデオを観ました。サルコフスキスは彼の患者をショッピングモールに連れていくことでこれを行いました。その患者は、サルコフスキスがショッピングモールのど真ん中でモンティ・パイソン的なおかしな歩き方をして通っていくのを見ることで情報を収集しました（何人の人が集まってきて、あざ笑ったり、指をさしたりしたでしょうか？　いつかご自分でもお試しください）。

行動を変えることで感情を変えようとすることには、2つの利点があります。1つ目は、行動は思考や感情に比べて変えやすいということです。意志によって感情を変化させるのが難しいのはよく知られたことです。事実、感情に信号評価があっても、意志でそれを変えられるとしたら、それは人間の自己制御器の設計上の極めて大きな欠陥ということになります。自発的に、首の後ろで毛が逆立つのを防げたとしても、もしもそれが結果的にサーベルタイガーが首のすぐ近くに来ているという事実に気づかずにいることになるなら、いったい何の意味があるでしょうか？

第2章での人間とサーモスタットの類比を使うと、意志で感情を変化させることができるということは、部屋の温度を変えずに、サーモスタットの室温の表示だけを変えることができるようなものです。あなたはまだ暑い（あるいは寒い）だけでなく、ゲージはすべて良好になってしまっているために、それに対してあなたが何かすることはなくなってしまうので、これはかなり愚かなことです。

もしあなたのセラピストが「心配しないで。幸せにしていなさい」などと言うようなら、新しいセラピストを見つけてください（本書の序章にあった一番最初の要点でもありますが、幸せになろうと努力することは裏目に出ます）。悪循環から抜け出すために行動を変化させる方法を教えてくれる人を探してください。感情については心配しないでください。感情は感情自身でやっていけます。

2つ目に、行動に的を絞るときは、変化を起こすために認知と感情の変化の可能性を信じている必要はありません。それは役には立ちますが、必ずしも必要ではないのです。何週間かの期間中に、ジェイクのサイレンに対する姿勢が変化しました。暴露を積極的に実行することによって、彼はサイレンの音を聞くことが耐えられないものではないことを理解しました。彼は起きうる限界の音に耐えることができました。彼は自分が状況をより管理し、対処できると感じ、不安が低減しました。ジェイクは、悪循環のなかの行動の部分を管理し、その過程では思考や感情を自然にまかせて、悪循環を逆転させたのです。

行動を変化させるということは、また楽観性の利益への最善の道であるかもしれません。なぜなら行動の変化は人によっては馴染みがないこともありうる別の考え方を受け入れることを必要としないからです。さらに、第7章のループが提案していたのは、ボトムアップの正のフィードバックループが起動し楽観性が培われ始めるまでは、楽観的な人のように行動することが楽観性への最善の道であるということでした。すなわち、本当に楽観性を発達させたいのであれば、「ふりをしてやり過ごせ」ということです。人々は、自分が楽観的な人であるかのように行動することでより楽観的になっていきます。この場合、それは目標追求により従事し、根気強くあることを意味します。あなたの目標は何ですか？　あなたにとって大事なこととは何でしょう？

目標のリストを作ったり、あるいは数カ月、または数年後にあなた自身とあなたの生活がどんなふうであってほしいかを書き出してみましょう。そして時折それを見るようにしてください。自己制御に関する研究では、学生らが日記に書き込んだのは3回だけでした。彼らが自分たちが大学に慣れる時期に直面する際の問題や挑戦に対処するのに役立つ３つの事柄をリストアップしたのは毎回たった５分間で行われました。しかし、その５分は彼らの幸せと健康を促進するための決め手となるものでした。重要な目標についてのちょっとしたメモと、いかにそれらを達成するかという簡単な計画でさえ、大きな違いになりえます。あなたの最も重要な目標に到達するためにできる３つのことを書きとめるための小さな黒板か、あるいは付箋でも結構ですので用意してください。来週になったら、そのうちのいくつかでもうまくいっているものがあるかどうか、そしてそれらが継続されるべきか、修正されるべきか、あるいは他のものと交換されるべきかどうかを評価してください。あなたにとってはこれだけで十分「日記」の役目を果たしているかもしれません。

楽観的に行動するということは、諦めてしまいたいようなときに、もう一度（あるいは、ことによるともっと）やってみようとすることにもつながりえます。なぜなら、それが楽観的な人を楽観的な人たらしめていることだからです。あなたが期待する以上に成功するかもしれないという可能性に対して心構えをしてください。また、根気強く粘っても成功しないかもしれない可能性に対しても心構えをしておいてください。それらを学びの経験ととらえてください。例えば、たとえ根気強い努力が報われないとしても、デートにこぎつけようとする際に一生懸命になることとストーカーになることを区別するための指標を学び始めることができます。[*4] それを十分な期間続けてください。それによって、あなたは楽観的な行動とそれに伴って起こるすべてのものに通じる道を歩んでいることになるのです。

内発的動機に通じる

第2章のジェニファーとマリーの目標に表されていたように、楽観的な人と悲観的な人は異なる種類の目標を持っているわけではありません。それでも、持っている目標の種類やそれがどこから来たのかによる影響について述べておく必要があります。なぜなら、それらはどちらも目標の幸福への効果に対して極めて重要であるからです。

私の学生たちと私は毎年、継続中の私たちの楽観性と免疫性の研究に参加しているロースクールの学生たちそれぞれにインタビューをします。そのインタビューでは、彼らにとって何が挑戦あるいは困難であるかという彼らの知覚（第3章のストレスの生じる過程）や、自分を他人と比較するかどうか（第4章の社会的比較の過程）についてなどに焦点を当てています。インタビューは、本格的な質問が始まる前に学生たちをリラックスさせ、録音されることに慣れさせることを目的とした「準備」的な質問で始まります。それはこのように始まります。「どうしてロースクールに行くことにしたのかについて話してみてください」

それによってわかったことは、学生たちはさまざまな種類の違った理由でロースクールに進学するということです。そのなかには、知的な挑戦を楽しむ人、政府などの別の分野でのキャリアのための手段として法学位を取得したい人、家業に加わるという人（自分以外の家族が全員弁護士）、そして法体系を利用して人を助けたり守ったりすることができるようになりたいという人もいます。人によっては、他の専門的な学位が考えつかず——医学には魅力を感じなかったり（まわりが病人ばかりで）、博士号は取得に時間がかかりすぎたりして——仕方なくロースクール

＊4　警告：目標を達成する際に考えられるコストに対する利益はそのつど測定しなければなりません。考えうる最悪のことがデートで断られることなら、まだ1度しか断られていないかのように後でまた誘ってみるだけの価値はあるかもしれません。しかし、法的な接近禁止命令を出されているのであれば、デートできるというごくごくわずかな可能性が刑務所に入るという経済的そして機会的な費用に値するだけの価値があるかどうかをよく自分に訊いてみるべきです。

に行く人さえいます。これらすべての学生が同じ目標――ロースクールを卒業すること――に向かって取り組んでいますが、その目標は学生によって極めて異なるところから生じていたのです。

自分が持っている目標は何かについて考えるとき、必ず、なぜそれらを持つのかについても考えてください。自己決定理論によれば、人々には3つの基礎的な心理的欲求があります。有能さ（うまくいくこと）、関係性（他者との結びつき）、そして自律性（意志に従った行動）です。幸福と健全な成長はこれらの欲求の充足を追求することから生じます。目標がその人自身の価値観と主体性に起因するとき、それは「自己決定されている」（したがって、自己決定理論）ということになります。自己決定された目標は、自律性の欲求を満たす（その目標をとり入れることは自分の意志に従って行動していることになる）ため、報酬と動機を提供します。すなわち、自分自身で選択した目標は本来やりがいのあるものであるというわけです。マカロニアートは、お金儲けのための企画としては良いものではありませんが、内発的に動機づけられている場合には、創造と技能の演習（有能さ）と自律性のための機会を与えてくれます。外発的に動機づけられた――外的な報酬や罰のため、罪悪感や羞恥心を回避するため、または規則（現実のあるいは頭の中の）のために――目標を追求することからは、内発的に動機づけられた場合と同じ報酬が与えられることは決してありません。

さらに、人々は外発的に動機づけられた目標に比べ、内発的に動機づけられた目標に向けてのほうがより良い進歩をします。また、外発的に動機づけられている学生よりも内発的に動機づけられている学生のほうがよりよく習得します。内発的に動機づけられて教会に行く人たちは外発的に動機づけられて行く人たちよりもより幸福です。私たちのロースクールの学生たちにおいて、私たちが予測するのは、外発的な理由（私がより多くの収入を得ることを夫が希望している、祖父はずっと私に弁護士になってほしがっていた）でロースクールに進学した学生たちよりも、内発的な理由（法律を面白いと感じている、人助けをしたい）で進学した学生たちのほうがよりよく適応し、成功するであろうということです。

何かをすることに対して外発的な理由を与えることは、存在する内的動機を損なうことさえ起こします。この効果の典型的な実証例のひとつは、絵を描くことに興味を持っていた子どもたちが、より多くの絵を描くことで証書がもらえると告げられたとき、しだいに絵を描くことに興味を失い、証書が与えられた後の自由なお絵描きに費やした時間は証書をもらう前の約半分になったというものです。予期せずに証書を与えられた子どもたち、あるいは「証書なし」でお絵描きをしていた子どもたちは絵を描くことに興味を持ち続けました。子どもたちは、自分たちの楽しみ以外の報酬を期待することで、自分たちの楽しみから喜びを得られなくなってしまったのです。[*5]

大人においても、外発的な動機の重要性を示す文化的なメッセージによっても私たちの最善の動機は損なわれかねません。学生たちがロースクールを始めるときは、彼らのほとんどが学業的な目標を追求していますが、それは彼らがそれらの目標は重要であると考えていて、それらが楽しく触発的であると感じるためです。しかしながら、勉強が進むにつれて、多くの明瞭な、あるいは暗黙のメッセージが学生たちをそそのかし始めます。学生たちは、社会のためになること、知的な刺激、あるいは法律を勉強する他の個人的理由についてよりも、お金や地位についてをますます耳にするようになります。結果として、他の人々がそうすべきだと考えるから、あるいはそうしないと罪悪感を感じるからといった理由で、彼らはお金、あるいは地位のための目標と進路を追求し始めます。内発的な動機は、ロースクールのはじめの数カ月で25％も落ち込み、この変化は幸福の喪失と不眠症や頭痛などの身体的な症状の増加につながるものでした。ロースクールの学生たちの法律に対する内発的な興味が外発的な報酬への期待に取って代わられるとき、彼らは損害を受けているのです。

自分の行動の外発的な動機に没頭している学生たちにとって不幸なことには、外発的な動機はロースクールでの低い成績を予測し、低い成績は「地位」のあるキャリアを追求する能力の低さを意味するため、この動機の変化は彼らに不利に働くことになります。外発的に動機づけられた目標の追求は自己敗北的であるかもしれません。

もしあなたが自分の目標のリストを作るとしたら、それを理想化したいという気にさせられるかもしれません。

・確実にベストセラーになる小説を書く
・ミセス・ジャサミン郡コンテストに応募する
・３００人の親友との文通をし続ける（すでに印刷されているカードをもっと買うこと）
・４人の完璧な子どもを持つ
・完璧な弦楽四重奏のために４人の完璧な子どもにバイオリン、ビオラ、チェロを教える

＊５　それでも、外的な動機は子どもが、ゴミを出す、おもちゃを片付ける、歯を磨く、犬にえさをやる、などの内的には動機づけられないことをする可能性を高めるのに極めて有益です。

・凝った夕食に40人を招待する（ワインの貯蔵庫を造るために地下を掘ること）

しかしながら、自分の目標を考えるとき、あなたが良いと思う、あるいは立派だと思う目標のために自分自身を失ってしまったり、がまんしたりすることは自分自身にとって良くありません。マカロニアートを習いたいなら、それをリストから追いやってはいけません。誰であってもあなたがどんな目標を持つべきかを決めることはできないのです。他の人から目標を提供されることもあるかもしれませんが、それらの目標は彼らの目標であってあなたのものではありません。事実、これら2種類の目標は極めて異なります。そのため、自己について研究する人々は、人々の将来の自分に対する見解を考えうる2つの自己に分離します。つまり価値観や目標をもとに希望する将来の自己を備えた「理想的」な自己と、他の人々によって「課された」願い、価値、そして目標をもとにした将来の自己を備えた「すべき」自己です。あなたを操縦している目標はあなたのものであることもあり、あるいは他の人のものであることもあるかもしれません。他の人々はあなたがどうあるべきかということについて極めて良い考えを持っているのかもしれませんが、幸せということにかけては、他の人の目標よりは自分の目標のほうが好ましいということが研究の結果によって示唆されています。

内発的な動機とは、目標に従事することを自分自身に思い起こさせるという簡単なことで維持されうるものです。心理学者のケン・シェルドンと彼の同僚らは内発的な動機を促進するのに役立ちうる戦略を提案しました。

1. **独自の目標を持つ。**核心となっている価値観、重要な資源、あるいは目標によって表現される理想的な自己について振り返ってください。あなたにとってのマカロニアートとは何ですか？　それはあなたの創造的な願望に通じるものですか？　それはあなたの内に秘めた印象派画家を解放してくれますか？

2. **楽しむ。**あなたが楽しめるような状況で目標を追求してください。楽しみを最大化するような人々、時間、あるいは設定を見つけましょう。例えば、ある日エアロバイクをこいでいる間、私は自己制御に関する面白い本を読みました[*6]。その本の著者はヨーロッパに住んでい

＊6　この話題に関して興味がわかない人へ：私はこれによってバイクをこぐのがより面白くなりました。

たとき、自分がいかに朝のジョギングを楽々とやってのけたかについてを書いていたのですが、そうできた理由というのが、その通り道には公園があり、そこはトップレスの人が日光浴することで有名だったというのが良い例でしょう。

3. **全体像を思い出す**。あなたの目標が比較的限られたものなら（約4・5キロやせる）、それはどのような広義の目的にかなっていますか（より長い人生を、より健康に生きる）？

楽観主義を実行するうえでの最初の原則は目標を追求することです。楽観性があらゆる種類の動機に対して許可を与える代理人のような働きをするのは、ポジティブな結果を想像する能力はあらゆる種類の動機を促進させるからです。悲観性は、有能さ、関係性、そして自律性へのネガティブな期待によって内発的な動機を弱めます。それと同様に、外的な罰の可能性が報酬よりも高いことが予期されると、悲観性は外発的な動機をも弱めます。幸福と行動への動機は、全くないよりはどんなものでもあったほうがよいことは明らかであり、楽観性はそういった面において有益です。しかしながら、自己決定し、内発的に動機づけられた目標に対する楽観的な信念の利益に集中することは、有能さ、関係性、そして自律性といった基礎的欲求を満たす目標への動機をもたらすことに通じ、その影響力がさらに増すかもしれません。

日々の資源増加

私は本書の執筆に取り組んでいる間に、2005年の新年を迎えました。その2日後、ニューヨークタイムズに次のような見出しを見つけました。

決意：もっとやる。または、それほどやらない。どうするか。

自己改善へのガイドたちが、幸せへの道はより速く進むべきか、ゆっくりと進むべきかで合意できずにいる。

自己改善のための書籍は2つのグループに分けられると思われます。つまりより行動するとより幸せになると主張するもの（早起きをして、目標を設定し、リストを作る）そして、それほど行動しないとより幸せになると主張するもの（遅くまで寝ていて、リラックスし、熟考する）です。私は即座にこの本のことを考え、もしこの本を自己改善への手引きだとするならば、先の2つのグループのどちらに属するだろうと考えました。おそらくは、より多くのことをする人、仕事一番の人、物事をしつこく追いかける人たちのクラブである最初のグループに当てはまるように思えました。こう考えて私が少し残念に感じたのは、私は必ずしも人々が十分にやっていないと思っているわけではないからです。ただ私が思うのは、人々は時々適切なことをしていないということなのです。

ニューヨークタイムズの記事が出る1カ月前、ニューヨークタイムズほど多くの読者を持たないにしても、世評の高さでは同等か、あるいはそれ以上の定期刊行誌サイエンスに別の記事が掲載されていました。この記事にはわくわくさせられるような題名がついていました。

日常生活の経験を特徴づける調査方法

一日再構成法

調査の結果は幸いにも記事の題名以上に興味深いものでした。その調査には、働く女性らが彼女らの活動について、それらの活動中におけるポジティブ、あるいはネガティブな感情について、そしてそれらの活動に1日何時間従事したかについてを記録した909日分の日記が含まれました。これらの女性らの日常生活における最も一般的な活動とそれぞれの活動に費やした平均の時間を381ページに示しておきます。[*7]

これはごく平凡な1日の過ごし方のように見え、また私の1日もしばしば似たようなものであると言えます。何が驚きかというと、それぞれの活動に費やされた相対的な時間と、その活動においてポジティブな気分とネガティブな気分を経験した相対的な時間との比較です。もしこれが典型的な1日だというのであれば、私たちみんなが少しだけマゾヒストのように見えるのです。というのは、私たちが最も多くの時間を費やす事柄（通勤、コンピュータ）はしばしば私たちを最もネガティブに、そして最もポジティブでなく感じさせるものであり、そして最も少ない時間を費やす事柄（運動、親密な関係、祈り、あるいは瞑想）は、概して私たちを最もポジティブに

＊7　合計すると24時間以上になるのは、一度にひとつ以上の活動に従事することがありうるからです。例えば、食べながら電話で話す、社交しながら仕事する、そしてうたた寝しながら通勤することさえありえます（バス、あるいは電車通勤の場合です）。

し、最もネガティブでなく感じさせるからです。

第2章と第3章で、幸せと幸福のための最善の行動は目標に向けた前進と資源の構築につながるものであったことを覚えていますか？　この研究は、その原理の良い実証例となりました。その研究における女性たちはまさしくそれらの種類の活動に従事しているときが最も幸せであったからです。これらの女性たちは、リラックスしたり、食事したり、あるいは運動したりすることで基礎的なエネルギー資源を築いているとき、また社交的なことをしたり、あるいは親密にしたりすることで社会資源を築いているとき、あるいは祈るなどして存在資源を築いているときが最も幸せでした。

日常における時間とエネルギー資源の使い方はどのように目標と結びついているのでしょうか？　あなたがこの質問にはっきりと答えることができないのであれば、あるいはあなたの資源の使い方があなたの価値観に一致しないのであれば、あなたの行動を目標に対応させるように改めるべき時にきているのかもしれません。さらに、自分自身で目標を設定し、確信を持たなければならないということが明らかにされたところで、ここでやっとどのような目標を持つべきかについて述べてみたいと思います。すべての目標は、それらの有益性、有害性において同等ではあ

活動	平均時間／日	活動	平均時間／日
仕事	6.9	食事の支度	1.1
電話での会話	2.5	子どもの世話	1.1
社交	2.3	家事	1.1
リラックス	2.2	昼寝	0.6
食事	2.2	祈り／礼拝／瞑想	0.4
テレビ観賞	2.2	買い物	0.4
コンピュータ／電子メール／インターネット	1.6	親密な関係	0.2
通勤	1.6	運動	0.2

りません。まず、外発的に動機づけられた目標よりも内発的に動機づけられた目標はあなたにとって明らかに良いでしょう。次に、資源を構築しない目標よりも資源を構築する目標はあなたにとって明らかに良いでしょう。

私たちの学生の目標の研究からの次の目標について考えてみましょう。

・爪を噛むのを止める
・お金を貯める
・ルームメイトに対してより寛容になる
・母親の誇りになる
・魅力的になる
・宗教心を高める
・学位を取得する

・よい友人関係を維持する

これらの目標が資源を構築する度合は明らかに異なります。概して、自己決定理論によって「内発的」とされる目標（つまり、自律性、有能さ、そして他者との関係性）は、「外発的」とされる目標（つまり、他人に対しては価値を誇示するかもしれないが、そのものの価値はそれほどないかもしれない）よりも優れた、そしてより長持ちする資源を築きます。このリストにおける内発的な目標は、社会資源を構築する他者との提携（例えば、ルームメイトに対してより寛容になる、よい友人関係を維持する）、地位資源を構築する功績（例えば、学位を取得する）、そして存在資源を構築する個人的な成長（例えば、宗教心を高める）を含んでいます。外発的な目標は、富、名声、あるいは印象（例えば、魅力的になる）を手に入れることが中心となっています。もし外発的な目標が何かの資源を築くとすれば、地位資源です。しかしながら、自己決定理論によれば、地位資源はものによっては「無価値」――それらは通貨資源としては無効――であるということになります。[*8] 富、名声、そして印象から賞賛は得るかもしれませんが、本当に有益であるためには、それらが意義のある資源に換算される必要があります。有名な人が落ちぶれるときに、名声は助けや支援に換算されるかもしれませんが、他人の破滅に対する自己満足、充足や歓喜とさえ説明されるのが最もふさわしいシャーデンフロイデの感情をもって他者から反応される可能性が――より高いとまでは言わないとしても――あるようです。

私はすべての人にあらゆる種類の資源――基礎資源、社会資源、そして地位資源（有能さなどの基礎欲求を満たすのに有用な知識などの地位資源は特に）――が必要であると思っています。あなたが「なぜ」目標を持つかということに加えて、あなたの目標が「何であるか」を熟考してみる価値があります。あなたはどんな資源を築いていて、それらにはどのような価値があるのでしょうか？

＊8　目標によっては、どの資源に属するかということが、目標そのものからはすぐには明白ではないこともあります。もしあなたがあなたのネイリストと爪のフェチたちを感動させる13センチの鷹のような赤い爪を持ちたくて、爪を噛むのをやめたとしたら、その外発的な志向からは重要な資源は築かれません。その一方で、クラシックギターを弾きたくて爪を噛むのをやめたとしたら、その内発的な志向と、その目標のより高度の有能さと自律性の欲求への貢献の仕方は、あなたの成功が実際に重要な資源を構築することに有益であるかもしれないことを意味します。いずれにしろ、先に紹介した拳を握る課題を試してみてください。

1日の再建

さて、あなたはおそらく自分自身で、そうか！　自分が必ずしも資源を築き、幸せになる内発的な動機を追求するようなことをしないのは、通勤のようなことをしなければならないからで、そしてそれによって親密な関係を持つなどの他のことに費やす時間があまりなくなってしまうのだ、と考えていることでしょう。確かにその通りです。人々がしなければならないこと（食事の支度、子どもの世話、家事、仕事）を見てみると、それらは、する必要のないこと（社交、テレビ観賞、うたた寝、親密な関係を持つこと）ほどに人々を幸せにはしません。女性らの日常生活の研究において、ポジティブな気分得点からネガティブな気分得点を引いた差を「気分のバランス指標」として用いると、義務的な活動の平均値が3・0だったのに対して、任意の活動の平均値は3・7でした。[*9] この数字は、食事を義務的な活動に含めて算出しています。食事は中でも最も好ましい義務的な活動で平均値は3・8になっているため、もし食事を含めなければその違いはより大きいと言ってもよいでしょう。

ところが、任意の活動だけで分析してみてもこれと同じ関係が見えてくるのです。すなわち私たちは、自分たちをあまり幸せにしてくれないことにより時間を費やし、自分たちをより幸せにしてくれることにはそれほど時間を費やさないものなのです。問題はもっとするか、それほどやらないかではないのです。適切な行動を選ぶことなのです。

テレビを観ることがいかにアメリカ人の最もハッピーな活動のひとつであるかに焦点を置いた研究がマスコミで報道されたとき、私は驚きました。なぜならそれはテレビと幸せの関係としては例外的なものであったからです（私は本書の序章に戻って書き直さなければならないかもしれないとも考え少しばかり警戒しました）。ところが、私が原文の研究報告を見たとき、人々は概してテレビを観ているときには幸せであるものの、その幸せ度は任意の活動の平均を下回るものであることに気づいたのです。そして、私は典型的な１日というものを真似てみることにしまし

＊９　全般的に、人々はネガティブな気分（フラストレーション、煩わしさ、落ち込み、ブルーな気分、厄介さ、心配、不安、批判、こき下ろし）に比べポジティブな気分（幸せ、温かさ、親しみ、自己を楽しむ）を経験する傾向にありました。これは最も不愉快な状況においてさえも言えることで、通勤のポジティブな気分得点の平均値は３・５でネガティブな気分得点の平均値は０・９で、「気分のバランス指標」は２・６でした。

た。まず、テレビのための時間を、よりポジティブで資源構築のために最大の効力を持つもののために再配分しました。[*10] 期待された通り、気分のバランスは改善され、活動に費やした時間と気分のバランスの関係は中立になりました。そうすると、より喜びを与える活動に対してそれに費やされる時間がより少ないという関係は成立しなくなりました。

そして私は実にこれに入れ込み始めました。私はコンピュータ（電子メール、ゲーム）を使うのを止め、その時間をよりポジティブな活動に再分配しました。それをしたときには気分のバランスはさらに向上し、テレビもコンピュータもなしで時間と気分の関係がやっとプラスになり、ついにより多くの時間がより満足のいく活動に費やされていました。人々は概してテレビを観たり、あるいはコンピュータゲームをしたり、電子メールを送ったりといったことをしているときは幸せですが、ほとんどの場合はそうしていなくても幸せなのです。すべての状況において、この研究の女性らはネガティブな気分の4倍から10倍ものポジティブな気分を持っていました。感情生活から最も多くを得ようとするなら、ある活動が喜びを与えてくれるからといって（テレビやコンピュータのように）、それに時間を費やすのが良いということにはならないのです。

興味深いことに、地位資源を増大させる傾向にある活動は、最もポジティブな気分のバランスを生じさせるものではありませんでした。しかし、地位資源は別の感情を劇的に向上させました。つまり、有能であるという自信です。次のシカゴ・トリビューンの記事は地位を向上させる活動――つまり、仕事――の価値を疑問視しています。

止まらない：我々は働きすぎ、そして遊ばなさすぎ、しかし誰がトレッドミルから降りる勇気があるというのだ？

この記事の論点は明らかに、私たちは働きすぎであり、より延長された週あたりの労働時間と

＊10　これらのよりポジティブな活動には、親密な関係を持つ（4・7）、社交的なことをする（4・0）、リラックスする（3・9）、祈る、瞑想する（3・8）、運動する（3・8）が含まれました。2・2時間というそれまでテレビを観るのに費やしていた時間を埋め合わせるために、私はそれぞれの活動に1日、24～30分余計に時間を取りました。ただ、これらの活動のなかにはすでにテレビを観ながら行われていたかもしれないもの（例えば、リラックスするなど）がありますが、2・2時間テレビを観ないということは、前述のようにテレビをつけないで行いうることに2・2時間をまわせると考えています。それほど明確ではなくても、そのなかにはテレビをつけずに行うとより楽しめるものもあるかもしれません。

携帯電話や遠隔操作が可能な電子メールなどで電子的につながれて、仕事から逃れることなどありえないということでした。しかし、正反対のことも言えました。すなわち仕事はやりがいのある刺激的な経験として体験されます。余暇と比較して、仕事は目標を追求したり資源を築いたり自分自身に挑戦したり、そして目的感覚を養ったりする機会を生じさせる可能性が高いのです。それが、ホワイトカラーの仕事である必要もありません。働くことをただお金としてしか見ていないホワイトカラーの人がいるのに対して、ビルの清掃員などブルーカラーの仕事をする多くの人々が、自分たちの仕事を充実感があり、やりがいのあるものとして見ています。

そのトリビューンの記事を書いたクリス・ジョーンズは認めています。

去年の私の生活のなかで最も混沌としていた週末は、ニューヨークの停電に居合わせてしまい、そしてそこで仕事を続けなければならなかったときでした。私はそれらの話を何カ月もネタにした——自分自身を勤勉なヒーローとして主役にして——というだけでなく、その間不思議なことにとても満足してもいました。だから、救急救助隊や電力関係者らもそうであったのではないかと思います。そのとき、私たち皆、年を取ること、愛する人の健康、あるいは仕事で軽視されていると感じること――暇なときには没頭してしまういろいろなこと――について心配しなくなっていました。その代わりに、たとえ私の場合は主に思い込みだとしても、私たちは必要とされていると感じました。手短に言うと、私たちは従事していたのです。

トレッドミルは幸せにつながりうるのでしょうか？　トレッドミルのアナロジーにおける問題は、２つの要素が混合してしまうことです。つまり勤勉さと、同じことの繰り返しです。ランニングする旅に出るとか、異なる背景で同じように取り組んでいるのであれば、そのトレッドミルから降りても構いません。結局のところ、幸福を最大限にしたいのであれば、私たちが避けなければならないのは、快楽のトレッドミルという別のものであり、それをするには私たちは、新たで異なる実績、新たなレベルの成果や親密さ、あるいは将来へのつながりに対して常に努力していかなければならないのです。

私たちそれぞれには好むと好まざるとにかかわらず一定の時間とエネルギーしかないのですが、それを思うように使うことができるのです。私にとって楽観性の研究は、自分に与えられた時間とエネルギーについて、そして自分がそれを自己強化のために使っているかどうかについて、より頻繁に考えさせてくれるようになりました。もし私が木曜の夜にテレビ番組の『ER』を見ずに一時間余分に寝て、金曜日に学生と関わる際により元気になっていたら、それはより良い投資ということでしょうか？　金曜日にインターネットをする時間を1時間削って、女友達とカクテルを飲むことはより良い投資でしょうか？　ひょっとするとそれは私が1週間にする他のどんなことよりも私の社会資源を築いてくれることになるかもしれません。あなたは時間とエネルギーをどのように使いますか？　あなたの楽観性を十分に生かせていますか？

終章　自分から楽観的だと認めたくない人間の告白

告白します。私はいまだに自分自身を楽観的な人間と認めることに常に意欲的ではありません。あなたは楽観的な人間ですかというジャーナリストらの質問を私がどのように逃げてかわしたかはすでに説明しました。私はお気楽で楽観的な人間というステレオタイプと自分とを結びつけることができなかったのですが、それだけではありません。自分が楽観的であるとはっきり言うことが少し恥ずかしくもあったのです。あるとき私は、自分がある領域においてはかなり楽観的だが、そうでない領域もあるとレポーターに言ってその質問をかわそうとしたことがありました。私が説明したのは、例えば、私は仕事にかけては極めて楽観的な期待を持っていても、デートの相手を探すこと（当時）などの他の領域ではより悲観的であるということでした。その記事が公表されたとき、何と書かれてあったと思いますか？　セガストロームは言う、「私は職業的《プロフェッショナル》に楽観的な人間です」。

私をからかっていたのでしょうか？　あれはまるで私が楽観的な人間として生計を立てていると主張しているかのようでした！　私は屈辱を感じました！　そして憶えているのは、少なくとも同僚のひとりからその「発言」についてひどく落胆されたことですが、その人は楽観性研究の仲間でした。精神病理学、あるいは差別などの「深刻な」主題を研究する同僚たちが何と思ったかは知りませんが、彼らは何も言いませんでした。おそらく彼らは私と知り合いであることを恥じていたのでしょう。

ある意味、私はそのような描写をされ恥ずかしく感じました。なぜなら楽観性、あるいは幸せなどの「ポジティブ」な研究は「ネガティブ」なテーマを研究する人々からの多くの批判をひきつけるからです。ポジティブなテーマを研究する人々へのステレオタイプは、真面目な科学者ではないというものです。真面目な科学者とは異なり、彼らは自分たちのする研究の種類に影響する偏向を持っていると思われています。例えば、彼らは自分たちのすることにマイナス面があることを信じたがらない、そしていかなる異議も受け入れない（実は、これは単に真面目な科学者として不適格というだけでなく、どんな種類の科学者としても不適格ということになるのですが）などです。そのステレオタイプは、これらのテーマを研究する人々をポリアンナだけに興味がある人々として、そして、さらに悪いことにはあらゆるもののネガティブな側面を見ることを拒否するポリアンナそのものと決めつけています。

ヴォルテールは彼の本『キャンディード』のなかでこの楽観性へのステレオタイプを売り物にしています。本の題名と同じ名前のキャンディードは素直でナイーブな青年で、パングロス先生を家庭教師としています。パングロスは見事に（常に）すべてが最善になると信じていて、良い教え子であるキャンディードもそう信じています。楽観的な信念によってキャンディードは成功するでしょうか？　いいえ、全くしません。ヴォルテールはキャンディードの楽観主義に対して、彼をブルガリアの軍隊に追いやることで報い、キャンディードはそこで4千回の鞭打ちを受けます。残りの部分全体にかけては、キャンディードが嵐、難船、地震、奴隷の境遇、さらなる鞭打ち、戦争、人食いに近いもの（キャンディードを夕食として）、盗み、騙し、そして投獄などに苦しみます。締めくくりはといえば、キャンディードがこれらのすべての侮辱を耐え抜いたのもその最愛の人のためであったのにもかかわらず、彼がやっと彼女に再会すると、彼女は醜い老婆になってしまっていたというものです。これは、楽観主義にぴったりのジョークとして考えられています。[*1]

自分がポリアンナか、パングロスのうちのひとりということになってしまっているのに加えて、皮肉にも私は批判者のひとりでもありました。それによって私は自分自身に対して疑念を持つという居心地の悪い立場に置かれました。数年前、ポジティブな感情、成長、そして長所などの「ポジティブ心理学」のテーマを研究する心理学者のグループが集合し始めました。楽観的な説明スタイル[*2]を含めた研究に関心を持つマーティン・セリグマンを先頭にしたこのグループは年に1度のサミットを開催し始めました。正直に言うと、私は初めてこのサミットに出席したときドアの近くに座り、パングロスオロジーなるものの最初の兆しを見定めようと構えていました。ところがそれどころかむしろ私が見たのは、本書のごく初めに論じた、幸せになろうとすることは実は好ましくないことでありうることを証明する研究発表を含めた、幸せなどのポジティブな特徴のあらゆる疑問に対する厳密な科学的研究でした。私は、自分が関わり始めているのが、ある人々が（いまだに）ハッピネス・カルトなどと見ているものではないのだという自信を持ち、入会を決めました。良いこともありました。私のかつてない最も知的な経験は、その後の若手のポジティブ心理学者らの「シンクタンク」に出席したことでした。数年後には私は、米国国立保健研究所や米国国立科学財団のようなより大きく、より確立された財団には大胆すぎると思われうるような研究を含む私の研究室のより斬新な調査のいくつかに資金を提供し続けてくれるテンプルトン・ポジティブ心理学賞を受賞したのです。

私が受賞したのが科学的な賞であったにもかかわらず、他の人たちによるポジティブ心理学への批判は盛んになりました。ポジティブ心理学の受賞金は、無垢な子どもをキャンディで誘惑するように、若い科学者をポジティブ・カルトに誘い込む賄賂のようなものと捉えられ、批判され

＊1　パングロス先生は、はじめは梅毒によって、その後絞首刑によって、死にも近づきましたが、最終的には生き残った――楽観主義はもとのままで――ことも指摘しておかなくてはなりません。

＊2　人々の、自分の生活の出来事についての典型的な説明の仕方。この特性と気質的な楽観性は楽観主義というレッテルを共有するものの、実際にはそれぞれがかなりかけ離れたものです。楽観的な説明スタイルを持つか持たないかということはその人が気質的に楽観的かそうでないかということとはほとんど関係がありません。それは、おそらく説明スタイルはすでに起こってしまったことについてであるのに対して、気質的楽観性はこれから起こることについてであるためです。それらは関係していることもありますが、必ずしも関係している必要はありません。

ました。これらの批評家たちはどうやら私が楽観性は免疫系の抑制と関連しうるということを証明した研究で受賞したという事実を無視したようです。もしポジティブ心理学者らが楽観性や似たような類のものについての好ましい情報だけに興味を持っているとしたら、私は審査のための面接を受けるところまで決していっていなかったでしょうし、まして賞を受賞するなどということはなかったでしょう。

私や他の「ポジティブ心理学者」についての多くの批判（私自身の批判も含めて）は、ポジティブ思考の著名な提唱者の影響から生じているようです。私は最近図書館でそのような提唱者である２人の人物の本を借りました。ひとりは神学者ノーマン・ヴィンセント・ピールで、もうひとりが外科医バーニー・シーゲルです。当然ながら、ピールはいまだによく売れている１９５０年代の書籍、『The Power of Positive Thinking（邦題は、積極的考え方の力）』の著者です。私が借りたのは、『The Positive Principle Today』という１９７６年出版の続編でした。序文を読んだとき、私はどうやら30年かそこらの差ですでに出し抜かれていたようだと思いました。なぜなら、ピールは人々へのアドバイスとして「継続する」ようにと言っていたからです。それは、楽観主義について私が得た知識によく似ているようでした――「継続する」という楽観的な人間の傾向は、楽観的であることがもたらす影響の多くの起因となっています。しかしながら、先に読み進めてみると、その本はポジティブな「態度」を保ち続けることの結果に焦点を当てていることがわかりました。一連の成功した人々の話のなかで、ポジティブ思考の奇跡的な結果は単にそういった考えを持つことでもたらされると考えられていました。すなわち「強烈にイメージすれば実際に実現化することができ、またしばしば実現化される」とされていたのです。「継続すれば奇跡も起こせる」というタイトルの章でさえ、ほとんどがあくまでもそれらの奇跡を思い描くことを提唱しており、それらが厳密にどのようにして引き起こされるかについてはそれほど論じてはいませんでした。

その本は私に、大学院のときに一緒であった、奇跡的な治癒に夢中になっていた看護師であるクラスメイトのことを思い起こさせました。ある日の授業のはじめに、彼女は癌治療を受けている彼女の患者たちについて、そして生殖能力を失うであろうと宣告された男性患者について話していました。その患者と彼の妻は彼女が妊娠するように祈ることに明け暮れていたところ、ついに彼女は妊娠したのでした。さて、時々私の口からはブレーキをかける間もなく言葉が飛び出してきてしまうことがあるのですが、うっかりと「彼らは祈る以外にもしていたことがあるはずだと思うけど!」などと口を滑らせてしまいました。私は大学院のセミナーで恥ずかしいことを口にしてしまいましたが、私が言いたいのは、すべてを神に委ねるというノーマン・ヴィンセント・ピールの原理は解決策のすべてにはなりえないということです。覚えていますか? ベンジャミン・フランクリンの原理も。「天は自ら助くる者を助く」でした。

ピールの本は、ポジティブな思考が奇跡的なことをやり遂げるのに役に立ったという例でいっぱいでした。この点では、その本は、いかにポジティブな患者と医者は奇跡的な治癒に影響しているか、そしてネガティブな患者と医者が命を短くしているかという例でいっぱいの『Love, Medicine, and Miracles』というバーニー・シーゲルの本と極めてよく似ていました。それら両方に不足しているものとして注目すべきは、ポジティブなイメージが実現化されなかった人々の例でした。私は大学院生として、癌への適応に関する研究プロジェクトで患者にインタビューしたことがありました。その研究期間中に、私が担当していた患者のひとりが亡くなりました。その患者の最後のインタビューは、彼女の食事をすべて外から持ち込んでいた家族と友人の助けを得て(彼女にはひどい病院食を食べるには他にもひどいことがありすぎでした)、彼女が病気と、そして治療の副作用と闘っていた病院で行われました。彼女は夫と一緒に絶対に世界旅行に行くと話していたのです。彼女の奇跡はどこに行ってしまったのでしょうか？　シーゲルの主張からすれば、彼女にどこかいけないところがあり、彼女が十分な願望を持たず、信じ方が不十分だったと示唆されるということなのでしょうか。

そういった類の示唆こそが研究者らをポジティブさの専門家たちとできるだけ関わらないようにさせているのです。科学者たちは人間の仕組みについて何が真実で何がそうでないかを探究することに生涯を費やします。私は楽観主義についてこの本を執筆することができるだけの十分な知識を得るのに過去10年間の私の人生を費やしてきており、別のものを書くだけの十分な科学的知識を蓄積するにはもうあと10年（あるいは、それより長く）かかるかもしれません。研究は時間を要しますが、それは少なからず、科学者たちが通常かなりの証拠が集まるまでは彼らの研究の成果を事実として支持するだけの確信を持たないからでもあります。第5章にあったスポーツのアナロジーを覚えているでしょうか？　ニューオリンズ・セインツ（スーパーボールに出場したことがなく、あまり勝利したことのないチーム）がそのシーズンの初試合に勝ち、ニューイングランド・ペイトリオッツ（スーパーボールに3度出場し、そのうちの2回は優勝を決めたチーム）が初試合で負けたからというだけで、ニューオリンズ・セインツがニューイングランド・ペイトリオッツよりも優れたチームであるとは主張しないほうがよいのです。シーズンを通してどちらが本当に優れたチームであるかを知るには長い時間を要するのです。

楽観性の健康への影響の研究をしていると、自分が『The Power of Positive Thinking』や『Love, Medicine, and Miracles』の崇拝者と一緒にされているような気が少しだけします。それでも私は自分が楽観性の科学者であり、楽観的な人間でもあるという両方の事実を受け入れるようになってきました。数年前、他のポジティブ心理学者たちとの関わりにおいて、私は自分の心理的な長所を測定する質問紙に答えてみる気になりました。学者として幸いにも、私の長所は、学者生活の浮き沈みを気にしないことに役に立つユーモアは言うまでもなく、学ぶことへの熱意、優れたものへの正しい認識、世界に対する好奇心を含んでいました。私の決定的な長所は楽観性で、それは次のように示されていました。「あなたは将来に最善を期待し、それを達成しようと努力します。あなたは将来を自分が変えうるものであると信じています」。私はこの楽観性の定義をとても気に入っています。なぜなら、将来についてのポジティブな考えから、それらの最も重要な影響――その将来に到達することに向けて取り組むこと――へと真っ直ぐにつながっているからです。

そこで、皮肉屋たちに対してここで私は自分が楽観的な人間であることを認めます。この告白によって私は自分の楽観性を治療する段階へと進むのではなく、それを確認した12の異なる段階をお示ししたいと思います。

①私の未来には良いことがあると信じました
②その未来を生じさせるために取り組みました
③障害に遭遇するとき、それらを注意深く考慮し、それらを除去するために行動しました
④目指して取り組める新しい目標を常に持つことで快楽のトレッドミルから降りました
⑤基礎的、社会的、地位的、そして存在的な資源を構築する目標に焦点を当てました
⑥私にとって重要な目標を優先させました
⑦他者の最善を信じ、彼らに奮起させられました
⑧私の目標を達成するために基礎資源を使い、時間とエネルギーを目的なしに貯めこむことも浪費することもしませんでした
⑨私の目標と資源を最大活用するために1日を構成しました

⑩エネルギー資源を補充するためよく眠りよく食べました
⑪楽観主義がすべてに対する答えではないことを受け入れました
⑫ルーレットには近づきませんでした

あとがき

「どのようにしたら、幸せになれるのだろうか」と考える人は少なくないでしょう。幸せになることは、だれもがもつ願いなので、そう考えるのは当たり前のように思えます。幸せになる人は、きっといつも、どのようにしたら幸せになれるのかを考え、その結果、幸せを実現してきたのだろうと思うからです。

それに対して、「まず、もっと幸せになろうと考えるのをやめなさい」と著者は助言します。その根拠は明快です。幸せになる人は、もっと幸せになろうと考えない人だからです。そして、幸せになろうと考える人は、期待するようには幸せになることが決してできないからです。

また、何事もポジティブに考える必要はありません、と著者は述べます。あなたは、幸せになるために、悪い出来事もどこか良いところがあるはずだと考えるようにと心に決めて、毎日を楽しく過ごそうとしたりする必要はないのです。本当の意味でポジティブな人は、良い出来事を心に留めるようにはしていますが、悪い徴候にもしっかりと気を配っているものだからです。

このように、この本に書かれているのは、私たちが日常生活を送っていく上で大切な、さまざまな生き方のヒントです。その中心は、人生や生活をポジティブにとらえること、つまり、楽観性というものの秘密についてです。とはいえ、堅苦しい本ではありません。たまに笑えないものもありますが、ウイットとユーモアが溢れた楽しい本です。

そして、あなたが自分のことを楽観的だと感じているかどうかはわかりませんが、私たちの大部分は楽観的な人間です。著者はアメリカ人が特に楽観的で、日本人はそれほどでもないことを紹介しています。比べてみるとその通りで、私たちはアメリカ人のようには楽観的ではないのですが、それでも、日本でも、他の国でも、人間というものは大多数が、どちらかといえば楽観的に分類されます。

この本は、そのような私たちが、自分の中の本当の楽観性に気づいて、その良いところを発揮していくことを助けてくれるものです。楽観的な人たちは幸せそうに見えます。しかし、それは結果なのです。楽観的な人たちは、アリとキリギリスのたとえで言えば、目標に向かって日々行動するアリに似ていると著者は言っていますが、その弱点として、実現すると思い込んでがんばりすぎることがあることも指摘しています。

大部分の読者の皆さんと同じように、私自身も自分は楽観的な人間かもしれないと思うのは、実現すると思い込んで、多くの仕事を引き受けてしまっており、（期限がせまってくると）がんばりすぎているのかもしれないと反省する時です。もしも、同じように感じられる人がいるとしたら、この本は特にあなたのために役に立つでしょう。

一方で、著者は、楽観的な人間もどのような時でも楽観的であるわけではない、と指摘します。また、少数かもしれませんが、悲観的な人たちもいます。悲観的な考えを持つ人たちも、楽観的な人たちと同じように幸せになることができると著者は言います。そのために、楽観的な人間になったりする必要もないのです。悲観的な人こそ、楽観性の秘密を知る必要性は高いでしょう。

そう考えると、この本は、大部分の楽観的な人にも、少数の悲観的な人にも、とても役に立ち、読む価値がある必読書のように思えてきますが、これは、著者に気をつけるようにと言われている、私の楽観性の「ばら色のめがね」のせいなのかもしれません。


心理学はある種のブームを迎えています。そのひとつは、ポップ心理学と呼ばれる、一般向きの心理学が幅広く流布していることでしょう。その中には、心理学の専門家の目から見ると、とても心理学とは呼べないだろうと思えるものもあります。自分の個人的な思い込みから結論を出したり、口当たりの良いこと、受けの良いことを中心に展開しているものも少なくありません。

最新の心理学の専門知識とはかけ離れていると思われるものもあります。

そのせいで、心理学の専門家の一部には、一般の人たちに情報を発信することをためらう気持ちがあります。この本にも、著者がマスコミに追いかけられたあげく、自分のコメントとは全く違う見出しの記事を掲載されたというエピソードが紹介されていますが、ポップ心理学の人間だと見なされることは、専門家としてのキャリアにとって危険なことでもあります。

しかし、そうやって距離を置くことは、専門家が社会に対して持っている責任を果たしていないことになりかねません。しっかりした研究に基づき、かつ、社会のニーズに応えていくことが、いまこそ、心理学の専門家に求められているということができるでしょう。

本書の特徴は、しっかりした実証的な研究に基づいて書かれている点にあります。ここでは割愛していますが、原著には、大部分が査読付きの学術雑誌に掲載されている、根拠となっている論文が列挙されているノートが付いています。つまり、本書は、心理学の専門家による、きわめて良質の一般向きの書物だということができ、この社会的ニーズに応えたものということができます。

本書の著者のセガストローム博士は、現在、ケンタッキー大学の准教授として、免疫系への心理的要因の影響の研究で多くの優れた論文を発表しており、健康心理学の第一線で活躍している人物です。また、楽観性の研究では、ポジティブ心理学賞の受賞者のひとりでもあります。

本書の内容は、ポジティブ心理学の最新の研究に基づいた、良質な成果のひとつと位置づけることができます。したがって，ポジティブ心理学とはどのようなものかを知りたいという人たちにとっては，本書は入門のために役に立つものと考えられます。さらに，専門的に勉強したい人たちにも，原本のノートに当たっていただくことで（読者のうちのやや少数だろうということで，この本にはノートは含まれていませんが，星和書店のホームページに掲載されています。http://www.seiwa-pb.co.jp），どのような実証的な研究に基づいて，どのような主張がされているかも検討して学びを深めていただくことができるものです。

本書の翻訳に当たっては，荒井まゆみさんに作成していただいた訳文を私が専門の立場で検討するという形式で実施しています。したがって，翻訳には，非常に早くかつ優れた仕事をされた荒井さんの労が大きかったことを挙げておきたいと思いますが，訳文についてはすべて原文と照合して検討修正しており，最終的な内容や表現については監訳者にすべての責任があります。

最後に，本書の出版にあたっては，星和書店の石澤雄司社長，編集部の近藤達哉氏，桜岡さおり氏に大変にお世話になりました。心より感謝申し上げます。

二〇〇七年十一月

島井哲志

著者略歴

スーザン・C・セガストローム

(Suzanne C. Segerstrom, Ph.D.)

スーザン・C・セガストローム博士は，UCLA（カリフォルニア大学ロサンゼルス校）出身で，現在，ケンタッキー大学准教授をされています。専門は，臨床心理学・健康心理学・ポジティブ心理学ですが，生理学にも造詣が深いことが研究の幅を広くしています。ポジティブ心理学の優れた若手研究者にはなぜか女性の研究者が多いのですが（本当は理由があると思います），セガストローム博士もポジティブ心理学を支える女性研究者の一人といえます。生理学との融合的領域ともいえる免疫系に及ぼす心理的要因の影響の研究が有名ですが，楽観主義と人生の充実や幸福感との関係についても，研究を精力的に行っています。本書でも引用されている法科学生を対象とした楽観性と免疫系の研究は，『それでも人は，楽天的なほうがいい（原題 Positive Illusions）』の著書で知られる，これも女性で健康心理学のリーダー的存在の UCLA シェリー・テイラー教授との共同論文であり，この領域ではきわめて有名な研究です。2002 年には，これらの業績により，アメリカ心理学会から贈られる第 3 回のポジティブ心理学賞を受賞しています。この賞は，テンプルトン財団によるもので，ノーベル賞の 1 億円には及びませんが，学術賞としては 10 万ドル（1 千万円以上）という破格のものです。また，本書の中でも，彼女のバランスの取れた上質のユーモアが発揮されていますが，ここで紹介している楽観性だけでなく，うつ状態の研究も行っており，何度も思い出しては考え込むという反芻思考の研究もよく知られています。現在は，高齢者の反芻思考が，心身の健康にどのような影響を及ぼすのかを追跡するという大変に労力と時間のかかる研究も行っており，彼女が手間ひまを惜しまない楽観的な人間だということを実証しています。彼女の研究の優れているのは，研究にあたって，常に，一般の人に研究の成果をどうやって還元するかということを頭においている点です。この特長が，きわめてよく発揮されているのが本書であるといえます。

監訳者略歴

島井哲志（しまい さとし）

1950年福岡市生まれ。
1973年関西学院大学文学部心理学科卒業。1978年関西学院大学大学院博士課程心理学専攻修了。文学修士。医学博士。指導健康心理士。臨床発達心理士。福島県立医科大学助手，同専任講師，神戸女学院大学助教授，同教授を経て，現在，心理測定サービス健康心理学研究所・所長。この間，ドイツ・オルデンブルグ大学客員研究員，アメリカ・ペンシルヴァニア大学客員研究員。学会活動としては，日本健康心理学会理事，日本感情心理学会理事・編集委員，日本心理学会専門別議員・認定委員，日本ヒューマン・ケア心理学会理事など。編著書は，『健康心理学』（培風館，1997），『攻撃性の行動科学—健康編』『攻撃性の行動科学—発達・教育編』（ナカニシヤ出版，2002），『心理学・臨床心理学入門ゼミナール』（北大路書房，2006），『ポジティブ心理学』（ナカニシヤ出版，2006），『「やめられない」心理学』（集英社，2008）ほか。

訳者略歴

荒井まゆみ（あらい まゆみ）

1968年千葉県生まれ。
米国・ワシントン州シアトル市ワシントン大学女性学部卒業。
1994年からシアトル市在住。
2001年から法律事務所勤務。
2008年帰国。現在は翻訳活動に専念している。

幸せをよぶ法則

2008年 5月12日　初版第1刷発行

著　者　スーザン・C・セガストローム
監訳者　島 井 哲 志
訳　者　荒 井 ま ゆ み
発行者　石 澤 雄 司
発行所　株式会社 星 和 書 店
東京都杉並区上高井戸 1-2-5　〒168-0074
電　話 03(3329)0031(営業)／03(3329)0033(編集)
F A X 03(5374)7186
U R L http://www.seiwa-pb.co.jp

Printed in Japan　ISBN978-4-7911-0662-2